房総(千葉)学検定

公式テキストブック

ふるさと文化研究会 編

国書刊行会

刊行によせて

千葉県知事　堂本　暁子

　いま、県では「観光立県千葉」の実現を、全県挙げて推進しており、平成16年度に策定した「観光立県ちば推進ビジョン」を指針として、魅力ある観光地づくりや全県的なプロモーションの展開など観光振興に取り組んでいます。

　そのような状況の中、千葉県の持つ多様な魅力や価値などについて幅広く学ぶことができる「房総（千葉）学検定」は、地域の再生と活性化、千葉県の魅力の再発見、郷土への誇りと愛着心を養うことを目的としており、地域の観光振興をリードする人材の育成に寄与するものと大いに期待しております。

　本テキストには、千葉県の自然、歴史、民俗・文化、産業など本県の持つ魅力がふんだんに盛り込まれており、県民だけでなく広く全国の方にお読みいただき、千葉県をもっと身近に感じてもらうことができれば幸いです。

　終わりに、本書作成にあたりご尽力されたNPO法人ふるさと文化研究会や執筆者の皆様に、心から敬意と感謝の意を申し上げ、刊行にあたっての言葉とさせていただきます。

房総(千葉)の魅力を知る喜び
監修にあたって

川村　皓章
(財)日本レクリェション協会会長

　かつて鄙びた農漁村と軍隊の町であった郷土千葉県が、高度経済成長に対応した東京湾の干拓により、工業地帯や住宅地として大きく変貌した。このことは、古くからの県民の方々はご存知のことである。

　このことの評価は、後世に委ねるべきだが、温故知新の視点から考えれば、房総の魅力の要素の中核にあたる自然環境の破壊と農漁村の習俗の消滅は、じつに惜しいことである。だが、それは千葉県に限ったことではなく時代の趨勢である。

　わが千葉県は、首都圏に位置する割には、昔ながらの伝統や習俗が多く伝承され、農業生産高や漁獲量も、国内有数である。この房総半島は、古い時代のメーンストリートとして、日本列島の西と北との中間に位置するから、多くの文化・歴史遺産や香取神宮、成田山などの社寺が残されてもいる。また、南房や九十九里浜、銚子や利根川沿岸などの自然の景観も素朴な美しさを湛えているし、新鮮な野菜や魚介も豊富である。

　また、わが国が誇るべき21世紀の基幹・先端産業が、県内にはかなり多く存在する。千葉市幕張地区にはスケールの大きいコンベンションセンターが、浦安市にはディズニーリゾートとホテル群もある。さらに成田空港は日本の表玄関としての役割を務めているし、羽田空港もアクアラインを渡れば指呼の間にあり、国内各地との往来に便利であるから千葉県は国内外の観光客の誘致にとても有利な条件をそなえている。

　この度、ふるさと房総(千葉)の魅力を余すところなく紹介し、認識していただくための検定試験を企画し、そのためのテキストを執筆した各分野の方々に深い敬意を表すると共に、この検定試験が房総(千葉)学の発展に大きく貢献することを願うものである。

(千葉ふるさと文化大学学長・元内閣総理府総務副長官)

房総（千葉）学検定
公式テキストブック
目　次

刊行によせて　　　　　　　　堂本暁子
監修にあたって　　　　　　　川村皓章

● 第一章　歴史

千葉県・房総の歴史 …………………… 10

原始・古代　10
原始時代の房総／加曽利貝塚／環濠集落六崎大崎台遺跡／房総の古墳時代と「王賜」銘鉄剣の発見／房総三国におかれた国府／平将門の乱と忠常の乱

中世　13
源頼朝の再起と房総／日蓮のふるさと／中世東国における房総の位置／房総の戦国時代

近世　18
房総におかれた大名／房総の捕鯨／椿海・印旛・手賀沼の干拓／佐倉惣五郎伝説／九十九里浜の鰯漁と地引き網／銚子・野田の醤油／水運の発達／地域文化の発展と伊能忠敬／里見八犬伝の舞台／元禄地震と房総

近現代　26
千葉県の発足／水運と鉄道関東大震災と朝鮮人虐殺／軍と千葉県／千葉県下の空襲占領下の千葉県／京葉工業地帯の形成／新東京国際（成田）空港と東京湾アクアライン

〈COLUMN〉
千葉氏の栄枯盛衰 15／　房総里見氏の栄枯盛衰 18／　房総の城郭と城下町 21／　近江屋甚兵衛の海苔 23／　東金御成街道 25／　海堡と歴史 27／　郷土の偉人と先覚者たち 31

● 第二章　寺院・神社

千葉県の寺院 …………………………… 34

新勝寺／東勝寺／石堂寺／鏡忍寺／清澄寺／誕生寺／那古寺／日本寺／藻原寺／清水寺／行元寺／西願寺阿弥陀堂／鳳来寺観音堂／笠森寺／長福寿寺／観音教寺／飯高寺／松虫寺／竜角寺／竜正院／千葉寺／観福寺／法華経寺／本土寺

● 坂東三十三所観音霊場　43
● 歌舞伎と房総　45

千葉県の神社 …………………………… 46

香取神宮／玉前神社／猿田神社／高家神社／神崎神社／安房神社／飯香岡八幡宮／千葉神社／浅間神社／意富比神社／葛飾八幡宮／高滝神社／麻賀多神社／玉崎神社／八坂神社／鳥見神社

● 千葉県出身の名力士　49

● 第三章　民俗・文化

房総と万葉集 …………………………… 52

伝説の女性「真間の手児奈（名）」と「末の珠名」／房総の防人の歌

房総ゆかりの歌人とその歌 …………… 54

海上胤平／香取秀眞／蕨眞／伊藤左千夫／斎藤茂吉／古泉千樫／若山牧水／吉植庄亮

〈COLUMN〉
房総の国学と教育　55

房総を詠んだ俳句 ……………………… 56

房総と俳句／房総を詠んだ俳人たち／房総の女流俳人

房総の歳時記考 ………………………… 59

「地形」から「房総」を見ると／四季のうつろいから「房総」を見ると／祭事から「房総」を考えると

房総の書家たち ………………………… 62

浅見喜舟／石井雙石／板倉花巻／小暮青風／鈴木方鶴／高沢南総／種谷扇舟／千代倉桜舟／中村象閣／柳田正斎

〈COLUMN〉
　浮世絵に見る房総　63／「波の伊八」の作品と影響　64

房総を描いた画家たち…………………65
　東葛飾・江戸川沿いに／内湾・東京湾沿いに／房州館山・鴨川を太平洋側へ／勝浦から銚子へ／利根川から成田・佐倉（印旛沼）へ

千葉県を訪れた作家………………………69
　市川・松戸・船橋・浦安・習志野／佐倉・成田・千葉・五井／木更津・富津・保田・白浜・小湊・太海／勝浦・大原・一宮・成東／銚子／佐原・柏・我孫子
●千葉県を訪れた作家滞在地一覧　74

房総の民話（昔話・伝説）………………75
　安房地域／上総地域／下総地域

房総の童歌・童謡・民謡………………77
　童歌／童謡／民謡
〈COLUMN〉
　千葉県の風土と童話　79

房総の祭り…………………………………80

〈COLUMN〉
　房総各地の方言　82／　房総の伝統工芸　83

第四章　農林水産業

千葉県農業の現状…………………………86
　千葉県は産出額が全国第２位の農業県／早場米地帯の千葉米／野菜王国千葉県／ナシの生産は全国１位、ビワは３位／春の訪れを告げる房総の花／青木昆陽から始まる千葉のサツマイモ／圧倒的なシェアを誇る落花生／グリーン・ブルーツーリズム／市民農園
〈COLUMN〉
　間宮七郎平と花畑　91

千葉県水産業の現状………………………92
　漁業・養殖業の生産量と生産額／海面漁業・主要魚種別生産量／海面漁業・養殖業の生産量と生産額の経年変動／水産加工品生産量

〈COLUMN〉
　房総の漁労　95／　千葉県の魚は、なに？　95／大羽イワシの名の由来　96／　房総の鯨塚　96

酪農の歴史と乳製品………………………97
　房総の馬牧／酪農の発祥／『白乳酪考』の刊行／周辺地域への酪農の普及／房総３牧の変遷／牛乳の加工と生乳の貨車輸送／苦難の時代／酪農の発展と現況／畜産加工品

房総の地酒と醤油…………………………100
　地酒の蔵／醤油の蔵
〈COLUMN〉
　房総の地酒と肴　103

房総の太巻き祭りずし……………………104
　いつごろから巻かれていたのか／誰が巻いたのか／どのような時に作られたのか
〈COLUMN〉
　房総の伝統料理　107

第五章　自然と動植物

房総の自然…………………………………110
　自然地理／河川と湖沼と滝／海岸地形と干潟
〈COLUMN〉
　房総不連続線　120／　千葉県の気候概要　120／山階鳥類研究所と鳥の博物館　120

房総の野生動物……………………………121
　ニホンザル／タヌキ／キツネ／テン／アナグマ／ニホンジカ／イノシシ／その他の野生動物

房総の野鳥と観察地………………………124
　清水公園／手賀沼／北方遊水地・大町自然公園／新浜／三番瀬／谷津干潟／花見川／印旛沼／多古・八日市場湿地／夏目の堰／小見川／銚子漁港／泉自然公園／小櫃川河口干潟／富津／高宕山／富山／館山野鳥の森／清澄山・猪ノ川林道／内浦山県民の森／大福山／夷隅川河口／一宮川河口／笠森

房総の森と林・花木・山野草……………128
　房総の森と林／房総の山野草

〈COLUMN〉
　千葉県に伝わる観天望気 130

第六章　観光と市町村

銚子市の歴史と見どころ …………… 132
〈COLUMN〉
　銚子電鉄の見どころ 134

佐原（香取市）の歴史と見どころ ……… 135
〈COLUMN〉
　天保水滸伝と大原幽学 137／成田山新勝寺と平将門伝説 137

成田市の歴史と見どころ …………… 138
〈COLUMN〉
　成田の見どころ 139

佐倉市の歴史と見どころ …………… 140
〈COLUMN〉
　佐倉の見どころ 141

大多喜城と城下町 ………………… 142
　大多喜城／城下町大多喜
〈COLUMN〉
　いすみ鉄道の見どころ 144／久留里線の見どころ 144

養老渓谷を歩く　その歴史と温泉 …………… 145
〈COLUMN〉
　小湊鉄道の見どころ 146

於萬の方生誕の地　勝浦市を歩く …………… 147
〈COLUMN〉
　千葉県各地の読みにくい地名 148／秋広平六 148／旭市の市名由来 148／南房に浮世絵と彫刻を訪ねる 148

南房総の観光 …………………… 149
〈COLUMN〉
　千葉の温泉 150

市川市の歴史と見どころ …………… 151
〈COLUMN〉
　市川の見どころ 152

浦安市の歴史と見どころ …………… 153
　浦安の歴史概要／市内に点在する文化財
〈COLUMN〉
　千葉県の駅弁あれこれ 155／野球王国千葉 155／千葉育ちの芸能人 155

重要無形民俗文化財リスト　156
県指定無形民俗文化財リスト　156

千葉県の市町村と合併新市町名図　158

ＮＰＯ法人ふるさと文化研究会　こんなことやっています　159

「房総（千葉）学検定」執筆者・協力者　159

「房総（千葉）学検定」のご案内　160

〈カバー写真〉早坂　卓
〈本トビラ写真〉岩瀬禎之

第一章

歴 史

千葉県・房総の歴史

はじめに

現在の千葉県は、律令体制下のほぼ下総・上総・安房の三国によって形成される。そのうち下総・上総の両国は、もと「総の国」としてあったのが、のちに分割されたもので、さらに奈良時代の養老2年（718）に上総から安房が分立したことで、房総三国が成立した。国名のおこりは平安時代に成立した「古語拾遺」によれば、斎部（忌部）氏の祖である天富命が、阿波の斎部の一部を率いて東国に大移動した際、麻の栽培に成功した肥沃な地を「総の国」とし、また特に斎部が居住した地を阿波からとって安房としたことからだという。ただ「総の国」については、下総国布佐郷（現我孫子市付近）がその故地ともする説もあるように、必ずしも定見をえていない。むしろ現在では、「総」や「房」は花や実がむらがり・垂れ下がるような状態を示す古語「ふさ」にあてる字でもあることから、産物の豊かさや、豊作を祈っての国名ではないかとされる。

その房総＝千葉県の地に人々の痕跡が刻まれるのは、いまから約3万数千年前の旧石器時代からである。ではそれ以後の千葉県の歴史を時代順に概観してみよう。

原始・古代

原始時代の房総

今から3万年くらい前の関東地方は、富士山や箱根山の火山灰が降り積もっていた時代であり、このような環境下ではとても人間は住むことはできないと長い間考えられていた。ところが昭和24年（1949）の群馬県岩宿遺跡の発掘調査によってその常識は覆され、関東地方のみならず日本列島で土器を伴わない時代＝旧石器時代が存在することが証明された。

この発見以降千葉県内でも400カ所に近い旧石器時代の遺跡が見つかっているが、旧石器時代人の骨はまだ見つかっていない。ただしこの時代の人々は、ナウマンゾウやオオツノジカを食料にしていたとされるが、香取郡下総町猿山では、そのナウマンゾウのオスの完全な頭骨が発見されている。

加曽利貝塚

縄文時代の遺跡の代表である貝塚は、いまのところ全国で約1100カ所確認されているとされるが、その約半数が東京湾沿岸の千葉県内で発見されており、千葉県は貝塚の数が全国一多い県である。なかでも有名なのが、千葉市に所在する加曽利貝塚である。この貝塚は南北二つの環状貝塚が眼鏡形につながっており、約5000年前から形成された遺跡と考えられている。この遺跡が全国的に有名なのは、ここで発見された土器が、縄文時代の年代を識別する基準になったこともあるが、住居跡・貝層などから、当時使用された土器や石器のみならず、人骨や獣骨、木の実・魚骨・土偶・装身具・漁撈具など、縄文時代を考えるうえで貴重な手掛かりを得られるさまざまな遺物の検出をみたからである。そのうえ、この遺跡が1960年代の高度経済成長期のもとで一時期破壊される危機に直面したとき、市民を中心とするねばり強い保存運動によって、結局保存の道が開かれたことも大きい。

現在、遺跡の主要な部分は千葉市の史跡公園となり、公園内には千葉市立加曽利貝塚博物館が建てられている。ここでは加曽利貝塚から出土した遺物が展示されているほか、遺跡内にも貝層の断面や住居跡を見学できる野外の展示施設が設けられて、縄文時代の生活環境を学び体感できるようになっている。

環濠集落六崎大崎台遺跡

千葉県内で水稲農業と金属器の使用を基礎とした弥生時代がはじまったのは、約2000年前とされ、その時代の遺跡としては、弥生土器の年代識別の基準となった土器が発見された須和田遺跡(市川市)や、たくさんの木製品や鉄製の農耕具が出土した木更津市の菅生遺跡、佐倉市の六崎大崎台遺跡などがよく知られる。なかでも六崎大崎台遺跡は印旛沼を望む台地上にある弥生時代中期の遺跡で、周囲を深さ2メートル前後の濠がめぐっている環濠集落遺跡である。この遺跡は、下総台地にも環濠集落があったことのみならず、全面発掘されたことによって、環濠集落の全貌が明らかになった意味でも重要なものである。ここでは弥生時代中期後半に属する住居跡約150軒と、それを取り巻く直径140メートル前後の環濠が発見された。周辺には方形周溝墓や水田跡も確認され、環濠に囲まれた居住地・墓域・そして水田を含めた生産の場が、ひとつの村の景観をなしていたことがわかる。

ところで、弥生時代中期以降の集落遺跡を囲む施設の環濠については、学界でもいろいろ解釈がある。ただ弥生時代になると米が貯蔵され、生活が安定して人口が増える。それを支えるため、他のむらとの抗争がおこり、そのための防御用の施設だったとする意見が支配的である。そして大崎台遺跡の場合は、この時代が『後漢書』にでてくる「倭国大乱」の時期とほぼ一致することから、それとの関係を主張する説もある。

弥生時代末期になると、むらのなかで権力者としての首長が登場してくるように、大きな社会変動が起こった。そしてこのような変動をうけて新たな墓が出現した。これが墳丘を伴う墓=弥生墳丘墓とよばれるもので、そしてやがて前方後円墳とよばれる古墳が全国的に出現してくるのである。

房総の古墳時代と「王賜」銘鉄剣の発見

東京湾沿岸の村田川から小糸川にいたる河川の下流域は、古墳が集中している地帯である。ここには4世紀頃と推定される畿内型古墳が多いことから、はやくからこの一帯は中央政権との結びつきを強めていたと考えられ、小糸川流域には県下最大の規模を持つ前方後円墳の内裏塚古墳を中心に、100メートル以上の大型前方後円墳が集中する内裏塚古墳群がある。一方、房総の半島太平洋側では、一宮川流域の能満寺古墳、山武地方の殿塚・姫塚に代表される芝山古墳群が著名だが、特に殿塚・姫塚古墳は豊富な形象埴輪をもち、それが埴輪列をなすという特徴があることで知られる。下総地域では、印旛・手賀沼と周辺の河川、利根川流域に古墳が集中するが、下総の古墳の特徴は、中央との結びつきを示す畿内型古墳が前期にみられず、後期になってようやく出現することである。これは、古墳時代後期になってはじめて下総国成立の基盤となる豪族の勢力が確立したためではないかとされる。なお印旛沼東岸には小規模な円墳が密集する群集墳の竜角寺古墳群がある。

昭和63年(1988)、5世紀半ば頃の築造とされる市原市の稲荷台1号墳から出土した鉄剣に、「王賜」を含む12文字(判読されたのは7

稲荷台1号墳出土
「王賜」銘鉄剣銘文部分
(市原市埋蔵文化財センター)

文字)の銘文が象嵌されていたことが発表されて大きな話題となった。この古墳は直径30メートル前後の円墳で、被葬者は副葬品から武人的性格をもつ人物と推定されてはいたが、周辺地域に多数存在する古墳のなかでもとりたてて特徴のあるものではなかったため、それまで特に注目されてはいなかった。その古墳の副葬品のなかの一本の剣に、日本最古の可能性があるだけでなく、簡単な内容でありながら極めて大きな意味をもつ銘文が確認されたのである。この銘文の主旨は「王が鉄剣を下賜した」、つまり授受関係を意味しているものである。だが下賜される対象者は明記されていない。同じ鉄剣の銘文としては、埼玉県稲荷山古墳出土の鉄剣の例が有名だが、ここには作刀者と書者が記されているものの、鉄剣の授受関係は何も記されていない。

では下賜の主体の「王」だが、多くの説のなかから現在では畿内の「大王」をさすものと解釈することでほぼ一致をみている。そしてその大王は、古墳の形態や同所の出土遺物から判断した5世紀半ば頃の時代で、具体的には「宋書倭国伝」にみえる「倭の五王」のなかの済か興であろうとされる。ここで注目されることは、大和政権の倭王が「大王」ではなく、中国皇帝から公認された「王」の称号を使用していることである。これは倭王が東アジアの政治秩序のなかにみずからを位置付けていることを示しているという。そしてさらにこのことから、畿内豪族の連合政権である大和王権は、中国皇帝を頂点とする東アジア的な政治秩序を、倭王の主導で日本国内に形成するために、これまで未組織の東国の中小豪族を軍事的に組織しようとした。その成果として、武勲をたてた小豪族に下賜されたのが、ここで発見されたような「王賜」銘鉄剣ではないか、という説も示されている。つまりこの鉄剣が簡潔な文章で、しかも下賜の対象を明記していないことは、同種の剣が大量に作成され、各地の中小豪族に広く下賜された可能性を示すものだというのである。稲荷台一号墳から出土した鉄剣の僅か十二文字の銘文だが、そこから発信される情報の意味は実に大きい。

房総三国におかれた国府

大宝元年(701)に大宝律令が完成し、国郡里という地域行政組織が成立し、国には国司が政務をとる国庁と国府、郡には郡家が設置され、このとき房総三国にも国府が設置された。下総国府は現在の市川市国府台、上総国府は市原市、安房は安房郡三芳村や館山市にそれぞれ比定地があるが、下総以外はその所在地をふくめてその実態は明確ではない。また国府とともに設置された鎮護国家のための宗教施設に国分寺・国分尼寺がある。この所在地についても、下総は市川市国分に、上総は市原市、安房は館山市の国分寺というように比定されているが、ほぼ全容が発掘調査によって判明した上総をのぞいて、やはり実態はいまだ謎に包まれている。

平将門の乱と忠常の乱

平安時代になって土地の私有がすすむと、地方の有力豪族のなかには防衛のために自身が武装して武芸を身につけ、やがて武芸を専門職能とする武士になるものが登場した。また地方長官である国司として地方にくだった貴族のなかには、そのまま地方に土着するものも現れ、彼らのなかには国家の軍事・警察権の一端を担う一方、広大な私領を経営し、また急速に武力を蓄えていくものも現れた。とはいえ、まだこれらが保有する兵の主力は農民兵で、専業の戦闘集団はまだ成立していなかったとされる。そして、10世紀になると、坂東では国司の苛酷な政治に対する郡司・百姓の抵抗が表面化していた。そのような時代に、下総を基盤に坂東八カ国を争乱に陥れたのが平将門であった。将門は叔父と父の遺領のことで争ったことに端を発し、その後武蔵国の国司と郡司の争いに介入し、

さらに常陸国司の追捕をうけた人物をかくまうなどして権力に抵抗し、天慶2年（939）12月には常陸国府を襲って国司を捕らえ官印と官庫のかぎを奪い、ついで下野・上野国府を攻撃、一時は坂東八カ国を支配下にお

復元された上総国分尼寺の回廊と中門

いて「新皇（しんのう）」を称す勢いとなった。ところが農繁期で大多数の兵が帰農していたすきをつかれてあっけなく敗北し、乱自体も鎮定された。

それから90年後、再び房総で大きな騒乱が起こった。平忠常が、長元元年（1028）に安房国府を襲って国司を焼死させ、ついで上総国府を襲って国司を捕らえるなど、公然と朝廷に対する反乱を起こしたのである。忠常は、将門の叔父良文の孫で、下総・上総に私領をもち、朝廷への徴税を請け負い、しかも上総介・下総介を歴任した官人だった。それだけに朝廷にとってこの反乱は衝撃的な出来事だった。そこで朝廷では、すぐさま検非違使の任にあった人物に追討使を命じたが、まったく戦果があがらず、そこで当時甲斐守であった源頼信と坂東諸国の国司に忠常追討の命を下した。ところが長元4年、源頼信が上総に向かおうとしていたところ、忠常が突然投降したことでこの乱はあっけなく終息した。このとき忠常が投降した真相は不明だが、将門や忠常の反乱が意外にもろかったのは、彼等の軍を構成していた主力は農民兵であり、農業生産から解放された専業の戦闘集団にして強固な主従関係で結ばれた中世的武士団は、このときまだ成立していなかったためとされる。とはいえ忠常の子孫はその後も下総・上総一帯に深く根を張り、やがてそのなかから千葉氏・上総氏に代表される大勢力が生まれたのである。一方、二度の大きな戦火の舞台となった房総の地の荒廃は甚だしく、この後しばらくのあいだは「亡国」と評価されたほどであった。

11世紀後半、房総は将門や忠常の乱がもたらした荒廃から立ち直るべく、大開墾時代を迎えた。各地の有力者が荒野を牧とし開墾し、その結果新たな村が生まれ、数々の荘園や国衙領が生まれたのである。その主導的役割を果たしたのが、忠常の末裔である上総氏であり千葉氏だった。ところが12世紀半ば平氏が中央政権を握ると、それまで源氏に荷担していた千葉氏は大きく勢力を後退せざるをえなくなり、また上総氏も平氏が家人を上総介に任命して支配を強めていくのに対抗し、ともに平氏政権に対し反発を強めていった。

中　世

源頼朝の再起と房総

治承4年（1180）、伊豆で挙兵し相模石橋山で大敗した源頼朝は、真名鶴崎から海路安房猟島（現鋸南町竜島）にからくもたどりつくことができた。頼朝はその後すぐさま安房国内の武士に与同すべきことを求めたとされる。ところ

日蓮像

がこのとき安房では、国内最大の勢力長狭氏が平家方であったため、頼朝の呼びかけに応じてすぐに参向する武士はいなかった。ただその長狭氏が頼朝に合流した三浦氏によって滅ぼされ、さらに長狭氏に並ぶ国内の実力者安西氏が頼朝支持にまわったことで、流れは一気に頼朝に向かい、ようやく頼朝は旗揚げ以来最大の危機を脱することができたのである。現在でも安房各地には、このときの頼朝にまつわる伝説が数多く残されている。だが安房の武士の支持を得たとはいえ、しばらくの間頼朝の権力基盤は十分とはいえなかった。その状態にあった頼朝を強力に支援したのが千葉介常胤だった。そして、常胤をはるかに上回る実力を有していた上総広常が頼朝支持にまわったことで、房総武士団はあげて頼朝を支援することになり、ここに頼朝再起の基盤は完全に確立したのである。このことから鎌倉幕府が開かれた後、頼朝は千葉常胤を幕府創業最大の功労者として手厚く遇している。また広常についても、幕府創業の軍事的功績は広常に帰するとまで頼朝は評価し、当初は極めて重用されたが、その後頼朝に対する不遜な言動が問題とされて鎌倉において誅殺されたとされる。ただこのことを房総側の視点からみれば、上総広常や千葉常胤が頼朝を支援したのは、なにも忠義心や恩賞目当てからではなく、彼らとすれば平氏政権のもとで行き詰まっていた在地の状況を打開するための主体的な行動であり、それゆえ最終的には頼朝によって邪魔者として粛清された、とみるべきであるとする説もある。それはともあれ、日本の歴史を大きく動かした頼朝再起の道が、房総の武士たちの支持によって開かれたことは間違いない。

日蓮のふるさと

日蓮は、貞応元年（1222）安房国長狭郡東条郷（現鴨川市）で生まれた。日蓮が語るところでは自身を「海人が子」「賤民が子」とするが、12歳の時に教育を受けるために清澄寺に入っている事実からすれば、村でも上級の階層に属する家の子として生まれたとみるのが普通である。その後16歳で同寺において出家し得度するが、しばらくすると仏教探求のために旅に出て、鎌倉や京都延暦寺をはじめとする諸国の寺々で十数年にも及ぶ修行と研究を積み重ねた。その結果彼は、法華経こそ唯一至高の教義であるとの結論に達し、建長4年（1252）ごろ再び清澄寺に帰ってきた。そして翌年4月、寺内の持仏堂の南面で、浄土教を激しく批判し、法華経を厚く信ずべきであることを説いた。これが後世「立教開宗」宣言とされるものである。

ところが、地元東条郷の地頭東条景信はじめ浄土宗の信者が多数あったその頃、日蓮のこの教えについては反発する者も多く、そのため日蓮は清澄寺を退出せざるをえなくなり、その後しばらくのあいだは、下総国府の近くに居を構えていた下総千葉氏の近臣富木常忍の後援のもと、現在の市川市周辺で布教活動をおこなっていた可能性が高いとされる。やがて鎌倉に活動の拠点を移した日蓮は、法華経こそ唯一至高

の教義とし、さらに浄土宗をはじめとする他宗派を激しく批判する布教活動を活発に展開した。そのため浄土宗、その他の僧や信者たちと激しく争うこととなったが、当時一般に浄土宗の信者が多かったことや、その急進的な教義や布教活動が警戒されたためか、幕府からも伊豆や佐渡に流されるなど激しい弾圧を受けた。またこの間、文永元年（1264）安房に帰郷中、東条郷小松原を通行していたところ、地頭東条景信に襲われ弟子数名に死傷者を出し自身も重傷を負うなどの事件に遭遇したが（この事件を宗門では「小松原法難」とする）、日蓮の布教に対する意欲と情熱は少しも衰えることはなかった。

日蓮は、弘安5年（1282）、武蔵の池上郷で生涯を閉じた。その際、多数の弟子のなかから6人の弟子を選んで「本弟子」と定め、以後の教団の指導を託したが、そのうち4人までが上総・下総出身者であった。また富木常忍や大田乗明・曽谷教信・斉藤兼綱・工藤吉隆など、房総の武士たちが有力な後援者として活躍したこともよく知られる。このような事実から理解されるように、日蓮を支えていたさまざまな人々の中心になっていたのは、やはり日蓮の出身地であった房総の人たちだったとみていいだろう。そして日蓮没後、6人の弟子をはじめ門弟たちは、それぞれの所縁のある地域を中心に布教活動を展開していくが、房総では日朗の下総本土寺、日向の上総妙光寺（のちの藻原寺）をはじめ、富木常忍が開いた中山法華経寺など、その後今日にいたるまで続く日蓮宗の拠点的な寺院が開かれたのである。

COLUMN　千葉氏の栄枯盛衰

千葉氏は桓武天皇の血を引く武士団で、桓武帝の曽孫にあたる高望王が上総介となって関東に下向しその子らが関東各地に力を得る。高望王の末子で千葉氏の始祖とされる平良文も勢力を広げた。

良文は将門の乱の前後に下総国の相馬郡（現在の柏、我孫子市や茨城県北相馬郡等）を拠点として活躍し、その子忠頼も利根川沿いに東下し水運を掌握して房総に力を伸ばした。

大友館（城）　忠頼の子平忠常は利根川水運と椿海に接した大友（香取郡東庄町）を拠点とし、長元元年（1028）から房総各地で5年間に及ぶ大反乱を起こした。乱が終息すると忠常の子常将、孫常長らが房総全体を支配し、やがて千葉氏が属する大椎城が成立した。この大友周辺は、平安時代に橘庄が成立し鎌倉時代以後は東庄として千葉介常胤の六男胤頼の東氏の領domainとなる。

大椎城　忠常の曽孫常兼は両総の分水嶺ともなる土気丘陵の大椎（千葉市緑区）に城を構え、下総国中部から太平洋沿岸の東部一帯を治める強力な勢力を持つようになった。

名将「千葉常胤」と千葉城　常兼の子常重は大治元年（1126）大椎から千葉郡に移住し亥鼻（千葉市中央区）を根拠地として千葉介常重と称す。常重の館は亥鼻山西側の低湿地にあったと推定され、台地上は詰城として使われ城郭として整備されたのは15世紀頃と考えられている。保延元年（1135）家督を譲られた嫡子千葉介常胤は所領であった相馬御厨と橘庄の権利を、主従関係を結んだ源義朝が平治の乱で平清盛に敗れると全て失うこととなる。

しかし、治承4年（1180）源頼朝が伊豆で挙兵、石橋山合戦に敗れ房総に逃れてくるといち早く頼

大日寺に残る千葉家石塔群

朝のもとに参入。源平合戦、奥州合戦にも参加するなど鎌倉幕府の創設に大きく貢献する。この功績で常胤は失った所領を取り戻して下総、上総2カ国をはじめ、東北や九州地方等全国20数カ所の広大な所領を獲得するもその後の合戦で領地は減少する。蒙古来襲の時に頼胤、宗胤が参戦し、そのまま留まった宗胤が九州千葉氏の始祖となり、胤宗から続く下総千葉氏との2つに分かれる。

馬加千葉氏の台頭そして滅亡へ　亥鼻の千葉城は康正元年（1455）に一族の馬加康胤、原氏に攻められて落城、当主の千葉介一族が千田庄（香取郡多古町）で滅びると馬加一族が本宗を継承し城を本佐倉に移した。馬加千葉氏は古河公方や古河水運と繋がって力を伸ばしたが、古河公方が衰えると小田原の後北条氏に属するようになる。天正18年（1590）豊臣秀吉の小田原攻めで北条氏が秀吉に降伏すると、従っていた千葉氏も領地を没収され、関東の名族といわれた千葉氏は滅亡することになったのである。

妙見信仰　千葉氏は妙見菩薩を守護神として館や城には必ず妙見を勧請したといわれ、千葉神社の祭礼も妙見祭として伝承されてきた。

(西川明)

中世東国における房総の位置

　半島状の地形にみえる房総、ところがその付け根にあたる下総の北には、中世以前の段階には「香取の海」とよばれた広大な水系が存在していた（利根川が現在のような流路になるのは江戸時代人工的に付け替えられてからである）。これはほぼ現在の印旛沼・手賀沼・霞ヶ浦・北浦に利根川が合わさってできたような内海と考えてよく、それが銚子沖で合流して太平洋に注いでいたのである。そしてこの香取海を媒介に下総と常陸・武蔵は政治的にも文化的にも極めて密接に結びついていた。一方、下総の西側を南流して武蔵との境界をなしていたのが古利根・太日川水系の複数の河川であり、これは房総と武蔵・相模との間に広がる広大な内海（江戸湾＝現在の東京湾）に注いでいた。このように房総は、二つの内海とそこに注ぐ大小の河川に囲まれており、さらに南と東を取り巻く太平洋の存在を考えるならば、中世以前の房総は四方すべてを水に囲まれた地域性を有していたことになり、そのことによって中世東国社会において特有な地位を占めていたとされる。

　ところで、前近代の社会において水上交通の占める役割が極めて大きかったことはよく知られる。つまりこのことは、現在ではともすれば辺境の地・袋小路とも評される半島性の地形の房総が、中世以前では水上交通によって他地域と日常的に密接かつ容易に結ばれていたことを意味する。しかも中世の江戸湾や香取海は、東国社会における政治・経済上の大動脈として日常的には人と物資が頻繁に行き来する交流の場であり、そのために沿岸各地には西国にも比肩する湊町が林立し、さらにそこに集まる多くの人々や物資があったのである。その上、さまざまな制約があったにせよ、畿内から東国さらに東北地方へとのびる太平洋海運の存在も否定できず、その際房総半島はちょうどその中間・分岐点にあたる極めて重要なポイントになる場所

● 千葉氏略系図

桓武天皇 ─ 葛原親王 ─ 高見王
（平）高望王 ─ 良文 ─ 忠頼 ─ 忠常
常将 ─ 常永 ─ 常兼（大椎）─ 常重（千葉介）─ 常胤（千葉介）─ 胤正 ─ 成胤 ─ 胤綱 ─ 時胤 ─ 頼胤 ─ 胤宗（下総千葉氏）／宗胤（九州千葉氏）
貞胤 ─ 氏胤 ─ 満胤 ─ 兼胤 ─ 胤直 ─ 胤将／胤宣
康胤（馬加）─ 胤持 ─ 輔胤 ─ 教胤 ─ 勝胤 ─ 昌胤 ─ 利胤／胤富
胤富 ─ 親胤 ─ 胤富 ─ 邦胤 ─ 重胤
親胤

（西川明作成）

だった。とすれば、当然そのような湊町や、江戸湾・香取海・太平洋海運の覇権をめぐる紛争が絶え間なくあったことを意味する。東国政権が成立したときや、東国の覇権を目指す争いがあった際、当事者たちが江戸湾や香取海、さらにそれと密接につながる房総の地をいちはやく掌握しようとしたことは、このような事情から考えれば当然だった。また房総を基盤とした権力が水上交通に長けていたことは、鎌倉・南北朝時代の安西氏や千葉氏、戦国期の上総武田氏や里見氏・正木氏などの例をみても明らかである。

稲村城跡遠景

房総の戦国時代

15世紀後半以降の東国の政治構図を定めたのは、鎌倉公方（古河公方）足利成氏と関東管領上杉氏の対立を契機に、それが幕府と鎌倉公方の一人抗争に発展した享徳の大乱である。里見氏や上総武田氏といった房総戦国史を彩る氏族は、いずれもその渦中、それまで上杉氏勢力に覆われていたこの房総に、上杉氏の勢力を一掃すべく公方派の一員として送り込まれてきたと考えられている。そしてそれぞれが白浜・稲村城や真里谷・長南城を取り立てて本城にしたといわれる。

一方下総では、それ以前から弱体化した千葉宗家にかわって円城寺や原氏といった千葉氏の被官の間で激しい実権争いが続けられるが、最終的に原氏が千葉氏庶家の馬加千葉氏を千葉介の地位につけ、千葉氏内部の実質的主導権を握っていくことになる。そしてその千葉氏は、それまでいた千葉（千葉市）からこの時代拠点を佐倉（酒々井町本佐倉）に移すが、それは佐倉の地が、香取海やそこに接続する中小の河川を利用することで、関東各地と極めて容易に結ばれていたこと、また佐倉自身が内陸部にある湊町として都市的発展を遂げていたことをしめすものとされる。

次いで16世紀に入ると、対岸の三浦半島を制圧した小田原北条氏（以下北条氏）の影が次第に大きくなる。房総諸氏の勢力争いや内部対立の際、そのどちらかの要請によって北条氏勢力がしばしば侵攻してくるようになったのである。そしてこのことはとりもなおさず、房総と対岸の相模・武蔵が江戸湾の水上交通を媒介に、軍事・政治的に極めて容易に結ばれていたことを示すものである。

このころから房総半島最大の勢力となって台頭してきたのが、南端の安房を拠点とする里見氏である。里見氏は天文2年（1533）から翌年にかけて起こった一族内の内乱を克服したことによって以後発展の道を歩んだ。その内乱を勝利した里見義堯は、嫡流を武力で滅ぼして宗家を乗っ取った人物だが、その人となりは深い教養と強い倫理観に裏付けられた古代中国思想を念頭におく治世を目指した武将であった。そしてその里見氏権力の源泉は、江戸湾の水上交通を掌握していたことだった（コラム参照）。

戦国時代後半における房総の政治構図は、そ

の里見氏と、北条氏の戦いであった。ところがこのころは、一方では商人・職人といった人々が縦横に活躍していた時代でもあった。彼らは基本的にどちらの権力にも属さない身分属性であるうえに、その身につけていた特性（水上交通に長けていたことによって運輸・通信能力に極めて優れていた）や広く張り巡らされていた同族・同職種のネットワークによって、権力の隙間を埋めていた存在だった。里見氏にせよ北条氏にせよ、このような彼らの協力なしでは勢力の拡張のみならず、日常的な経済活動すら成立させることが難しかったのである。また農民たちも、ときには大名権力を向こうに回して、さまざまな方法で自分たちの要求を実現させていたように、強くたくましく生きていたのである。そのひとつのあらわれが、このころ頻繁にみられた「徳政」であり、債務帳消しの敵味方双方に年貢を納めることによって一時的な平和を獲得することは「半手（はんて）」とよばれる政治状況だった。

近世

房総におかれた大名

天正18年（1590）、小田原北条氏が滅亡する

COLUMN 房総里見氏の栄枯盛衰

曲亭馬琴の「南総里見八犬伝」で名高い房総里見氏（以下単に里見氏）は、房総半島南端安房を本国として戦国時代の一時期には房総三国の大半を支配する戦国大名となったが、天正18年（1590）小田原北条氏滅亡後に中央政権下に属し、江戸時代初期の慶長19（1614）年9月には幕命によって伯耆（現鳥取県）倉吉に転封され、その地で断絶滅亡した一族である。

その里見氏の祖とされる義実（よしざね）は、房総以外の地から安房に入部し、白浜城（白浜町）を拠点に安房国内を統一したとされる。しかしこの人物については根本史料に乏しく、その実像は今もって不明である。確実な史料に里見氏の動きがみえるのは義実の子（通説では孫）義通（よしみち）のときからで、このころには安房稲村城（館山市）を拠点に上総から江戸湾岸一帯で活躍していた様子が知られる。そして義通の子義豊（よしとよ）は、早くから父義通とともに政務を担いまた鎌倉への武力侵攻も果たすが、その一方、太田道灌など当代一流の諸氏との文芸面での交流も知られ、その武力と学識・教養は、鎌倉の学僧から「文武兼備の貴公子」と評されるほどの武将だった。ところがその義豊は、自身の政治に批判的な叔父実堯（さねたか）と正木通綱（まさきみちつな）を稲村城に招じて殺害した事に端を発した天文の内乱において、天文3年（1534）4月従兄弟義堯（よしたか・実堯の子）に敗れて滅亡する。そしてこのことによって里見氏宗主権は庶流である義堯の系統によって取って代わられたのである。近年の研究では、この滅亡した義通・義豊などの嫡流の系統を前期里見氏と呼んでいる。

一方、内乱を勝利した義堯は、上総武田氏旧領をめぐって小田原北条氏と激しい戦いを繰り広げながら次第に上総の領国化をすすめ、正木氏など有力国人衆を支配下に引き入れ、また房総地生えの海上従事者をその支配下に置くことで江戸湾の制海権をほぼ握り、里見氏をして房総を代表とする戦国大名に発展させた。このため、領国の拡大・発展と安定を実現させた義堯は、里見氏中興の英主と

昭和初期の館山城跡

してその後の里見氏治世下において特別な存在として敬われるだけでなく、広く民衆の中においても「万年君様（まんねんきみさま）」として伝承された。

ところで里見氏の活躍した時代は、東国社会に占める江戸湾の役割が極めて大きくなった時であった。湾岸都市の成立・流通の進展にともない、政治・軍事のみならず経済活動において江戸湾が東国の大動脈として機能していたのである。里見氏が北条氏など、他の強力な戦国大名に伍して活躍できたのは、この江戸湾の制海権を掌握していたからにほかならない。ところが天正年代になると北条氏の圧倒的な軍事力に次第に追い込まれ、さらにその後の強力な中央政権の誕生によって水上交通そのものがその管理下に置かれると、里見氏は房総半島南端を支配する単なる一大名に留まらざるをえなくなった。

近世大名として生き抜いていくために拠点を港湾都市館山に移した里見氏は、以後中央政権下の一大名として重い軍役・義務を課せられ国内を東奔西走させられる身となった。その後関ヶ原の合戦では徳川方についたため常陸3万石を加増される恩典に与かったが、慶長19年（1614）、最後の当主忠義（ただよし）は、幕府の外様大名政策と幕府内の権力闘争に巻き込まれるかたちで減封のうえ伯耆倉吉の地に移され、さらに罪人同様の立場に追い込まれたまま、元和8年（1622）、安房に復帰する願いもむなしくその地で没した。また忠義には正式な後嗣がなかったため、ここに大名里見氏も滅亡したのである。

（滝川恒昭）

と豊臣秀吉による全国統一が完成し、房総三国は里見氏が領有する安房を除いて徳川家康の領有下となった。そしてこのとき、上総には徳川四天王の一人として名高い本多忠勝の小田喜(大多喜・10万石)をはじめ、佐貫に内藤家長(3万石)・久留里に大須賀忠政(2万石)・鳴戸(成東)に石川康通(2万石)などが、また下総には矢作に鳥居元忠(4万石)・臼井に酒井家次(3万石)・関宿に松平康元(2万石)・岩富に北条氏勝(1万石)といった家康旗下の武将が配された。

一方、それまで上総・下総にあって活躍していた千葉・原・酒井・高城といった諸氏は、北条氏に従ったために事実上滅亡し、その後はそれぞれのつてを頼って生き残りの道を探すしかなかった。その際、原氏は生実大巌寺の僧のルートから徳川家康への取りなしを頼んでいたことが知られ、酒井氏は同姓の誼で徳川家康の重臣酒井氏の取りなしをうけ、最終的には徳川家の家臣になって家名の存続をはかることができたという。また本多忠勝が入城する以前の小田喜領を支配していた正木氏は、里見氏を頼って安房に退去し以後完全に里見氏の家臣化したのである。

天正19年(1591)、徳川領国となった下総では、2月から印旛・香取・匝瑳・海上などで早速検地が実施され、翌年には葛飾郡がその対象となり、また上総でも同様に検地が実施された。一方里見氏の領国である安房では、里見氏が豊臣政権下の一員となった直後の天正18年、豊臣政権の吏僚で里見氏と豊臣政権の窓口であった増田長盛によってはじめて検地が実施され、慶長2年(1597)にも増田長盛が直接領国内に乗り込んできて実施された。そのことによって、房総全域は中央政権によって完全に把握されることとなったのである。また検地と同時に天正19年末あたりから、徳川家康は上総・下総の有力寺社に対して、寺社領保護の朱印状を次々に発給している。このことは新たな支配者を彼等に印象付けるとともに、在地に影響力を持つ寺社勢力を自己の配下に属させ、支配の一翼を担わせる意味を持っていたとされる。そのころ一方里見氏領内では、所領が大幅に削減されたことをうけて、寺社領もそれまでの三分の一にならざるをえなくなった。このことを伝えた里見氏の文書が現在いくつかの寺社に残されており、統一政権下の一大名として生き残った里見氏の苦しい状況がうかがえる。

その後里見氏は、慶長5年の関ヶ原合戦に際しても、進路を大きく誤らせることはなかったが、慶長19年(1614)9月、里見忠義は幕府内部の権力闘争にまきこまれるかたちで減封のうえ転封を命ぜられ、転じた先の伯耆倉吉で元和8年(1622)滅亡した。

房総の捕鯨

現在、東京湾で鯨がみられることはまれだが、江戸時代以前は、いまも太平洋岸で捕獲対象となっている小型のツチクジラをはじめ、ときにはマッコウクジラ・シロナガスクジラといった大物も湾内に回遊してくることがあった。17世紀初頭の寛永年間に書かれた「慶長見聞集」によれば、東京湾における初期の鯨漁は、弱った鯨が海岸に漂着したものを捕える程度のものだったが、文禄の頃(16世紀末)、尾張の鯨突きの名人間瀬助兵衛が相模三浦において本格的な捕鯨をはじめてから爆発的に広まり、その後20数年は年間200頭にも及ぶ捕獲数を挙げ続けたため、鯨そのものが激減したほどであったという。したがって房総において捕鯨が始まったのもちょうどその頃、つまり里見氏の時代に遡るとみてよく、その史料上の初見は、慶長17年(1612)2月、里見忠義が、領内の船が鯨を仕留めたので初尾(その年最初に採ったものを、神仏に最初に奉るもの)として疋(四)のうちから一尺八寸四方の皮を一枚、伊勢神宮に進上していることである(「賜蘆文庫文書」)。なお、これまで房総における捕鯨は、江戸時代に

醍醐新兵衛の墓

入ってから紀州加太出身の醍醐新兵衛が安房勝山において突漁法による捕鯨をはじめて行ったことがその起こりといわれていたが、このような事実からみれば、醍醐新兵衛の出自を含め、従来の説は再検討する必要がある。また新兵衛がその中心地とした勝山は、里見氏の時代、勝山城が江戸湾を往来する船を監視する役目を果たした海城として機能し、しかも房州海民の基地でもあったことから、その監視システムや海賊行為の伝統が捕鯨にそのまま生かされたことも十分に考えられる。現に捕鯨の先進地とされる紀州などでも、戦国時代に海賊がおこなっていた監視・警戒システムや、獲物となった船を襲撃する複数の小舟による集団戦法が、江戸時代の捕鯨漁に直接結びついたとされる。房総で本格的な捕鯨が勝山で最初に広まっていったのは、おそらくこのような歴史的背景があったためであろう。

椿海・印旛・手賀沼の干拓

米が経済の中心であった江戸時代は、水深の浅い湖沼や湿地帯において耕地面積を拡大するための干拓がさかんに行われた時期でもあった。いまも全国各地に残る◯◯新田といった地名の多くはその名残とみてもいいが、房総でも歴史に残る大規模な干拓工事がおこなわれた。それが椿海・印旛沼・手賀沼の干拓工事である。

現在でも県内有数の穀倉地帯であり、かつて干潟八万石と呼ばれた広大な美田が続く香取・海上・匝瑳の三郡にまたがるその地は、江戸時代初期まで椿海と呼ばれた東西12キロ、南北6キロ、面積は約51平方キロメートルにも及ぶ広大な湖だった。その椿海では戦国時代には湖上（水上）交通を利した物資の輸送が盛んに行われ、水上交通と陸上交通が交差する湖岸の網戸・見広などの地は交通の要衝として栄えていた。ここを干拓しようとした動きが起こったのは江戸時代初期と伝えられるが、何度かの失敗を経たのち17世紀後半に幕府の許可を得た辻内刑部左衛門や僧鉄牛らが中心となってひとまず完成をみた。そして干拓されたこの地は椿新田として売り出されて約2500町余りが売れ、元禄8年（1695）にはこの新田で総検地が行われ新たな八カ村が成立したが、その一方用排水をめぐる争いは、新田内部の村々のみならず周囲の村々との間でも延々と続き、それは20世紀の1950年に県営大利根用水事業として利根川からの水路が完成したことによってようやく解決をみたのである。

一方、かつて香取の海の一部をなしていた印旛沼は、水深が浅いこともあって江戸時代中期以降、新田開発や水運・水資源確保といった目的によって何回も干拓化が試みられた。その最初の試みは、八代将軍吉宗の時期の享保9年（1724）で、以後田沼意次・水野忠邦といったときの最高権力者がこの事業に深く関与し、しかも莫大な資金が投じられながら、その都度失敗におわり、そのことが主導した権力者の失脚の一因にもなったことでよく知られる。そして印旛沼干拓が最終的に完成をみたのは、20世紀の1969年、大和田排水機場の完成をみてからで

ある。また手賀沼の干拓は、寛永年間からはじめられ、その後何回も工事は重ねられたが、そのたびに洪水によって堤がこわされるなどして、とうとう最後まで完成はみなかった。

佐倉惣五郎伝説

江戸時代、百姓一揆は大きな罪であり、それを主導した立場にあった人物は重罪になった。

COLUMN 房総の城郭と城下町

天正18年（1590）の徳川家康関東入部にともない、多くの家康家臣団が房総にも入部した。本多忠勝、酒井家次、武田信吉、鳥居元忠らは、以下の城々に入部している。関宿城・山崎城（野田市）、小金城（松戸市）、矢作城（佐原市）、小見川城、多古城、網戸城（旭市）、臼井城・佐倉城・岩富城（佐倉市）、成東城、万喜城（いすみ市）、佐貫城（富津市）、久留里城（君津市）、館山城である。秀吉側についた安房の里見氏は存続できたものの、上総国の没収をうけ、安房一国の支配を許されただけであった。家臣のほとんどが、戦国期の城主が没落した中世城郭に入り、山崎城と網戸城だけが新しく城を取り立てられている。

その後、関ヶ原の戦いを経て徳川幕府が確立し、慶長期頃までに多くの城主は加増を受け転出し、近世を通して機能した近世城郭としては、関宿城（野田市）、佐倉城（佐倉市）、佐貫城（富津市）、久留里城（君津市）、大多喜城（大多喜町）のみであった。そして各地に成立した陣屋を加えて、近世の房総の支配装置として存続していくのである。

さて、このように近世城郭の前史として、中世城館が重要な要素としてあったが、実際房総には中世城館跡が千を超えて存在したのである。うち半数以上が戦国時代に機能していたとみられる。以下、主要な房総の中世城館をみてみよう。

関宿城は、三度にわたる北条氏との戦いの後、簗田氏はついに城を明け渡したが、北条氏康をして一国を獲るのに匹敵するほど重要な城と言わしめている。香取内海と江戸湾水系とを結ぶ結節点として、また奥州への道が通るなど、まさに水陸交通要衝の地にあった。

小金城（松戸市）は、戦国時代には北条氏の他国衆となった高城氏の居城で、太日川（現江戸川）に注ぐ坂川の作り出す低湿地に面し、台地続きを堀と土塁で巧みに遮断した大規模城郭である。常陸方面へ軍事動員の基地として、また手賀沼と太日川水系とを結ぶ結節点に位置し、戦略的意義の高い城郭であった。ただし、近世に入るとほどなく使用されなくなる。

本佐倉城（酒々井町）は、鎌倉時代以来の下総守護を務めた千葉氏が、本拠の千葉館を退去し、文明年間に本拠となしたものである。印旛沼を通じ香取内海や古河方面とも連絡でき、また陸路でも四方からの道が交差する要衝に位置していた。現在、県内で唯一の中世城郭の国指定史跡として、整備が進められている。

近世の佐倉城（佐倉市）は、中世末期に築かれた鹿島城の地に、慶長15年（1610）に入部した土井利勝によって新たに縄張りされたものである。発掘によって鹿島城の堀とみられる中世遺構が検出されている。堀や土塁で防御された石垣を持たない城であるが、堀幅や土塁の規模は大きく、近世城郭であることを実感させる。

以上述べた旧下総地域の城郭は地形的に台地の縁辺を利用したものが多いが、旧上総・安房地域のそれは丘陵地形を巧みに使っている。万喜城（いすみ市）・大多喜城（大多喜町）・久留里城（君津市）・佐貫城（富津市）が上総の城の代表格である。

万喜城は万喜土岐氏の居城で、夷隅川を天然の水堀とし、延々と続く尾根筋を垂直に削り落とすなど、鉄壁の防御を誇った。夷隅川水運を確保した土岐氏は、正木氏の侵攻にも屈することなく、天正末を迎えた。家康の関東入部時には、本多忠勝が一時同城に入ったが、まもなく大多喜城へと移っている。

大多喜城は中世には小田喜と呼ばれ、小田喜正木氏の本拠であった。現在、天守閣様の県立総南博物館の建つ本丸とは谷を隔てた北側台地（栗山地区）にも、中世段階の城郭遺構があったことが近年確認された。これによって、長年論議されてきた中世と近世の大多喜城は、別のものではなく同一地区に存在することが判明した。

久留里城と佐貫城はともに安房里見氏が奪取し、当主の本城となした城である。前者は、永禄4年（1561）に北条氏に同城を設けての城攻めをうけ、危機に陥っている。両者とも尾根を堀切や腰曲輪で防御し、頂部を削平して曲輪を作りだしているほか、山麓や谷戸部に居住空間を設けている。

これらの痩せ尾根に占地する城郭は最大長1kmを超えることもまれではなく、久留里城跡などは、同じく1.8kmと最大級を誇る。近世に入ると、居住空間の狭さと山上の不便さもあって、城主や家臣の生活は山麓が中心となる。

房総里見氏最後の本拠となった館山城は、鏡ヶ浦を臨む独立丘陵上にある。現在は天守閣様の建物があるが、戦前までその場所は山頂部で平坦でなかったことが確実なので、天守閣の存在は疑問視されている。なお、中腹に「新御殿跡」の地名が残るほか、発掘によって、別の場所から建物遺構が出ている。

以上、ここに掲げた中世城郭は城下集落をともない、近世城郭へと取り立てられる場合、あらたな城下町が造られている。とくに近世城下町は武士と商工業者の居住区が完全に分離され、この点において、戦国城下町とは相違がみられる。散策していて根小屋や内宿・宿などの地名が残る城郭は、中世城郭と見なしてよい。肴町、御殿町、宮小路など近世特有の地名が残る城下町と比べてみるとよいだろう。

（遠山成一）

そのためこれらの人々は正義のために一身をさ
さげて戦った「義民」として民衆からは称えら
れた。一方、権力側からみれば反体制の主導者
ともいえることから、民衆のなかでこれらの義
民が称えられることは禁じたが、支配体制が替
わった場合などは、新たな支配者側が人心を掌
握するためにも積極的に称揚することもあっ
た。房総の義民として有名な佐倉惣五郎につい
ても、事件や人物に関する正確な史料は極めて
限られており、しかも後世、さまざまに脚色さ
れた伝説が付加されたことによって、その実像
がますます分からなくなっている。

　その佐倉惣五郎伝説だが、話のもとになって
いる「地蔵堂通夜物語」など後世に成立した物
語類によれば、江戸時代初期の承応2年
(1653)、下総佐倉藩主堀田正信が始めた増税・
新税が農民たちを苦しめたため、その廃止を藩
領の名主らは繰り返し藩にもとめたが拒否さ
れ、やむなく6人の名主が江戸において老中に
駕籠訴したがこれも容れられず、ついに最後の
手段として、印旛郡公津村の名主惣五郎が単独
で将軍に直訴した。幸いこの訴え自体は取り上
げてもらったが、面目を失った堀田正信は惣
五郎夫妻と息子4人を処刑してしまった。しかし
その後、幼い子供まで殺された惣五郎の祟り・
怨霊によって、正信の懐妊中の夫人は変死し、
正信もまた乱心のすえについに幕府より改易
(所領没収)処分となった、というものである。
しかもさらにここに、印旛沼の渡し守甚兵衛が
命を賭して惣五郎を助けた話や、惣五郎と家族
の別れの場面などが付け加えられ、物語は一層
劇的内容になっている。

　ただ歴史的事実としては、惣五郎がその当時
公津村の名主クラスの富裕な百姓として実在し
ていたことや、承応2年になんらかの理由で息
子4人とともに処刑されたことなど僅かなこと
しかわかっていない。またのちに堀田正信が改
易されたのも事実だが、それは正信の幕政批判
の姿勢が幕府から問題視されたためであり、し
かも正信の妻はその後も生きていたことも確認
されているように、怨霊云々は伝説にすぎない
ことがわかる。

　しかし、延享3年(1746)再び佐倉藩に入部
した正信の弟の系統である堀田氏(後期堀田氏)
は、惣五郎百回忌に際しその霊を祀ったうえで
戒名を贈り、さらにその後、子孫に田地を与え
ている事実がある。このことから、後期堀田氏
が惣五郎を藩公認の義民として位置づけ、しか
も惣五郎の祟りや怨霊を非常に恐れていたこと
は間違いない。そして江戸時代末期になると、
惣五郎を主題とした物語が歌舞
伎や講談の演目として全国に渡
って広く取り上げられたため、
惣五郎は圧政と戦う庶民のヒー
ローとして位置付けられていっ
た。そのため全国各地で頻発し
た一揆の精神的支柱として神と
して祀られた例も多く、いまも
全国に20カ所以上惣五郎を祭神
とする神社があるという。しか
も惣五郎は明治になってからも、福沢諭吉が「人民の権義を
主張し正理を唱えて政府に迫
り、その命を棄てて終をよくし

渡し守甚兵衛が惣五郎のために禁制を犯して船を出す図 (豊国画)

第一章 ● 歴 史

と高く評価したのをはじめ、自由民権運動や大正デモクラシー、第二次世界大戦後の諸改革のシンボルというように、時代を超越し、その姿をかえながらも、権力に敢然と立ち向かうひとつのヒーローとして生き続けているのである。

九十九里浜の鰯漁と地引き網

江戸時代、庶民の衣類として木綿は爆発的に普及するが、その生産に干鰯・〆粕といった鰯からつくられる肥料は不可欠なものだった。したがってその大量需要に応えるために各地で鰯漁がさかんに行われたが、なかでも九十九里浜では「日本一の漁法」と称えられた大地引き網による鰯漁が成立し、そこで大量生産された干鰯・〆粕が全国に流通し、江戸時代における木綿生産を大いに担っていたのである。

その九十九里浜の沖合は、暖流の黒潮と寒流の親潮が合流することで魚類の餌となるプランクトンが豊富で、結果さまざまな魚類が大量に生息しているが、なかでも鰯は現在でも日本屈指の水揚げを誇るように昔から絶好の漁場として知られる。この絶好の漁場に最初に目を着けたのは、江戸時代初期、畿内の先進的な漁法を携えて各地で出稼ぎ漁を行っていた紀州の漁民であったという。そしてやがてこれらの漁師のなかには定住する者もあらわれ、さらにその漁法を受け継いだ地元漁民によって沿岸漁業は発展した。とりわけ九十九里浜が遠浅で地引き網漁に適していることから、次第に大規模な網漁も行われるようになり、江戸時代中期以降の最盛期には、合わせて200人以上の人が参加し、1500メートルもの網を張って陸地にたぐり寄せるような大地引き網漁が行われた。この結果鰯の漁獲量は飛躍的に高まり、それに伴って干鰯・〆粕の生産量も急速に増大していった。

そしてこの地で生産された干鰯・〆粕は、江戸まで、房総半島太平洋岸から江戸湾を経由して送られたもの、或いは利根川を遡って関宿を経由して運ばれるもの、さらには陸送して千葉から江戸湾を船で渡って送られる場合があった。そして江戸深川にあった干鰯問屋に運ばれると、そこから大坂の市場に出荷されさらに全

COLUMN 近江屋甚兵衛の海苔

かつては全国一だった千葉の海苔。東京湾沿いの浦安から富津までの遠浅の海岸は、海苔養殖のための「ヒビ木」「ダイス」が並び、千葉ならではの壮大な景観が広がっていた。

しかし「上総海苔」養殖の開始年代は意外と新しい。
君津市人見神社下の緑に囲まれた青蓮（しょうれん）寺の境内に「上総海苔養殖の祖」近江屋甚兵衛（おうみや・じんべい）の墓がある。甚兵衛は明和3年（1766）江戸四谷に生まれ、海苔商売のかたわら海苔養殖や製造の研究に熱心だった。当時は海苔は品川、大森にしかできないといわれていたが、甚兵衛は河水の注ぐ遠浅の海にヒビ木を立て込めば必ず成功すると確信して、実戦の場を求めて旅に出た。

まず江戸川の浦安から始めて、養老川、小櫃川と訪ねて、熱心に説得して回ったが、だれの理解も得られなかった。しかし甚兵衛はくじけることなく最後の望みを小糸川河口の人見、大掘の二村に賭けて懸命に説得した。はじめは反対もあったがついに名主らの協力を得て、苦労の末、文政5年（1822）海苔の養殖に成功した。その後、甚兵衛の指導によって近在の村々に続々と海苔養殖が普及していった。甚兵衛は弘化元年（1844）79歳で没した。

村人は甚兵衛の死を悼み、前畑の墓地に手厚く葬ったが、その後明治44年、漁業組合の世話人によって現在の青蓮寺の境内に移された。地元では顕彰会を中心に甚兵衛の遺徳をしのび毎年、祭を行ってきたが、一五〇年祭を最後に、顕彰会は解散した。昭和63年に「君津市漁業資料館」が完成し、海苔養殖資料とともに甚兵衛の業績を展示している。墓所は県の史跡に指定されている。青蓮寺境内には顕彰碑と銅像が建つ。

千葉の海苔といって忘れてはならないのは、産地問屋として活躍した、信州諏訪出身の海苔商人たちである。江戸末期、諏訪地方の農家の二、三男坊は冬の間、大森、品川方面の海苔屋へ出稼ぎにいった。努力と才覚で奉公人から、行商人へ、そして海苔商人へと成功する者も出て、次々と後に続いた。やがて海苔産地の変遷に伴い、彼らも千葉に活動の場を移し、産地の海苔の仕入れ、卸販売に手腕を発揮。上総海苔の発展に寄与したが、昭和40年はじめごろの埋め立てで、海は工業地帯や巨大マンション群に変わった。海苔養殖の海は消え、出稼ぎの夢もついえた。ときには甚兵衛や漁民の努力、また山国からやってきた海苔商人の活躍に思いをはせてみたい。

（島 利栄子）

国に流通したのである。

銚子・野田の醤油

銚子・野田の醤油醸造は現在も全国的にその名が知られ、また房総における最大の地場商品としても有名であるが、これらは一大消費都市江戸を最大の市場として江戸時代前期に成立発展した。そのうち銚子では、現在のヒゲタ醤油の元祖とされる田中玄蕃が元和2年（1616）に、またヤマサ醤油の始祖浜口儀兵衛が正保2年（1645）に、それぞれ開業したと伝えられる。その浜口儀兵衛は、紀州からの移民ともいわれるが、田中玄蕃については戦国時代の東総一帯で流通業を主体として活躍していた同名の人物が実在していることから、それとの関係も可能性としては考えられる。また野田の場合は、戦国時代からその萌芽はみられるが、本格的な操業は寛文元年（1661）以降である。

以後、銚子・野田の醤油醸造は着実に生産高を伸ばすとともに、それぞれ醸造仲間を結成して商品化と流通の仕組みを確実に構築し、幕末期までには江戸においてそれまで主流とされていた関西の商品を駆逐し、その消費量の大半を占めるまでに至ったのである。

水運の発達

江戸時代は、政治・経済機能が集中していた都市だが、房総はその大都市江戸を支える後背地として位置付けられていた。もちろん船橋・市川などはすでに中世段階で江戸湾岸に開けていた港湾都市だったが、江戸時代に入ると江戸の地が都市民の生活する大消費地になったこともうけて、江戸湾内交通はそれまで以上に発展し、それに伴って湾内各地の湊町も大いに発展したのである。また幕府も、近世の初期から年貢米の輸送のために交通網の整備につとめていたこともあって、江戸湾内の水上交通はその後も発展を続けた。河川交通も利根川下流域ではおもな河岸から積み込まれた米・酒・醤油などの物資が、利根川を遡って関宿を経由し、江戸川を下って江戸へ運ばれたのである。

一方、房総沖太平洋海運は、すでに中世段階でもその存在は知られるが、本格的になるのは江戸時代に入ってからである。太平洋岸にはいくつもの港湾都市が開かれていたが、そのうち勝浦は、すでに中世末期から房総沖太平洋海運の拠点のひとつとして湾岸各地で市が開かれ、余剰米を利しての酒の醸造などが行われていた。ところが17世紀後半に東回り海運が整備され、安定的な太平洋航路が開かれると、隣接する興津や房総半島最南端の乙浜などが風待ち湊として位置付けられ、幕府や諸藩の役所が置かれたことによって、房総半島における太平洋海運の拠点としての位置をそちらに譲った。

地域文化の発展と伊能忠敬

下総佐原の人であった伊能忠敬は、隠居した50歳を過ぎてから江戸へでて当時の最先端である西欧の測地術や天文学を学び、日本中を測量して、はじめて精密な日本地図をつくったことでよく知られる。ただ忠敬が作成した地図（伊能図）の正確さは、西欧の技術のみならず、それまでの日本社会のなかで生み出されていた在来の測地術を併せて使用したことによって成立したものだという。つまり伊能図は当時の日本の文化的水準の高さをも証明するものだったのでもある。

ところで、忠敬が活躍した江戸時代後期は、日本各地で豊かな経済力を背景に豪商や豪農

伊能忠敬像

第一章 歴史

が生まれ、彼らが高い水準の地域文化を担い育んでいた時代だった。忠敬の故郷である利根川下流に開けた河岸佐原も、水運によって江戸と直接繋がっていたため当時関東でも有数のにぎわいをみせていた町場であり、その経済力を背景に地域文化が花開き、国学・儒学その他で、後世まで名を知られる人物を多数輩出した土地だった。そして伊能家は、その佐原で代々名主を務めるとともに、醸造業・米穀・水運業などを手広く商っていた豪農にして豪商だったのである。隠居した後の忠敬が江戸に遊学し、しかもひとつの道を究めることが可能だったことは、このような事情に起因する。つまり、一般に忠敬個人が成し遂げたとされる一大事業の背景には、佐原という地が持っていた文化的土壌と経済的な裏付けが存在していたのである。

里見八犬伝の舞台

「南総里見八犬伝」は、江戸時代後期、曲亭（滝沢）馬琴が28年もの長きに渡って書き続けた一大長編歴史小説である。この物語は勧善懲悪（ちょうあく）と因果応報（いんがおうほう）という理念がその根底に色濃く流れていることはよく知られているが、それまで関西地方と比べて文化不毛の地とされてきた関東地方を物語の舞台として描いたことや、特にその主要な地を房総としたことに大きな特徴がある。そしてその房総は、江戸に住む人々にとって、地理的にも近く、また一大消費都市江戸を物質的に支えていたという事情もあったことから、非常に受け入れやすい土地だったに違いない。「南総里見八犬伝」が江戸の人々に長きに渡って大人気を博したのも、このような舞台設定が非常に効果的だったことは間違いない。

しかしその一方、馬琴は、生涯房総に直接足を踏み入れたことはなく、そのため房総に関す

伏姫と八房（「南総里見八犬伝」）

COLUMN　東金御成街道

千葉県北部、船橋から東金までほぼ一直線の道がある。これが「御成街道」と呼ばれる将軍の「お成り」道である。この街道は、東金周辺での鷹狩りを思いついた家康が佐倉藩主土井利勝に命を与えたとされ、沿道近在96カ村の農民を動員し、各村の石高に応じて工事区間を分担させ、慶長19年（1614）正月に築造した。昼夜をかまわず突貫工事により一夜で完成させたと伝えられることから「一夜街道」とも「提灯街道」とも呼ばれている。しかし、実際に土井利勝に東金街道開削の内命があったのが慶長18年12月12日とみられ、新道の設計、村々への分担、農民の動員などの手配から取り掛かり、家康が翌年正月7日江戸をたち新街道を通って東金に着いたのが同月9日（徳川実紀）なので、街道築造に要した日数は20日前後とみられる。

徳川氏は関東入国にともない、江戸を起点とする五街道を設け陸上交通の整備を計った。さらにその補助的役割となったのが、江戸周辺に配された御成街道と称される新道だった。ここには関東支配のための交通網の整備とともに軍事的意味あいが強くみてとれる。東金の御成街道も、単なる鷹狩りのためではなく、安房の外様大名里見氏への押さえとも考えられる。

また、御成街道の築造とともに、船橋と東金に将軍の宿泊所を造っている。これが「御殿」と呼ばれるもので、千葉市御殿町に「御茶屋御殿」、東金に「東金御殿」なる休憩所が造られた。歴代将軍が東金への御成街道を行く記録としては、家康が2回、秀忠8回、家光1回とされている。その後、東金鷹狩りも行事化されて廃止となり、東金御殿も寛文11年（1671）には取り壊されている。御成街道そのものも、船橋寄りの道が江戸への物資輸送などに使われたが、東金よりの道はあまり利用されることがなかった。現在、六方野原（千葉市）より東金寄りに、昔の街道の面影が部分的にみられる。　　　（「千葉県の歴史100話」より）

る情報は「房総志料」などの地誌類に頼っていたことは、彼自身が証言している。ところが、この小説があまりに長期間、しかも広範囲の人々のあいだで読み継がれたために、いつのまにか小説をもとにしたような史料や史跡が房総各地につくられ、それが史実と混同してしまったようなところもある。現在でも衰えぬ人気を博している「南総里見八犬伝」。ただ馬琴の目指したものはあくまでフィクションとしての里見氏の歴史叙述であり、史実の里見氏の歴史とはまったく無縁の存在であることを忘れてはならない。

元禄地震と房総

江戸時代を通じて房総半島が被った大きな災害には、慶長地震と元禄地震、浅間山の大噴火に伴う火山灰降下、利根川の大水害などがあるが、なかでも甚大な被害をもたらしたのが慶長・元禄ふたつの大地震である。ただ慶長9年（1604）の地震は残された記録も少なく、その実態はあまりわかっていない。一方、元禄16年（1703）11月23日の真夜中に発生した地震は、震源が房総半島南端、地震の規模を示すマグニチュードは関東大震災をしのぐ8・2、その揺れは房総半島南部では推定5〜7とされる巨大地震だった。そのうえ広い範囲にわたって大津波が発生し、房総だけでも4000〜5000人の死者をだしたと推定されている。特に九十九里は甚大な被害に見舞われ、2000人を超える溺死者がでたとされ、現在でも各地に供養碑が残されている。またこの地震で房総半島南端では地盤が5メートルも隆起するところもあり、半島突端にある安房白浜では、それまで島だった野島が陸続きとなって以後野島崎と呼ばれるようになった。

近現代

千葉県の発足

幕末期の房総には下総に佐倉・結城・関宿・小見川、上総に大多喜・久留里・佐貫・一宮、安房には館山・勝山などの計17藩があった。そして慶応4年（1868）に、徳川宗家が駿河に転封されたことに伴って、掛川・浜松藩など4藩が房総に移され、さらにその後も若干の出入りがあったが、明治4年（1871）7月に廃藩置県が実施されて、これらの藩と葛飾県・宮谷県が加わって26の県が発足した。しかし、同年11月、全国的に行われた県の統廃合によって、安房・上総一円には木更津県が、下総には印旛県が香取などにあった三県が常陸の六郡とあわせて新(にい)治(はり)県が設置された。ついで明治6年（1873）6月15日には、印旛県・木更津県が合併して千葉県が設置され、県庁は千葉郡千葉町に置かれ柴原 和(やわら)が千葉県権令(ごんれい)に就任した。なお現在6月15日が「千葉県民の日」とされているのは、この歴史的事実による。

水運と鉄道

江戸時代、盛んだった利根川と江戸川の水運は、明

明治44年完成の千葉県庁舎

治期になるとさらに発達し、途中の河岸である布川・布施などの都市は、交通の主役を鉄道に取って代わられるまで大いに発展した。

一方、県内の鉄道建設は明治中期に本格化し、明治27年（1894）に県内初の鉄道が市川―船橋―千葉―佐倉間で開通した。そして同年にはその線は東京本所まで延伸され、さらに同30年には成東を経て銚子に達し、東京―銚子間が一本の線で結ばれた。また外房地方にもほぼ同時期に鉄道の建設はすすみ、明治29年には蘇我―大網、ついで千葉―蘇我間が開通、同33年には大原まで、そしてその先の勝浦には大正2年（1913）に達した。さらに東京湾岸の鉄道は、明治45年に姉ヶ崎まで開通し、大正8年には北条（現館山）、同14年には鴨川に達した。ただ勝浦―鴨川間は難工事が続き、ようやく昭和4年（1929）になって開通し、ここにようやく房総を一周する鉄道が結ばれたのである。

関東大震災と朝鮮人虐殺

大正12年（1923）9月1日、神奈川県西部を震源とするマグニチュード7・9という大規模な地震は、死者・行方不明者推定10万5000余人、焼失倒壊家屋約50万戸とされる未曾有の大災害だった。千葉県下では、東京湾沿岸、とくに南部の安房郡・君津郡・夷隅郡下にその被害が大きく、なかでも安房郡では津波被害も甚大であり、中心都市の北条町・那古町・館山町（すべて現館山市）は倒壊家屋90パーセント以上にも登る壊滅的な打撃を受けた。また地震がちょうど昼食時と重なったため、各地で火災が発生し、東京では3日間にわたってその火は燃え続け、人心は大きなパニック状態に陥った。

そしてこのなかで次なる惨劇が引きおこされた。県下の船橋・市川・行徳はじめ各所において、軍隊や民衆が混乱のなかで朝鮮人や体制に批判的な社会主義者たちを虐殺してしまったのである。この事件は、震災に乗じて朝鮮人たち

COLUMN　海堡と歴史

海堡の歴史は、幕末の江戸湾海防の歴史でもある。林子平の『海国兵談』で江戸湾海防が説かれ、嘉永6年（1853）のペリー来航直後に韮山の代官江川太郎左衛門英龍が、「富津埋立御台場」あるいは「海中二新築御台場」という言葉で富津岬の先に台場を建造する必要性を説いた意見書を提出したことにまで遡ることができる。

明治の文明開化を迎えた日本は、押し寄せる国際化にともない、諸外国の海上からの侵攻が懸念されるようになった。そして、海上からの脅威に対し国土を守るため、飛行機以前の大艦巨砲時代の東京湾口に人工の島を築き、砲台を備え、これを海堡と呼び首都防衛の要衝とした。

明治11年（1878）7月に陸軍卿の山県有朋が中心になり、陸軍参謀局内に国土守備の拠点づくりを課題とする海岸防御取調委員が設けられる。その結果として各地に砲台を建設することになり、東京湾の場合は、陸軍教師長ミュニエーや西田明則陸軍工兵少佐が尽力し、陸上砲台のほか、火砲の射程能力が考慮され、富津岬の先端に近い第一海堡と、その西方の第二海堡、さらに、その南方の第三海堡の3カ所の海堡が建設されることとなった。

建設開始当時は明治前期の大艦巨砲時代だったので、第一海堡は侵攻戦艦を対象に明治14年（1881）8月に起工し、明治23年（1890）12月に完工している。地籍は富津市黒塚となっている。続いて第二海堡は明治22年（1889）8月に起工され、大正3年（1914）6月に完工し、地籍は富津市洲端となっている。さらに、第三海堡は横須賀市走水の沖にあり、明治25年（1892）8月に起工し、大正10年（1921）6月に完工し、横須賀市に属している。ところが、第三海堡は竣工わずか2年後の大正12年（1923）9月の関東大震災で水没状態になり、機能を失い実用されることはなかった。現在、国土交通省により撤去工事が進められている。第二海堡も関東大震災で建物が壊滅的な被害を受けたので、火砲が徐々に他の砲台に移設され、昭和7年（1932）にすべての大砲が第二海堡から除去された。3海堡いずれも潮流の激しい海中での大工事で、基礎に三浦半島産の石を沈めて輪状の堤防を造り、伊豆石で外部を張り固めながら、そこに富津や横須賀からの土砂を船で搬入して構築したのである。

東京湾海堡は、航空機時代を迎えてからは、海上からの侵攻に対する抑止力や実戦の効用は極めて少なく、太平洋戦争の後半期に第一海堡と第二海堡に対空火砲の陣地が置かれた程度で昭和20年（1945）8月15日を迎えた。

現代では東京湾に入る船の海上交通の目あてとして、東京湾口のランドマークになっている。

（高橋克）

千葉駅付近の国鉄機関庫（昭和33年ごろ）

が「暴動を起こした」「井戸に毒を入れた」「放火した」といった根拠のないデマが広く伝わり、これを信じた愚かな一般住民が起こした惨劇と一般には説明されている。ただ、このような状況が起こった背景には、日本社会のなかで差別・虐待されていた人々に対する潜在的な恐怖心と敵愾心が当時の一般民衆のなかにあったためともいわれたように、当時の社会状況が大きく影響していたことは間違いない。

ただことがそれだけでおさまらないのは、この事件の隠された背景に、明治43年（1910）の日韓併合以来すすめられていた日本の朝鮮植民地支配とそれに対する激しい抵抗と弾圧、日本国内では普通選挙を求める運動を中核とする社会主義運動の盛り上がり、といった事態を恐れた支配者側が、混乱に乗じて意図的にデマを流して民衆を虐殺に駆り立てていった、という要素があるらしいことである。いまだ真相は闇の中だが、そのためにも新たな資料を発掘していく努力が求められる。

軍と千葉県

習志野や佐倉は、はやくから軍事施設が設置されていた関係で多くの軍関係者が駐屯しており、そこから地元に還元される経済波及効果はいま想像する以上に大きいものがあった。それに比べて千葉市には明治末期まで軍の施設はなにもない状態だったが、地元あげての招致活動が実って明治40年（1907）鉄道連隊の誘致が決まった。このようなことから翌年旅団司令部・連隊が千葉駅に到着したときには、町民が歓呼の声をもって迎えたという。

以後市内各所に軍事施設が建設され、千葉市も軍都の様相を濃くしていった。市内轟町という地名は、軍靴の響きが轟いていたことに因む。

一方、東京湾沿岸は帝都東京を防衛するための重要地域で、特にその南部は要塞地帯に指定されたくさんの軍事施設があったが、その中核をなしていたのが木更津航空隊と館山航空隊であった。その木更津に飛行場がつくられ航空隊が設置されたのは昭和11年（1936）であり、その後この基地から発進した爆撃隊が東シナ海を越えて中国重慶などに渡洋爆撃をおこなったことで、一躍その存在が全国に知られることとなった。以後終戦まで、木更津航空隊は帝都防衛の重要基地として位置付けられた。

一方、館山は、東京湾の入り口部にあるため、はやくから要塞地帯に指定されていたが、館山湾の一部が埋め立てられて海軍航空隊が設置されたのは昭和5年のことであった。ここではおもに搭乗員養成のための飛行訓練が行われていたが、特にその地形が空母に似ていたこともあって、空母に搭載する艦載機の離発着訓練の場所として知られ、ここから最前線へ数多くのパイロットが送られた。また昭和16年には、館山航空隊から至近距離にある洲崎にも海軍航空隊が設置された。

日本の敗色が濃厚となった昭和20年になる

と、千葉県南部には本土決戦に備えた軍事施設が多数構築された。海軍が本土決戦の切り札として陸上用に開発した特攻機「桜花」43乙型の発射基地も、密かに安房地域内に建設されたが、完成間近に敗戦となり、実用されることはなかった。また館山市波左間には一人乗りの特攻ボート「震洋」を主力とする特攻部隊が配備され、出撃体制をとったままで敗戦をむかえた。また戦争中、館山市内の中学生は館山湾においてウミホタルの採取に勤労動員されていたというが、館山湾は世界的にも有名なウミホタルの生息地であり、体細胞中に発光物質を有するウミホタルを乾燥して粉末化し、それを水や唾液などをつけて再発光させることで、夜行塗料や携帯用照明にするための研究開発がすすめられていたといわれる。

館山へ米軍上陸（昭和20年9月3日）

千葉県下の空襲

昭和19年（1944）7月、南太平洋のサイパン島が陥落すると、日本本土全域はアメリカ軍の最新鋭超重爆撃機B29の攻撃が可能となり、工業都市を中心に日本国内すべてが無差別絨毯爆撃の惨禍にみまわれることとなった。しかも昭和20年3月に硫黄島がおとされると、航続距離の短い戦闘機もそこを基地として日本本土への攻撃が可能となり、以後それまで以上に空襲が激化することになる。そのなかで昭和20年6月10日、千葉市への第1回目の空襲があった。千葉市内にあった日立航空機千葉工場を攻撃主目標としたこのときの空襲では、死傷者は391名とされるが、実際の数字はそれを遥かにこえるもので、いまもってその実態は分かっていない。しかも千葉市へは7月7日、第2回目の焼夷弾を中心とする無差別空襲がおこなわれ、死傷者1204名、市街地の43・4パーセントが焼け野原と化した。さらに銚子市にも7月20日と8月2日の2回に渡っての空襲が行われ、市街地が壊滅状態になり合計約2300名の死傷者がでた。県下の都市が被った大規模な空襲は以上2カ所だが、中小の空襲は終戦まで毎日のようにあり、大戦末期になると硫黄島から来襲した艦載機による攻撃も頻繁に行われ、その人的・物質的被害は甚大なものとなった。

戦後の記録によれば、この大戦中の空襲による千葉県下全体の被害は、死者1691名、重傷者957名とされている。しかし、千葉市・銚子市の例だけを単純に合わせてもそれを遥かにしのぐことから、実際の被害は大幅にそれを上回るものであったことは間違いない。

占領下の千葉県

昭和20年（1945）8月15日の敗戦後、連合軍の日本占領が開始され、軍国主義の排除と民主化への動きが急速に進んだ。千葉県では8月30日、富津岬で軍事施設が爆破され、9月3日午前9時20分に米軍3500名が館山海軍航空隊基地東側から上陸した。このとき軍人や市民からの妨害を警戒した米軍は、ただちに4日間の直接軍政を敷いたが、これは本土においては唯一のものとされる。以後10月にかけて県内各地に米軍は進駐し、軍の武装解除と軍事施設の接収な

どを行った。その後昭和24年まで県庁本館2階にあった千葉県軍政部によって、千葉県下の占領行政は開始された。そして各種の改革がスタートしたが、その大きなものは農地を地主の手から耕作農民に解放し、小作農の地位向上、農村の民主化を意図した農地改革である。千葉県の場合、当初案では在村名主であれば5町5反まで小作地を持つことができた。しかしこの案は小作人の猛反対にあい、昭和25年の最終的には1町1反までになり、その結果それまで県内全耕地の半分にも及んだ小作地は、わずか12パーセントに縮小した。

京葉工業地帯の形成

昭和25年（1950）、その前年から始まっていた朝鮮戦争の特需景気のなかで、千葉県と千葉市は、千葉市蘇我地先にあった旧軍需工場跡地への川崎製鉄の千葉工場誘致に成功した。ただこの誘致は川崎製鉄側に大変有利な条件ですすめられたため、地元に及ぼす経済効果はあまりなかったという。しかし、川崎製鉄の進出を契機として、千葉県臨海部への工場進出がすすみ、さらに東京電力が首都圏全体への電力不足を補うために火力発電所の建設用地斡旋を県に依頼してきたことによって、湾岸の大規模埋め立てがはじまった。

昭和30年代の高度経済成長期、日本の経済は拡大の一途をたどり、それにともなって千葉市や隣接する五井・市原地区への企業進出が続いた。しかし、それに伴って埋め立てられた海岸を生業としていた漁業民への補償や、埋め立て工事費は莫大なものとなって県の財政を悪化させた。そこであみ出された埋め立て地に進出する企業から前もって事業費と漁業補償費を払ってもらう予納金制度＝千葉方式は、景気にかげりがみえると企業側から歓迎されなくなり、昭和38年に不動産会社とタイアップした出洲方式とよばれるものにかえられてから、浦安から富津におよぶ総延長75キロにも及ぶ埋め立て地が完成した。特に千葉市から南には石油コンビナートや製鉄工場・造船所が並んでいる。さらに昭和43年（1968）には、八幡製鉄（のちの新日本製鉄）の君津製鉄所で第1号高炉に火が入れられ、千葉県は本格的な工業県へ歩みはじめた。その後東京湾臨海埋め立て地地域には、大規模な重化学工業地帯が形成され、工業団地の立地もすすんだが、景気が大幅に減退し、企業の新たな進出もなくなった現在では、このような開発一辺倒の政策への見直しが求められている。

新東京国際（成田）空港と東京湾アクアライン

昭和37年（1962）の閣議決定から16年、昭和53年（1978）、それまでの紆余曲折を経てようやく新東京国際空港が開港し、世界と日本を結ぶ空の玄関口となった。しかし、激しい反対闘争を反映して、この開港も滑走路1本という体制でスターとしたもので、平成14年（2002）にようやく暫定滑走路がオープンして2本体制となったものの、飽和状態になった航空量をさばききれず、新たな転換が求められている。

一方、東京湾横断道路（東京湾アクアライン）は、成田空港を核とした国際航空都市を形成しようとする構想と、千葉市臨海部に幕張新都心を建設し未来型の国際業務都市をつくる計画、さらに上総丘陵にかずさアカデミアパークをつくる構想、これらの3拠点を幹線交通で結ぶことで、その波及効果の広がりによって内陸部へ先端技術産業を導入し、地域格差を是正するねらいの前提として、巨費を投じて建設されたものである。平成9年（1997）末に開通した木更津と川崎を結ぶこの道路は、僅か15分で両者を結び、湾岸道路と一体となって、首都圏の交通緩和・時間距離の飛躍的短縮に役立ち、また房総半島の袋小路性からの脱却という観点からも大いに期待された。しかし現状では、高すぎる通行料金が反映してか、当初通行目標を大幅に下回る交通量で、その基本計画の大幅な修正が求められている。

（滝川恒昭）

郷土の偉人と先覚者たち

千葉常胤（ちばつねたね・1118～1201）
山武郡大椎城（今の千葉市緑区土気町）で出生、頼朝をたすけ鎌倉幕府樹立に大功。猪鼻城によった千葉氏最盛期の城主。

日蓮（にちれん・1222～1282）
安房郡天津小湊の出身、日蓮宗の開祖。立正安国論を説いた。

菱川師宣（ひしかわもろのぶ・～1694）
安房郡鋸南の出身、浮世絵版画の創始者。

青木昆陽（あおきこんよう・1698～1769）
山武郡九十九里町と今の千葉市花見川区幕張町で甘藷を試作し、その普及にも努め、大凶作を救った。

伊能忠敬（いのうただたか・1745～1818）
山武郡九十九里の出身。18歳にして佐原の伊能家を継ぐ。日本最初の実測地図（大日本沿海輿地全図）を完成した。

大原幽学（おおはらゆうがく・1797～1858）
世界最初の産業信用組合をつくり、農民教育と農村改革を実践した。

佐藤泰然（さとうたいぜん・1804～1872）
堀田正睦の招きで佐倉に移り、医学と治療の教育を推進。新しい外科手術や種痘など、近代医学の先駆者。

堀田正睦（ほったまさよし・1810～1864）
佐倉の出身、佐倉藩主。幕末の進歩的老中として明治開化に多大の貢献をした。

醍醐新兵衛（だいごしんべい・1632～1704）
（初代・定明）捕鯨の父といわれ、安房郡勝山で代々捕鯨に従事した。

佐藤舜海（さとうしゅんかい・1827～1882）
香取郡小見川の出身、医科順天堂病院を創立。東大医学部前身の、大学東校主宰者。

西村茂樹（にしむらしげき・1828～1902）
佐倉の出身、佐倉藩の執政、明六社をおこし進歩的文明評論で世を指導「国語辞典」「古事類苑」を編さん。

柴原和（しばはらやわら・1832～1905）
千葉県初代県令、当時の日本三県令の一人。教育に力を入れ、千葉大学医学部の基礎をきずいた。

佐藤志津（さとうしづ・1851～1919）
佐倉の出身、情熱の女子教育家。東京女子美術学校の初代校長、佐藤高等女学校を設立。

坪井玄道（つぼいげんどう・1852～1922）
市川の出身、教育家。学校体育の基礎を確立した。

石川倉次（いしかわくらじ・1864～1913）
市原の南総出身、教育家。フランスの盲人ルイ・ブライユの考案した点字を50音式に翻案した。

伊藤左千夫（いとうさちお・1864～1913）
山武郡成東の出身、近代歌壇の巨匠。短歌「アララギ」の発刊を主宰。

津田梅子（つだうめこ・1864～1929）
女子教育の母、わが国最初の女子米国留学生となる。今の津田塾大学を創立した。

白鳥庫吉（しらとりくらきち・1865～1942）
茂原の出身、歴史学者・東大名誉教授、「満州歴史地理」「朝鮮歴史地理」をあらわした。

鈴木貫太郎（すずきかんたろう・1857～1948）
東葛飾郡関宿の出身、海軍大将、第2次大戦終末時の首相。

国木田独歩（くにきだどっぽ・1871～1908）
銚子の出身、詩人、作家、自然主義文学の重鎮、「武蔵野」「牛肉と馬鈴薯」等の著書あり。

（千葉県教育振興部文化財課）

第二章
寺院・神社

千葉県の寺院

新勝寺（成田市成田1）　真言宗智山派の大本山である。本尊の「木造不動明王」は弘法大師の作と伝えられている。僧寛朝が朱雀天皇の勅命によって平将門の乱の平定を調伏祈願して、下総国公津ヶ原（現・成田市並木町）で護摩を行ったことから始まる。天慶3年（940）に、平将門が滅びると、その地に堂を建立して不動明王を安置した。その地から、諸岡三郎左衛門に背負われて、現在の成田に遷座されたのが天文17年（1548）から永禄9年（1566）といわれている。関東三十六不動霊場第36番札所。

近世に入り、中興の祖照範上人が元禄14年（1701）に新本堂を完成した。これが現在の光明堂である。元禄16年（1703）には、江戸深川永大寺八幡宮境内で江戸出開帳を行った。このとき、江戸城内三の丸御殿でも本尊の開帳が行われ、五代将軍綱吉の生母桂昌院の礼拝を受けた。同じ頃、初代市川団十郎が「成田分身不動」を演じ人気を得て、成田不動の名が江戸に広まった。宝永4年（1707）には、江戸弥勒寺の末寺から京都大覚寺の直末に寺格があがり、次に大覚寺の塔頭の名跡である金剛王院の院室兼帯の格となり、さらに同年、常法談林の寺格も得た。

現存するもっとも古い本堂は、JR成田駅から成田山に向かう途中にある薬師堂である。明暦元年（1655）に建立された本堂で、元禄期の本堂が建立されたときに現在の場所に移された。元禄期の本堂が前述した光明堂である。次の本堂が、安政5年（1858）に完成した現在の釈迦堂である。釈迦堂は、現在の本堂の左手に位置している。これらの本堂と仁王門、三重塔、額堂が国の重要文化財に指定されている。現在の本堂は昭和43年（1968）に鉄筋コンクリートで立てられたものである。　　　　（高橋清行）

● 交通：JR成田駅、京成成田駅から徒歩10分。

東勝寺（成田市宗吾1-558）　通称"宗吾霊堂"で知られる真言宗豊山派の別格本山、山号は鳴鐘山。本尊は大日如来。創開は延暦年間といわれ、征夷大将軍坂上田村麻呂が東征の折、兵の供養のため建立されたという。元は公津下方地区にあったが寛文年間に現在の地に移転したと伝わる。

宗吾霊堂は義民佐倉宗吾の菩提寺として有名であり人々の信仰を集めている。佐倉宗吾は本

東勝寺

新勝寺

名を木内惣五郎と言い、承応2年（1653）に刑死した佐倉藩領の公津村の有力農民である。諸書によれば木内惣五郎は公津村の名主であり、佐倉藩の領民の窮状を救うため、将軍家綱に直訴し、その罪により霊堂のある公津ヶ原で磔に処されたという。境内には宗吾の墓所、宗吾霊像を祭る本堂、奥之院、霊宝殿、宗吾御一代記館がある。9月3日の御待夜は市が立ち、多くの人で賑わう、また桜と紅葉の名所でもある。

（木内達彦）

石堂寺（南房総市石堂302）

丸山川の中流域にある房総屈指の天台宗古刹。山号長安山、本尊は十一面観世音菩薩。寺伝によると、神亀3年（726）聖武天皇の勅願により行基の開創、仁寿元年（851）慈覚大師円仁が再興し、七堂伽藍を建立したという。開創時は大塚山石塔寺と号し、滋賀県の阿育山石塔寺、群馬県の白雲山石塔寺（廃寺）と合わせて日本三塔寺といわれた。

鎌倉時代、地元の豪族丸氏に庇護され、戦国時代には丸氏や安房里見氏の外護を得て隆盛。文明19年（1487）盗賊の放火により堂塔僧房ことごとく消失、永正10年（1513）大塚山にあった寺を現在地に移し再興した。老樹巨木繁る境内に文化財の諸堂塔を備える。

本尊十一面観世音菩薩立像（重文）はカヤ材の一木造、像高180cm、平安時代の作。

本堂（重文）は桁行四間梁間三間、向拝一間の茅葺形銅板葺寄棟造。大永5年（1525）の再建。薬師堂（重文）はもと北方1kmの石堂原にあったが、昭和45～46年に移築した。方三間の茅葺寄棟造、室町末期の建築。多宝塔（重文）は昭和8年屋根修理の際、露盤に銘が発見され、里見義堯（第6代）を筆頭に正木大膳時茂（大多喜城主）など多くの奉納者名が刻まれ、天文14年（1545）の建立が判明した。塔内には鎌倉時代作の千手観世音菩薩坐像（県有形）が安置されている。また方形の下層部四面には、江戸末期の彫工、初代伊八武志信由の彫刻が16枚はめ込まれていたが、近年室町時代の再建時に修

石堂寺多宝塔

復の際、取り外されて客殿に保管。山王宮（県有形）は石堂寺の鎮守で三間社流造。

本堂裏手には、丸山町珠師が谷から移染された、江戸時代の旧尾形家（重文）がある。又石堂寺の森は千葉県郷土環境保全区域に指定されている。

（清田綾子）

●交通：JR内房線館山駅から日東バス丸川谷線で約30分「石堂寺」下車。

鏡忍寺（鴨川市広場1413）

日蓮法難の地に立つ日蓮宗の名刹。山号は小松原山、本尊は釈迦如来。弘安4年（1281）「小松原法難」の際に、地頭東条景信に殺害された、天津城主工藤吉隆と鏡忍坊を偲び、日蓮の命により、工藤吉隆の子日隆が建立した寺である（日蓮の開山とも）。はじめは妙隆寺、のち鏡忍坊の名に改めた。

「小松原法難」とは、日蓮が鎌倉から帰っていた文永元年（1264）11月、日蓮に帰依していた天津城主工藤吉隆の招きをうけて、鏡忍坊など数名の従者を伴って、この小松原を通りかかった時、地頭東条景信軍勢に襲われた。日蓮は九死に一生を得たが、鏡忍坊と駆けつけた工藤吉隆が討死した事件。東条景信は念仏宗の熱心な門徒で、法華経こそが仏法の真髄であると、

他宗を徹底して誹謗排斥する日蓮に対し、敵意を抱き機会をねらっていたという。広い境内に、総門、仁王門、本堂、祖師堂などを備える。祖師堂前には、鏡忍坊を葬った小塚や、日蓮が難にあった時、鬼子母神が出現し守ったという"降神槙"、日蓮が傷を洗った"傷洗井"などがある。

また祖師堂の欄間彫刻三面は、初代武志伊八郎信由37歳の作。寺宝に「富木殿御書」（県有形）があり、その他法難の際の太刀受けの念珠、鏡忍坊の血染めの袈裟などがある。また墓所には、初代伊八信由から第6代信光までの墓石がある。

（清田綾子）

●交通：JR外房線鴨川駅から浦の脇行きバスで「鏡忍寺入口」下車。

清澄寺（鴨川市清澄322-1）

清澄山（海抜383m）山頂近くにある日蓮宗の古刹。日蓮が出家得度し、長じて立教開宗した霊場として知られる。山号千光山、本尊は日蓮像、虚空蔵菩薩、妙見菩薩、聖観世音菩薩。由緒によると宝亀2年（771）不思議法師が、柏の老樹で虚空蔵菩薩を刻み、草庵に安置したのが始まりという。承和3年（836）、慈覚大師円仁が天台密教を伝え、諸堂を整え中興。鎌倉末期は真言律宗に属し、江戸初期に真言宗、昭和24年現日蓮宗に改宗した。

日蓮は12歳で入山し、道善坊に師事。17歳で出家、蓮長を名のり、比叡山高野山他各地で修行。建長5年（1253）帰山、虚空蔵菩薩に請願し、山内の旭の森にて法華宗を開宗。

欝蒼と茂る老樹の森は長年霊場として保存され、広い境内には大堂（祖師堂）客殿庫裏、参籠殿など諸堂が並ぶ。中門（県有形）は正保4年（1647）の建立、室町時代の石造宝篋印塔（県有形）、石幢（県有形）、梵鐘（県有形）があり、旭森経塚遺物（県有形）は大正12年、日蓮上人像建立のとき出土したもの。また清澄枝垂れ桜や、国指定天然記念物の巨杉「千年杉」があり、モリアオガエルの生息地としても知られる。他に明星の井戸、髪塚、道善坊の墓塔などがある。

（清田綾子）

●交通：JR外房線安房天津駅からバス清澄寺行終点下車。

誕生寺（鴨川市小湊183）

日蓮聖人誕生の地に建立された、日蓮宗の大本山。"小湊誕生寺"として知られる。山号小湊山、本尊は釈迦如来。建治2年（1276）、日蓮の弟子日家上人が、父上総興津城主佐久間重貞の援助を得て開山した。始め高光山日蓮誕生寺と号した。戦国期は安房里見氏や正木氏の援助を得た。明応7年（1498）、大地震と津波により海中に没したため、妙の浦に移転し再建する。寛永7年（1630）、日蓮宗不施不受派の拠点の一つになったが、寛文年間（1661～73）幕府の厳しい弾圧により、受派に転向し、身延山久遠寺の傘下になった。元禄16年（1703）、再び大地震で津波に襲われ七堂伽藍を失うが、宝永年間（1704～11）、水戸徳川家の寄進を得て現在地に再建された。この頃小湊山誕生寺となった。壮大な仁王門（県有形）は宝永3年（1706）の再建、5間3戸の楼閣門で県内最大の規模。祖師堂は天保13年（1842）の建立。

寺域は広大で、境内には諸堂が整然と建ち並ぶ。度々の災禍にあい多くの寺宝を失ったが、日蓮聖人真筆をはじめ、徳川光圀書翰、室町時代の題目和鏡などがある。

（清田綾子）

●交通：JR外房線安房小湊駅からバス「誕生寺入口」下車。

那古寺（館山市那古1125）

館山湾（鏡が浦）に面し、那古山中腹近くにある、真言宗智山派の古刹。山号補陀落山、本尊は千手観世音菩薩。坂東三十三所観音霊場第33番札所、結願の寺で通称"那古観音"。又丑年ごとに巡礼される、安房34番札所の第1番寺でもある。

養老元年（717）元正天皇勅願により行基が開創し、承和14年（847）慈覚大師円仁が中興と伝える。源頼朝が建久年間（1190～99）堂宇を建立し、寺田を寄せたという。室町時代は足利尊氏や領主里見氏の帰衣を受け、寺門は隆盛した。近世は鶴谷八幡神社（安房国総社）の別

第二章●寺院・神社

那古寺観音堂

当として、寺領109石八幡領71石を併せて管理し、明治維新まで続いた。

元禄16年(1703)の大地震により、那古山中腹にあった堂宇は崩れ落ち全壊したが、観音堂(県有形)を宝暦9年(1759)現在の場所に再建、諸堂宇は後の再建。観音堂の規模は桁行梁間共に五間、入母屋造の大型建築。銅造千手観世音菩薩立像(重文)は像高105cm、鎌倉初期の作で、脇と手の接合部に「平胤時」の陰刻がある。多宝塔(県有形)は宝暦11年(1761)の築、三間四方の銅板瓦棒葺。亀腹は楠の素木造。寺宝は、繡字法華経普門品(県有形)、木造阿弥陀如来坐像(県有形)など。観音堂の横から、那古山頂(別名式部山)への道が開かれ、山頂には和泉式部と小式部内侍母娘の供養塔が建つ。　　　　　　　　　　(清田綾子)

●交通：JR内房線那古船形駅下車徒歩7分。

日本寺(安房郡鋸南町元名184)　鋸山(海抜329m)の南斜面、保田側の中腹にある曹洞宗の寺。山号乾坤山、開創は神亀2年(725)聖武天皇の勅願により行基と伝わる。本尊は薬師如来。良弁をはじめ慈覚大師、弘法大師など高僧が来山。源頼朝や足利尊氏も来山し、堂宇を修復したとい

う。初めは法相宗、次いで天台、真言宗を経て、正保4年(1647)に曹洞宗に改宗。

安永3年(1774)に中興した愚伝和尚の発願により、上総桜井の名工大野甚五郎英令が、門弟27名と共に1153体の石仏を刻み、岩山の奇岩霊洞に安置した。後追刻された東海千五百羅漢は、館山の羅漢群像として県指定名勝。

明治の廃仏毀釈の嵐を受け、石仏の多くが破壊され、全山荒廃した。又昭和14年登山者の失火による火災で、観音堂、仁王門(ともに元禄期の再建)鐘楼を残し、諸堂と貴重な寺宝などは悉く烏有に帰した。鐘楼に架かる梵鐘(重文)は元亨元年(1321)、甲斐権守卜部助光作の銘があり、下野国佐野の寺から相模国鎌倉の寺を経て、当日本寺に至った鐘で、総高119cm、口径61.5cm。素丸の句碑"引きおろす鋸山の霞かな"の除幕式には小林一茶が出席したという。寺の本尊は裏の石山に彫られた総高31.05mの薬師瑠璃光如来で、天明3年(1783)大野甚五郎とその門人が刻んだが、風化と崩落が進んだため、昭和44年に大修理し再現なったもの。奈良鎌倉をしのぐ日本一の大仏。

日本寺　鋸山と羅漢石像群

37

昭和56年に完成した2,639段の石の参道も日本一のスケール。　　　　　　　　　　　　（清田綾子）

●交通：JR内房線金谷駅からバス館山行き「日本寺」下車徒歩約20分。

藻原寺（そうげんじ）（茂原市茂原1201）

日蓮宗身延山久遠寺の系統で、「東身延」と呼ばれる古刹。元は「常楽山妙光寺」と称し、天正19年（1591）徳川家康より寺領ご朱印地30石の寄進を受けている。この朱印状に「長柄郡藻原寺」とあったので、現在名に改めたと言う。

山門は唐風の様式で房総には珍しいものである。仁王棟札銘によると、真里谷隼人佑武田信長（まりやつはやとのすけ）が、永禄6年（1563）娘の竹寿の祈願成就に仁王尊像建立の寄付をしたことがわかる。「茂原市」の地名はこの寺の名に因む。（安藤 操）

●交通：JR外房線茂原駅からタクシーで約5分。

清水寺（せいすいじ）（岬町鴨根1270）

鴨根の小高い丘にある天台宗の古刹。山号は音羽山、本尊千手観世音菩薩、坂東三十三所観音霊場第32番札所。大同2年（807）坂上田村麻呂が開創し、堂宇を建てたと伝わる。地元では"きよみず寺"と親しまれ、特に漁民や庶民の信仰で賑わった。

欝蒼とした老樹に囲まれた境内に、仁王門、四天門、本堂、奥院堂、百体観音堂、鐘楼などを備える。数度の火災により、建物は近世の再建。南面に建つ本堂は文化14年（1817）の再建。堂内には漁民が豊漁を祈願し奉納した、地曳絵馬など大型の絵馬が多く、往時の繁栄を物語っている。奥院堂の本尊十一面観世音菩薩立像（県有形）は、像高101cm、ヒノキ材の寄木造、宝髻（ほうきつ）高く玉眼入り、腕は四臂（よんぴ）で鎌倉後期の作。本堂前にある芭蕉の句碑"木枯らしに岩吹き尖る杉間哉"は、文政9年（1826）、芭蕉翁133回遠忌記念として、夷隅町の俳人半場里丸翁が発起人で建立したもの。観音の縁日は毎1、8、12月の17日で、遠近から参詣客が多い。

（清田綾子）

●交通：JR外房線長者町駅下車、徒歩1時間弱

行元寺（ぎょうがんじ）（いすみ市荻原2136）

寺伝によると、嘉祥2年（849）慈覚大師円仁により開山された、天台宗の古刹。山号東頭山、本尊は阿弥陀如来。もと伊東大山（現大多喜町）にあって東頭山無量寿寺と称した。平安末期に平重盛が荻原の地に移し復興。本尊は平重盛の守護仏といわれる。その後戦乱による荒廃を経て、天正14年（1586）第17世舜海が現在の地に移し、堂宇を拡張し中興する。慶安2年（1649）徳川家光より寺領30石と10万石の格式を与えられた。又伴頭拝領寺院八カ寺（ばんとう）の一となり、房総では長南町の三途台長福寿寺に次ぐ寺格であった。

楼門は元文元年（1736）の建立で入母屋造銅板葺。元禄期に改築された本堂は、昭和の改修で、間口25m、奥行18mの入母屋造桟瓦葺となり、房総では屈指の大建築。客殿は茅葺寄棟造、文化6年（1809）に建立された旧書院（県有形）。ここの欄間彫刻三面は、名工初代武志伊八郎信由（波の伊八）の作。躍動感ある波の表現は、葛飾北斎の代表作「神奈川沖浪裏」に影響を与えたといわれる。

寺宝の木造阿弥陀如来立像（県有形）はヒノキ材の一木造、平安後期の作。銅造善光寺三尊仏（県有形）は鎌倉後期の作。金銅五鈷鈴（こんどうごこれい）の竜鈴（県有形）は大多喜城主本多忠朝の請雨祈願の時使用され、昭和初年まで雨乞修法に用いられたという。絹本著色両界曼荼羅（県有形）など寺宝が多い。

（清田綾子）

●交通：いすみ鉄道上総中川駅下車徒歩約50分。

西願寺阿弥陀堂（さいがんじあみだどう）（重文）（市原市平蔵1360）

山号は清泰山、天台宗。かつては東頭山行元寺の末寺であった。

縁起によると明応元年（1492）平蔵城主、平将経（土橋平蔵）が、城の鬼門守護のため七堂伽藍を建立、行基作の阿弥陀如来を安置して西願寺と号した。阿弥陀堂の上部は金箔塗り下部は朱塗りで、平蔵の光堂といわれたという。寛政年間（1789〜1801）の火災により、諸堂は烏

有に帰したが、この阿弥陀堂だけが奇跡的に難を免れた。

規模は桁行梁間ともに三間、茅葺寄棟造。外観に一部和様を残し、軒廻りの組み物や内部構造などは本格的な禅宗様で、千葉県下に残る最も見事な古建築の一。

昭和2年の解体修理の際、堂内外陣の尾垂木裏面から、墨書銘が発見され、明応4年（1495）、鎌倉の名人大工、二郎三郎により建立された事が判明。　　　　　　　　　　（清田綾子）

●交通：JR五井駅から小湊バス大多喜行き「阿弥陀畑」下車3分。

鳳来寺観音堂（重文）（市原市吉沢237-1）

この観音堂は江戸時代には善福寺の堂宇であった。里伝によると善福寺は平蔵城裏鬼門守護のため（西願寺は表鬼門）建立されたという。明治16年（1883）、鳳来寺に合併され、やがて鳳来寺も廃寺。この観音堂だけが、鳳来寺境外仏として残された。昭和41、42年の解体修理のときに現在地に移された。

吉沢の小高い丘を背に建つ観音堂は、素朴な佇まいながら、均整のとれた美しい小仏堂。

規模は桁行梁間ともに三間の茅葺寄棟造。建築様式は折衷様で、外観は一部和様、軒廻りや内部の構造などは禅宗様。建築年代は16世紀初頭。　　　　　　　　　　（清田綾子）

●交通：小湊線上総牛久駅から里見行きバス「吉沢入口」下車徒歩10分。

鳳来寺観音堂

笠森寺観音堂

笠森寺（長生郡長南町笠森302）

通称"笠森観音"と親しまれる天台宗の古刹。坂東三十三所観音霊場第31番札所。山号大悲山、本尊は十一面観世音菩薩。山麓に笠森寺本坊がある。

開創は延暦3年（784）伝教大師最澄と伝わり、長元元年（1028）後一条天皇の勅願により、延暦寺座主良源の法弟覚超が再興し、山頂に本堂大悲閣（観音堂）が建立されたという。鎌倉時代日蓮聖人が参籠したと伝わる。

現在の観音堂（重文）は天正文禄年間（1573～96）の再建で、粘土質砂岩の巨岩上に建つ、「四方懸造」。長短不ぞろいの61本の柱が貫で連結し、見事な構成美で支えている。堂は桁行五間梁間四間、周囲に高欄付回廊がめぐり、屋根は寄棟造の銅板葺。堂の高さは地表から約30m床高16mあり、75段の急な木階を登る。他に比類がない建物として知られる。

本尊十一面観世音菩薩は、応永33年（1426）の造立銘があり、錫杖を持ち岩座に立つ秘仏で丑年に開帳。寺宝として、室町期の鋳銅唐草文釣灯籠（重文）、鋳銅孔雀文磬（県有形）、鋳銅鰐口（県有形）には応永34年（1427）の銘があり、八田（現市原市）の鋳物師大工国安の作。鎌倉末期の木造不動明王立像、永禄3年（1560）武田豊信（長南武田氏五代）寄進の十六善神画

像、その他天正7年（1579）以降の巡礼札など多数所蔵。

　薄暗い切通しの急な参道を登ると、右手の崖に熊野権現堂が見え、左手には「子授けの楠」や「三本杉」などの名木がある。二天門（東門）の手前に安永6年（1777）に建立された、芭蕉の"五月雨やこの笠森のさしも草"や義仲寺雲裡、獅子庵連二の句碑がある。二天門をくぐると、紫金閣、六角堂、鐘楼堂、仁王門（北門）がある。境内は起伏に富み、樹齢一千年を数える巨木、老樹が繁茂する自然林に囲まれ、深山幽谷の霊地を思わせる。禁伐林として、古くから保護されてきたという森は、暖地の残存林として国指定天然記念物。笠森鶴舞県立自然公園でもある。
　　　　　　　　　　　　　　　　（清田綾子）

●交通：JR外房線茂原駅から牛久行きバスで「笠森観音前」下車。

長福寿寺（長生郡長南町長南969-1）

長南町の北の端、三途台にある天台宗の古刹。山号大平野山、本尊は阿弥陀如来。

　寺伝によると、延暦17年（798）、恒武天皇の勅願により最澄が開創。正平8年（1353）比叡山延暦寺の義憲僧正が再興し、後村上天皇から「三途河頭極楽東門蓮華台上阿弥陀坊大平埜山本実成院長福寿寺」と28文字に及ぶ長い寺号を賜ったという。そして「西の比叡山」「東の三途台」と称されるほど栄えた。元亀2年（1571）織田信長の比叡山焼討ち後、その再建に当たり、天正年間（1573～92）当寺第17世豪仙は、房州の良材を集め叡山に寄進した。その礼として、比叡山根本中堂修繕の余材古材を拝領し、当本堂の修復を行って以来、根本中堂と称すことを許されたといわれる。天正19年（1591）朱印50石。「坂東檀林一統の本寺、国家鎮護の道場」に指定され、関東八檀林の中心的存在として、また房総三国に末寺を含む308カ寺を管理下におき寺運は隆盛。江戸末期になると、度々の火災により学寮その他多くを失い、寺運傾き衰退の度を増した。境内は広く、承応2年（1653）に修営されたという大きな本堂が、関東天台教学の大道場の俤を残している。

　本尊阿弥陀如来坐像は寄木造漆箔彫眼で、平安中期の定朝様式、像高は141cm。寺宝の木造慈恵大師坐像（県有形）は像高41cmのヒノキ材寄木造漆塗りで、延徳2年（1490）鎌倉円覚寺の仏師慶忠作、長南次郎平常秀寄進の墨書名がある。慈恵大師は天台宗中興の祖良源で元三大師ともいう。
　　　　　　　　　　　　　　　　（清田綾子）

●交通：JR外房線茂原駅から牛久行きバス「愛宕町」下車徒歩5分。

観音教寺（山武郡芝山町芝山298）

通称"芝山仁王尊"で知られる天台宗の古刹。山号天応山、本尊は十一面観世音菩薩。寺伝によると、天応元年（781）征東大使、中納言藤原継縄が凱旋しての帰途、朝廷の意を受け、東国鎮護の祈願所とし当地に一宇を建立。天長2年（825）慈覚大師円仁が中興し、関東天台の基礎を築く。中世を通じ千葉氏宗家一族の檀那寺として、庇護を受け寺門隆盛した。嘉吉2年（1442）、千葉胤直は弟胤賢とともに大宝塔を寄進している。

　近世は幕府の庇護を得て、管内十州伴頭拝領寺院八カ寺の一となり、10万石の格式を与えられた。

　古木に囲まれた広い境内に諸堂塔が並ぶ。仁王堂は明治7年（1874）の再建で、総欅造の豪壮な建物。堂内は畳敷で、高さ2mの黒漆塗り仁王尊天（通称黒仁王）は、インドの仏師、毘首羯摩の作と伝える。火事泥棒除けに霊験あらたかで、特に江戸の火消衆や商家の篤い信仰を集め、成田山新勝寺と並び繁栄したという。

　三重塔（県有形）は、文化11年（1814）、44世龍淵の再建。高さ25mの三間四方の総欅造銅板平葺。成田山新勝寺三重塔とともに、県内に残る三重塔の双璧である。本堂は観音堂とも呼ばれ、享保6年（1721）の建築。隣接する芝山ミューゼアム（芝山はにわ博物館）には、芝山古墳群の殿塚姫塚出土の埴輪を展示、内9点は県有形。本坊（客殿）の前庭には芭蕉や、蕉

観音教寺三重塔

門十哲の一人杉山杉風を祖とする、飛鳥園関係の句碑が建っている。
（清田綾子）

●交通：京成線直通芝山鉄道芝山千代田駅から空港シャトルバス、蓮沼海浜公園行き「芝山文化センター」下車、徒歩25分。

飯高寺（匝瑳市飯高1781-1）

通称"飯高檀林"として知られ、江戸時代から日蓮宗門の学問所（僧侶の養成機関）として、最高の格式をもつ根本檀林であった。山号は妙雲山。

天正元年（1573）、要行院日統が八日市場の飯塚に開設した、飯塚談所が前身である。日統のあとを継いだ日生や日尊らが、天正8年（1580）飯高城主平山刑部少輔の招きで、城門の妙福寺に学室を開き、飯高談所とした。この談所が妙雲山法輪寺となり、飯高寺へと発展する。天正19年（1591）徳川家康から寺領30石の寄進と、法華宗門根本檀林の公認を受ける。以降幕府の外護を受けて繁栄、遠近各地から多くの修行僧が集まり、学僧名僧を輩出した。特に家康の側室、養珠院お万の方の信仰厚く、生母の意を受けた水戸頼房や紀伊頼宣の寄進により、檀林の規模が整えられた。

明治7年（1874）の学制改革により廃檀。290余年の幕を閉じて立正大学へと引き継がれた。講堂（重文）は慶安3年（1650）の火災後、翌年水戸家の援助で再建された。平成14年11月、再建時のとち葺入母屋造に戻して、全面修復が完成した。総門（重文）は天明2年（1782）建造の高麗門。鼓楼（重文）は桁行梁間共一間の入母屋造、袴腰付で享保5年（1720）の建築。鐘楼（重文）は桁行梁間共一間の入母屋造で、講堂と同じ頃の建築。その他の建物は飯高檀林跡として県指定史跡。

広大な境内には、樹齢300年以上の熊野杉の巨木や、スダジイ、ウラジロガシ、タブノキなどが鬱蒼と茂り、美しい自然林の景観を保っている。
（清田綾子）

●交通：総武本線八日市場駅から多古又は空港行きバス「飯高檀林」下車5分。

松虫寺（印旛郡印旛村松虫7）

聖武天皇の皇女松虫姫ゆかりの寺で、通称"姫寺"といわれる真言宗豊山派の古刹。

山号は摩尼珠山、本尊は七仏薬師如来。開創は天平年間（729～48）行基と伝わり、もと三論宗。寺伝によると、聖武天皇の皇女松虫姫は、重い不治の病（癩病又は天然痘とも）にかかり苦しんだ。ある夜下総国の薬師如来が夢枕に現れ、当地で療養するようにとお告げがあった。姫はそのお告げに導かれ、乳母と共にはるばる下総国萩原郷出戸に下向した。姫は薬師堂の傍らに庵を結び、薬師如来に一心に祈ると、病は日一日と快方に向かい全快、やがて都に帰ることができた。天皇は喜び行基に命じて七仏薬師を彫らせ、当地に一寺を建立し安置した。寺名を松虫寺とし、地名の出戸を松虫に改めた。松虫姫は下総国の里人に、養蚕の技術や女性の諸芸を教え、人々から慕われたと伝わる。

本尊七仏薬師如来（重文）は、カヤ材の一木造彫眼で平安末期の作。像高は中尊の坐像が54.3cm、左右に並ぶ6体の立像は38cmの小像で瑠璃光殿に安置されている。古式の仏像が7体揃っている例は全国的にも珍しい。仁王門や薬師堂は江戸中期の再建。他に鐘楼、大師堂、庫裏、松虫廟、松虫姫神社などがある。かつては地元や近県の養蚕家の信仰厚く、賑わったという。近くには都から姫を乗せてきた牛が、姫の帰京を悲しんで、自ら身を投じたという"牛むぐりの池"があり、この地に留まって没した乳母、杉自の塚は近くの三つ辻に、たくさんの庚申塔に囲まれている。
（清田綾子）

●交通：京成佐倉駅から木下又は小林行きバス「境田」下車徒歩10分。北総線印旛日本医大駅から徒歩10分。

竜角寺（印旛郡栄町竜角寺239）

竜角寺古墳群の北端に位置し、房総を代表する初期寺院。現在の竜角寺は、わずかに仮本堂と庫裏などを残すのみで、往時の面影は失せているが、境内や周辺には塔礎石、金堂基壇、門跡、瓦窯跡など古代寺院の遺構が残る。

　縁起によると和銅2年（709）竜女が化現し、金の薬師を奉じて当寺を建てたのが始まりという。天平2年（730）奥州の徳僧、釈命上人が参籠し竜閣寺を開創。

　鎌倉時代から中世を通じて、千葉氏の庇護のもとに隆盛し、教学の寺として学僧の往来が盛んであった。近世の朱印20石。宝暦年間（1751～64）は領主稲葉家の祈願所となった。

　本尊の銅造薬師如来坐像（重文）は像高130cmの白鳳仏。但し元禄5年（1692）の火災により、頭部のみが白鳳時代で、首から下部は正徳年間（1711～16）の補鋳。調布市の深大寺釈迦如来倚像と共に、関東に残る最古の仏像とされる。

　塔心礎は常陸稲田産の花崗岩で2mの巨石。柱穴の径から高さ33mの三重塔と推定される。1968年からの発掘調査の結果、竜角寺創建時の伽藍配置は、斑鳩法起寺様式（金堂が西、塔が東）で、出土瓦の文様は飛鳥山田寺の瓦と酷似、文字瓦も出土している。2カ所の瓦窯跡の状況等から、創建年代は7世紀後半（第3四半期）と推定される。関東で最も古い寺院の一。塔跡は国指定史跡、出土遺物は県有形。すぐ近くには7世紀前半～中葉の浅間山古墳（前方後円墳）や大型方墳の岩屋古墳（国指定史跡）がある。

　天平4年（732）天下旱魃が続き、諸国の農民が苦しみ嘆いている折、聖武天皇より竜女建立の当寺へ請雨祈願の詔命があった。釈命上人は一山衆徒とともに、法華八軸その他妙法を修しその結願の日、印旛沼の主という小竜が現れ、上人の修法のおかげで罪根が消滅したと感謝を述べた。小竜は釈命上人の請雨の懇願を受けて、わが身を犠牲にし、雨を降らせた。小竜は大竜の許しを得ず雨を降らせたため、身を三段に切られ、その死骸が印旛沼の辺りにあった。上人は哀傷の涙を流し、経巻陀羅尼を誦して菩提を弔い、小竜の希望通りに、頭を当竜閣寺に納め、閣を角と改め竜角寺とし、腹は印西（本埜村）地蔵堂に納め竜腹寺とし、尾は匝瑳（八日市場）大寺に納めて竜尾寺と名付けたという（略縁起）。
（清田綾子）

●交通：JR成田線安食駅から竜角寺台車庫行きバス「酒直坂上」下車。又は安食循環バス「竜角寺入口」下車3分。

竜正院（成田市滑川1196）

天台宗の古刹で通称"滑河観音"。山号滑河山、本尊は十一面観世音菩薩。坂東三十三所観音霊場第28番札所。

　縁起によると承和5年（838）領主小田太夫将治の発願で、慈覚大師円仁の開山と伝わる。本尊は一寸二分（3.6cm）の小さな十一面観音。定朝作と伝わる4m近い大観音の胎内に納められ、延命安産子育ての守り本尊として信仰を集めている。

　本堂（県有形）は五間四方の銅板瓦棒葺、一重入母屋造。元禄11年（1698）の建立。建築様式は禅宗様を主体とする折衷様。仁王門（重文）は三間一戸の八脚門、屋根は茅葺寄棟造。12本の柱は十六角柱。建築様式は和様を主体とする折衷様。昭和26年解体修理の時、仁王像胎内か

第二章●寺院・神社

竜正院仁王門

ら文亀年間（1501〜04）の願文が多数発見され、仁王門の建築もこの頃と推定されている。銅造宝篋印塔（県有形）は享保3年（1718）、石灯籠は元文3年（1738）の奉納。寺宝の銅製大鰐口（県有形）は永正13年（1516）、寺名願主作者の刻銘がある（下総町立歴史民俗資料館に所蔵）。毎年8月9日夜の四万八千日、11月18日の大祭には、近郊から多くの参詣者が集まる。

（清田綾子）

●交通：JR成田線「滑河駅」下車。

※坂東三十三所観音霊場
相模国9、武蔵国5、上野国2、下野国4、常陸国6、下総国3、上総国3、安房国1
27番　円福寺　飯沼観音（銚子市）真言宗　本尊十一面観音
28番　竜正院　滑河観音（香取郡下総町）天台宗　本尊一面観音
29番　千葉寺　千葉寺観音（千葉市）　真言宗　本尊十一面観音
30番　高蔵寺　高倉観音（木更津市）真言宗　本尊聖観音
31番　笠森寺　笠森観音（長生郡長南町）天台宗　本尊　面観音
32番　清水寺　清水観音（夷隅郡岬町）天台宗　本尊千手観音
33番　那古寺　那古観音（館山市）真言宗　本尊千手観音

※百観音霊場の成立
西国33所：平安末、坂東33所：鎌倉初期、秩父34所：室町期。

千葉寺（千葉市中央区千葉寺町161）　和銅2年（709）、行基の開山と伝えられ、海上山歓喜院青蓮千葉寺と称し千葉市内最古の寺である。元は今よりも東方にあったが、永暦元年（1160）雷火で伽藍を消失し、現在地に移る。調査により奈良時代末期には四間四方の瓦葺金堂が存在したことが確認された。旧寺の境内は約126メートル四方と推定される。千葉氏歴代の祈願寺。徳川家康の寄進を受けるなど格式が高い。十一面観音を本尊とし、坂東三十三所観音札所中第29番目の霊場。真言宗豊山派。

旧境内の竹山から発見された室町時代の青銅製の「梅竹透かし彫り釣り灯籠」は、国指定の重要文化財として東京国立博物館に所蔵されている。

寺の境内には、布施丹後守常長（寒川村の豪農）の墓と顕彰碑がある。慶長18年（1613）、周辺の農民が毎年旱魃に苦しんでいるのを見かね、私財を投じ都川の上流に堰を造り、全長5キロメートル、幅2.7メートルの用水路を引いた（今では暗渠になってしまったが、丹後用水の名で歴史に残る）。

（安藤　操）

●交通：JR総武本線千葉駅から星久喜経由バスで「千葉寺」下車。

観福寺（香取市牧野1752）　真言宗豊山派の名刹。山号は妙光山（牧野山）、開創は寛平2年（890）尊海とされ、本尊の聖観世音菩薩は平将門の守護仏と伝えられる。中世から領主千葉氏一族の祈願所で、近世は伊能氏一族の菩提所となった。宝暦3年（1753）新四国大師霊場を開創、この地方における大師信仰の中心となり、庶民の信仰を集めた。寛政7年（1795）には末寺53ヵ寺をもつ中本山として、また地方檀林として、重きをなした。毎月21日の厄除け大師ご縁日や、毎年4月6日から6日間の札打巡拝など盛んである。川崎大師・西新井大師と並び関東三大厄除け大師の一。

樹木に囲まれた広い境内に、壮大な本堂（講

43

観福寺　薬師如来坐像

堂）を中心に諸堂が並び、荘厳な寺観はこの地方最大。四季折々の美しさも知られる。

寺宝の銅造懸仏(かけほとけ)（重文）十一面観世音菩薩坐像、釈迦如来坐像、薬師如来坐像、地蔵菩薩坐像の四躯は、もと香取神宮の本地仏として造られたもの。四躯のうち十一面観世音と釈迦如来は、鏡板に弘安5年（1282）の刻銘、地蔵菩薩は延慶2年（1309）の刻銘があり、鏡板を欠く薬師如来も地蔵菩薩と同時期の作と思われる。その他古文書や仏画など多く所蔵する。墓地には伊能忠敬(ただたか)や楫取魚彦(なひこ)、頴則(ひでのり)等の墓塔がある。又14～16世紀末までの下総式板碑が10数基ある。

（清田綾子）

●交通：JR成田線佐原駅下車徒歩20分。

法華経寺(はけきょうじ)（市川市中山10-1）

日蓮聖人が、松葉ヶ谷で焼き討ちにあわれた折、信者の若宮の領主富木常忍（日常聖人）と中山の領主太田乗明は、当地に聖人を案内して百日百座の説法をお願いした。聖人は、釈迦牟尼仏を安置して開堂入仏の式をあげた。これが法華経寺の始まりだと言う。

本堂の法華堂は、常忍が建立したと伝えられている。正面5間、側面4間で入母屋造り銅板瓦棒葺きで、すべて円柱の禅宗様式。何回も修理されているが室町時代創建の面影を良く残している。

日蓮を祀る祖師堂は、鎌倉時代の正中2年（1325）に創建され、幾度かの再建があり、現在の堂は江戸時代の延宝6年（1678）のものである。

四足門は、元は鎌倉の愛染堂から文永年間（1264～75）に移築したと伝えられている。唐様の様式だが、細部には室町時代の装飾的な技法も見られる。

五重塔は、本阿弥光室が父の3回忌と母の5回忌の元和8年（1622）に加賀藩主前田利光の援助を受けて建てた高さ31.6メートル、県内唯一の五重塔で江戸初期の様式をとどめる。

文化財は観心本尊抄・立正安国論が国宝、日蓮自筆遺文・絹本着色十六羅漢像が国指定重要文化財である。

なお、この寺では厳しい荒行が今も伝承されている。それは次のような内容で行われる。

毎年、11月1日より翌年の2月10日の100日間で、早朝の2時に起床、午前3時より午後11時までに7回の水行（寒水で身を清める）をする。その間に「万巻の読経・木剣相承・相伝書の書写」を行い、食事は朝夕2回、白がゆに梅干1個である。また、炊事・洗濯もし不寝番もする。2月10日の「成満の日」には、出迎えの人の前で「大荒行成満会」が行われ苦行の修練が完了する。

（安藤 操）

●交通：JR総武線下総中山駅下車徒歩5分。

法華経寺祖師堂

本土寺(ほんどじ)（松戸市平賀63）

日蓮宗の名刹。山号長谷山(ちょうこくさん)、開山は日朗(にちろう)。文永6年（1269）小日代蔭山土佐守が、法

華信仰により小金狩野松原に、一宇を建てたのが始まりという。建治3年（1277）千葉氏の一族曽谷教信とともに、神田鼻和にあった地蔵堂を法華堂に改め、日蓮はその開堂供養を弟子日朗に命じ、「長谷山本土寺」の山号を授け、開山させたといわれている。日朗が開山した寺は、池上の「長栄山本門寺」、鎌倉比企が谷の「長興山妙本寺」で、朗門の三長三本の本山と称される名刹である。

またこの地はかつて平賀氏の屋敷跡といわれ、この平賀氏から日朗、日像、日輪の三兄弟（同母）を輩出している。母の兄は日蓮高弟六老第一の日昭。平賀三兄弟の日像は日蓮聖人に次ぐ偉聖と崇められ、日輪は兄日朗上人開山の池上本門寺を継ぎ、大成させた聖人といわれる。本土寺は宗門屈指の大山として隆盛したが、度々不受不施の法難と、明治の廃仏毀釈等のため衰微したものの、三聖人出身の聖跡として今なお名高く、また開運、子育てなど霊験あらたかな寺として、人々の信仰を集めている。

寺宝の「諸人御返事一巻」（重文）は弘安元年（1278）日蓮真筆消息文。「大学三郎御書一巻」（重文）は建治元年（1275）日蓮真筆消息文。本土寺過去帳（天正本）三帖（県有形）、富城殿御返事（県有形）、梵鐘（重文）は建治4年（1278）の鋳造で、総高130cm、口径70cm。長柄町眼蔵寺に次ぐ県下2番目の古鐘。文明14年（1482）の追刻もある。その他古文書類多数所蔵。

起伏に富んだ境内には花木が多く四季折々「花の寺」として賑わい、特に紅葉の絢爛さは県下一といわれる。

※　不受不施とは他宗の信者や未信者から供養施物を受けず、他宗の僧に布施供養しない事で、折伏主義の教義を強行したため、幕府から弾圧を受けた。

（清田綾子）

●交通：JR常磐線北小金駅から徒歩10分。

参考資料
丸山・鋸南・岬・長南・下総・各町史、館山・市原・八日市場・佐原・松戸各市史、千葉県安房・夷隅・印旛・各郡誌、千葉県誌、安房誌、夷隅風土記、千葉県の歴史通史古代、千葉県の文化財、房総のいしずえ、房総の史跡散歩、日本名刹大辞典、関東古社名刹の旅、郷土資料辞典、日本史広辞典、東国の古寺巡礼、平賀本土寺、芝山仁王尊・観音教寺、竜角寺略縁起、ふさの国の文化財（交通欄転載）
※　重文＝国指定重要文化財（建造物、彫刻、工芸品、絵画、考古資料）
※　県有形＝千葉県指定有形文化財（建造物、彫刻、工芸品、絵画、考古資料）

歌舞伎と房総

①初代市川団十郎（1660〜1704）
　成田市に墓石と市川家居住地の石碑があるが、市川市や山梨県などの諸説がある。祖先は甲斐の国武田氏の家臣だが、曽祖父が落人となり、知人を頼って成田市に住んだ。団十郎の父が市川市で江戸川の渡し守りをし、後に江戸に出て侠客となる。

　団十郎は初めは海老蔵・段十郎を名乗り、元禄6年に「団」に変える。顔を紅と墨で隈取（くまどり）して大立ち回りをしたのが評判になり、市川家の荒事として定着した。成田山に子授けの祈願をしそして子供を授かったので大喜びし、成田山不動明王を演じた。「成田屋」の掛け声はこれに由来すると言う（歌舞伎の屋号の始まり）。

　そういうわけで、初代以降、団十郎と成田山との親密さは代々にわたり続いている。

②初代松本幸四郎（1674〜1730）
　名門、松本幸四郎（高麗屋）の初代は、小見川町の出身で、実事・荒事に長じたと言う。町の善光寺に墓がある。

③与話情浮名横櫛（世はなさけ、浮き名の横ぐし）
　歌舞伎狂言の世話物。通称「切られ与三（よさ）」嘉永6年（1853）江戸中村座初演。木更津町の博徒のめかけ「お富」と伊豆屋の若旦那「与二郎」の情話で、とくに「蝙蝠安」の登場する4幕目の「源氏店（げんやだな）の強請場（ゆすりば）」が有名である。春日八郎に「粋な黒塀見こしの松に〜」のヒット曲がある。

（安藤操）

成田山参詣（市川団十郎一行）

千葉県の神社

香取神宮（香取市香取1697）　神武18年（紀元前677）創建と伝える。祭神は経津主大神。

平安時代には、「神宮」の名称は伊勢・鹿島・香取の3社のみであった。重要文化財の本殿は、徳川家の造営（元禄13、1700年）、関東で最大の庇付き。国宝「海獣葡萄鏡」は日本3名鏡の1つである。楼門、双竜鏡・古瀬戸黄釉狛犬（250円切手）をはじめとして、文化財の工芸品類は数多い。なお、森は県指定天然記念物である。

海獣葡萄鏡

（久保木良）

香取神宮本殿

香取神宮楼門

玉前神社

玉前神社（長生郡一宮町一宮3048）　創建は明らかでないが、平安時代には上総の国一の宮として重きをなしていた。祭神は玉依姫命である。

権現造りの本殿は県指定の文化財で千葉県を代表する建築物（貞享5、1688年建立）。社宝の重要文化財の「梅樹双雀鏡」は全国的に見ても名鏡の1つ。県指定の民俗文化財「上総のはだか祭り」神幸祭は、九十九里浜の砂浜を数キロも走り12社の神輿が揉みあう勇壮な行事（大同2、807年に始まると伝えられる）。境内の神楽殿では、県指定文化財の「上総神楽」が年7回演じられる。

（久保木良）

猿田神社（銚子市猿田町1677）　祭神は猿田彦大神、垂仁天皇25年創建と伝えられる。

県指定文化財の本殿の建築は、天正2年（1574）再建、延宝8年（1680）改築されているが、古い型式の3間社流造で、正面の扉は両開き桟唐戸を用いている。天正の検地帳4冊も県指定文化財である。茨城県の鹿島神宮に奈良時代の銅印「申田宅印」があり、その読みから猿田神社の印と考えられる。銚子を代表する神社で、七五三の参詣にも古い伝統がある。森は県指定天然記念物である。

（久保木良）

高家神社（南房総市南朝夷164）　祭神は磐鹿六雁

命(料理の神)。景行天皇が安房を行幸された時、磐鹿六雁命が大蛤と鰹を膾料理にして献じた。喜んだ天皇は、宮中の料理職に取り立てた(「日本書紀」景行天皇53冬10月の条記)。それに因んで、毎年10・11月の包丁式は、四条流の技で烏帽子・直垂姿で魚(鯉・鯛・鰹など)に手をふれず包丁と箸で調理する。10月と11月の2回行われる。　　　　　　　　　(久保木良)

神崎神社(香取郡神埼町神崎本宿1944)

白雉2年(651)創建。祭神は天鳥船命。

社殿は火災にあい明治時代のものだが、本殿の向かって左側の樟の木は「なんじゃもんじゃの木」という。民俗学の赤松宗旦・柳田国男や植物学の牧野富太郎が、著作集で紹介している。徳川光圀が「これはなんじゃ」と問いかけ、神官が「もんじゃ」と答えたという伝承があり、国指定の天然記念物。森は県指定天然記念物。

(久保木良)

安房神社(館山市大神宮589)

安房の国一の宮。養老元年(717)創建。祭神は、上の宮が天太玉命、下の宮が天富命。「古語拾遺」によれば、阿波の忌部氏が肥沃な土地を求めて布良に上陸し、この地に祖先を祀ったという。

神社としての歴史は新しいが、古代遺跡の地に所在し、安房神社洞窟遺跡は県指定史跡。市指定文化財の双鳥花草門八稜鏡や双鳥花草文円鏡も美しい鏡である。また、昭和15年千葉県知事によって房総の先覚者が選ばれた。その肖像画全部が、額装されて保存されている。

(久保木良)

飯香岡八幡宮(市原市八幡1057-1)

一国一社の国府八幡宮とも言われる古社で、白鳳年間の創建と伝えられる。祭神は、誉田別命。

重入母屋造りの本殿は国指定の重要文化財で室町中期の建立と考えられる。拝殿は、元禄4年の建立で県指定の有形文化財。明治までは朱塗りの社殿であったが、明治になって黒塗り

飯香岡八幡宮本殿

にかえた。幣殿に置かれた漆塗金銅装神輿は、県指定文化財。ご神木のイチョウの巨樹の夫婦銀杏は、県指定の天然記念物である。柳楯神事は、柳楯神事保存会によって行われ、県内では珍しいドロヤナギの木で造る楯を飯香岡八幡宮にお供えする。県指定の無形民俗文化財である。近年、海上安全祈願の絵馬が発見されたが、多数の五大力船が祭礼に集結する様子が描かれており、往時の盛大な様子が想定できる。

(久保木良)

千葉神社(千葉市中央区院内町1-16-1)

天之御中主命を祭神とする。天の中央に存在する北辰妙見尊星王=北極星を言う。千葉家3代忠常がこの地に分霊を祀る。後に長保2年(1000)に「北斗山金剛授寺」の寺号を帝より賜る。大治元年(1126)、常重が上総の大椎城から下総の亥鼻城に移り、本霊を合祀する。頼朝・家康の信仰も厚く、日蓮も参籠したと言う。明治2年(1869)の神仏分離令により、「千葉神社」と改称する。「千葉の妙見様のだらだら祭り」は、現在も盛大に行われている。

(久保木良)

浅間神社(千葉市稲毛区稲毛町1-15)

祭神は、木花咲耶姫命。大同3年(808)、富士山本宮より勧請。文治3年(1187)の社殿再建にあたり富士山をかたどり盛り土をした。

東京湾に向って建立された社殿は見はらしもよく、鳥居は、かつては海水の中に建てられて

いたが、現在は埋立地になっている。夏祭りには、「稲毛の浅間様の祭り」を楽しみにしている多くの人たちが参集する。神楽殿では、県指定民俗文化財の十二座神楽が年5回奉納される。境内の松林は、市指定名勝で根あがりの松がみごとである。
（久保木良）

意富比神社（船橋市宮本5-2-1） 祭神は天照皇大御神。景行天皇40年（130）に大和武尊が東国平定の祈願をした時をもって創建とする。以後、朝廷や武将の信仰を集め、日蓮も断食祈願をしたと言う。今では、「船橋の大神宮」として親しまれ、漁民の信仰も厚い。社殿は、明治維新によって消失、その後再建と改修を重ねた。

境内には東京湾での船舶のための灯台として、標高27メートルに設置された灯明台があり、木造の建物では唯一の県指定有形民俗文化財である。
（久保木良）

意富比神社　灯明台

葛飾八幡宮（市川市八幡4-2-1） 寛平年間（889〜898）宇多天皇の命により、石清水八幡宮を勧請して創建と言う。祭神は、誉田別命。下総の国総鎮守として、東国の武将の信仰を集める。

御神木の樹齢約1200年のイチョウの巨木は、国指定の天然記念物。落雷で折れた主幹の外側に、大小無数の支幹が取り囲んでいるところから、千本イチョウの名がつけられている。古くは樹の洞の中に蛇が生息していて、神社の祭典で楽器を用いると、その蛇が顔を出し参詣人を驚かせたという。（久保木良）

葛飾八幡宮　千本イチョウ

高滝神社（市原市高滝字加茂） 日本三代実録（901年）にも名の出る古社で、地元では「加茂神社」と呼ぶ。

養老川の中流域の高台にあり、上流の大多喜町粟又の加茂神社の御幣が流れ着いた所に神を祀ったと伝えられる。旧35カ村の総鎮守で、春は「花嫁祭り」で、1年間に結婚した花嫁が結婚衣裳をまとい、姑と参詣する。また、秋は村々の神輿が繰り出してもみ合う喧嘩神輿で賑わった。本殿は、三間社流れ造り、屋根は銅板ぶきの入母屋造りである。社殿の背後にそびえる森は、県指定天然記念物であるが、ダムの造成でかなり狭くなっている。
（久保木良）

麻賀多神社（佐倉市鏑木933） 本社は成田市。祭神は稚産霊命。平安時代の延喜式に社名が出る古社。

大和武尊の東征伝説に因む説もあるが、印波国の初代国造、伊都許利命が、所領地に18社の麻賀多神社を祀ったと考えられる。本社の森には「公津の大杉」を初め巨杉が20数本もあり、県指定の天然記念物である。
（久保木良）

麻賀多神社

玉崎神社（旭市飯岡2126） 祭神は、玉依姫命。大和武尊の

東征の折に竜王岬に創建されたと伝えられる古社。現在地には、天文2年（1533）に遷座する。

一間社流造の御本殿は、県内神社の標準的な形式で、元は屋根も茅葺であったが現在は銅板葺きに改められてはいる。県指定の文化財。元禄10年（1697）と擬宝珠に銘文があるが、社殿の様式は中世末期の様式をよく伝えている。御本殿の扉を開けると古瀬戸の狛犬一対が御神座を守護している。漁業の繁栄を背景として造営されたもので、天保水滸伝の飯岡の助五郎の石碑もある。　　　　　（久保木良）

八坂神社（香取市）　祭神は、素戔嗚命。元は、天王台の牛頭天王を寛永14年（1637）に現在地に遷座し、本宿総鎮守としたと言う。天保15年（1844）に社殿を改築し、「感応天王」と称したが、明治時代の神仏分離令で「八坂神社」となる。

7月の祇園祭の中心として、佐原ばやしと山車の巡行が3日間にわたり盛大に行われる。

なお、香取郡多古町の八坂神社でも、毎年7月26日に境内に仮設舞台を建てて「多古のしいかご舞」が演じられる。舞台の中ほどに丸柱が立てられ、獅子や猿、鹿の踊りのあと、猿が柱に登り、横木にぶら下がり、柱舞を演じ、そのあとに横木につるした扇を落として終演となる。県内では珍しい曲芸つきの舞いである。県指定無形民俗文化財である。　　　（久保木良）

鳥見神社（印西市平岡1876）　祭神は、饒速日命。延宝6年（1678）、大森村よりご神霊をいただき創建。

この社には、文明年間（1469～87）から悪魔払いと豊作祈願の獅子舞が伝えられていて、じじ（親獅子）・せな（若獅子）・かか（雌獅子）の三匹による舞が演じられる（県指定無形民俗文化財）。なお、本埜村中根の鳥見神社では、毎年10月17日の祭例に社殿の前で神楽が演じられる。十二座神楽で、十二の仮面を用いた演技が奉納される。全て氏子の長男が演ずるもので、16曲の曲目から構成されている。別名は大和神楽とも呼ばれている、県指定無形民俗文化財である。鳥見神社は、印旛から東葛飾にかけて19社が存在しており、おそらくこのあたりを所領していた豪族の信仰する神を祀ったものであろう。　　　　　　　　　　（久保木良）

千葉県出身の名力士

●横綱
14代　境川浪右衛門（明治9年、市川市出身。小兵だが櫓投げを得意とし5代目境川を継ぐ）
17代　小錦八十吉（明治34年五条家より免許。山武郡出身。鋭い出足と猛突っ張りが得意で俊敏な動きをした）
24代　鳳谷五郎（大正5年、印西市出身。大正2年初優勝。土俵入りの太刀は大隈重信侯より贈られたものである。掛け投げが得意で「けんけん」のあだ名がある。7代目宮城野馬五郎を継ぐ）
大阪相撲横綱　21代・若嶋権四郎（明治9年生まれ、10歳で桶山に入門、後、大阪相撲に転じ長く活躍した）

●大関
小柳常吉（嘉永7年、大相撲一行のリーダーとして黒船に米を運ぶ手伝いを志望し、米兵への稽古もつけて話題となる）
象ヶ鼻平助（明治4年大関、館山市出身。市内不動堂に墓地があり、生前の明治20年に建てられている）

鳳凰馬五郎（明治年代、習志野市出身。極め川しや鋭い出足の寄りを得意としたが、酒で健康を害し、横綱になれなかった。門下に横綱鳳谷五郎）
松登晟郎（昭和20年代、ぶちかまして一気に出る破壊力で活躍した。松戸市出身）

●関脇
稲川政之助（佐倉市出身。天保～嘉永年間。丸亀藩のお抱え力士）
荒馬吉五郎（船橋市出身。弘化～嘉永年間。相撲巧者の万能力士で、蹴返しが得意。「東に小柳、西に荒馬～」と江戸のわらべ歌にもある）
4代　宮城野馬五郎（嘉永年間、千葉市出身。大関鳳凰馬五郎を育てた。幕張に石塔あり）
高見山酉之助（銚子市出身。色黒で巨漢の肥満型。国技館完成の明治42年6月場所に優勝。第1回の優勝掲額力士となる）
房錦勝比古（昭和30年代、スピードのある立ち会いが「褐色の弾丸」といわれ、横綱「柏戸・大鵬」両者に5勝6敗の好成績で柏鵬キラーとして人気があった）
麒麟児（柏市出身。回転の速い突っ張りで昭和50年に関脇となり、若々しい取り口で人気があった）
琴富士（千葉市出身。平成3年平幕優勝。長身を生かした立ち合いの突き・寄りが得意であった）

第三章 民俗・文化

房総と万葉集

万葉集は、奈良時代後期、大伴家持が現存形にまとめたといわれる。歌数約4500首が収録されている。表記には漢字を用いるが、万葉仮名など遊戯趣向のものも多く、諸階層の人たちの歌や各地の民間伝承の歌までも含めている。なかでも、房総と関わりのある歌の数は、長歌4首、短歌42首（うち、防人の歌27首）である。代表的な作品を紹介する。

大伴家持

夏麻引く　海上潟の　沖つ渚に
　船はとどめむ　さ夜更けにけり
（巻14・3348）

〔歌意〕
潮が引き、港に入れないので、静かな沖の州に船を止めよう、夜も更けてしまった。（上総国歌）

馬来田の　嶺ろの笹葉の　露霜の
　ぬれてわきなば　汝は恋ふばそも
（巻14・3382）

馬来田の　嶺ろに隠りゐ　かくだにも
　国の遠かば　汝が目欲りせむ（巻14・3383）

〔歌意〕
（3382）馬来田嶺の笹の葉の露霜のように涙にぬれて別かれれば、ますますあなたが恋しくてたまらないよ。

（3383）馬来田の高い嶺にかくされて、あまりにもふるさとが遠いので、なおさらあなたのいとしい目を見たいのだよ。（上総国歌）

葛飾の　真間の浦廻を　漕ぐ船の
　船人騒く　波立つらしも（巻14・3349）

〔歌意〕
葛飾の真間の浦あたりを漕ぎ行く船の船頭たちが大騒ぎしている。時代の大波が立ってきたらしいぞ。（下総国歌）

葛飾の　真間の手児奈を　まことかも
　われに寄すとふ　真間の手児奈を
（巻14・3384）

葛飾の　真間の手児奈が　ありしかば
　真間の磯辺に　波もとどろに（巻14・3385）

にほ鳥の　葛飾早稲を　にへすとも
　そのかなしきを　外に立てめやも
（巻14・3386）

足の音せず　行かむ駒もが　葛飾の
　真間の継橋　やまず通はむ（巻14・3387）

四首下総国相聞往来歌

〔歌意〕
（3384）葛飾の真間の手児奈は、わたしに心を寄せているという、あの真間の手児奈がさ。

（3385）葛飾の真間の手児奈がいれば、真間の磯辺で波がとどろくように人々が騒ぎ立てるだろうよ。

（3386）（にほ鳥の）葛飾早稲を神に捧げて斎みこもる晩でも、いとしい人を、外に立たせたままにしてはおけませぬ。

（3687）足音の立たない馬はいないものか。もし、いたら恋しいあの人の許へ、葛飾の真間の継橋をこっそりと渡って、絶えず通うよ。

伝説の女性「真間の手児奈(名)」と「末の珠名」

手児奈（名）は、山部赤人と高橋虫麻呂が、長歌と短歌でうたっている。都にも伝えられる美女伝説である。

勝鹿の真間娘子の墓を過ぐる時、山部宿禰赤人の作る歌一首并びに短歌

古に　在りけむ人の倭文幡の　帯解かへて
伏屋（新居）立て　妻問（求婚）しけむ　葛
飾の　真間の手児名が　奥つ城（墓）を　こ

ことは聞けど　真木の葉や　茂りたるらむ
松が根や　遠く久しき　言のみも　名もみも
吾は　忘らゆましじ　　　　　　　（巻3・431）
反歌
吾も見つ　人にも告げむ　葛飾の
　真間の手児名が　奥津城処（おくつきどころ）（巻3・432）
葛飾の　真間の入江に　うちなびく
　玉藻刈りけむ　手児名し思ほゆ
　　　　　　　　　　　　　　　　（巻3・433）

　上総の周淮（すえ）（末）の珠名（たまな）の娘子を詠める一首
並びに短歌（高橋虫麻呂）
しなが鳥（かいつぶり・枕詞）　安房に継ぎ
たる　あづさ弓（枕詞）　周淮の珠名は　胸
別の　広き吾妹　腰細のすがる（じが蜂）娘
子の　その姿の　端正しきに　花のごと　咲
みて立てれば　玉ほこ（枕詞）の　道行く人
は　おのが行く　道は行かずて　召ばなくに
門に至りぬ　さし並ぶ　隣の君は　あらかじ
め　おの妻離れて　乞はなくに　鎰さへ奉る
人皆の　かく迷へれば　容艶きに　縁りてそ
妹は　戯れてありける　　　　（巻9・1738）
反歌
金門（かなと）にし　人の来立てば　夜中にも　身はた
な知らず（自身の都合はさしおいて）出でて
そあひける　　　　　　　　　　（巻9・1739）

　「末」は、現在の富津市周辺（小糸川南方）、周淮（すえ）国造が置かれ、のちに周淮郡となる。
　前の真間の手児名は、聖処女であり、後の周淮の珠名は遊び女である。古代においても、この両者への対比的なあこがれという二面性が存在する。

房総の防人の歌

大君の　命かしこみ　出で来れば
　吾ぬ取り著きて　言ひし子（妻）なはも
　　　　　　　　　　　　　　　（巻20・4358）
〔歌意〕
　天皇のご命令を謹んでお受けして出て来たが、私に取りついて放さなかったかわいそうな妻が思われてならないなあ。

家風は　日に日に吹けど　吾妹子（わぎもこ）（妻）が
家言持ぢて　来る人もなし（巻20・4353）
朝夷郡上丁丸子連大歳
〔歌意〕
　家の方からの風は、毎日毎日、吹くのだけれども、私のかわいい妻からの便りを持って来てくれる人などはいない。

道の辺の　茨（うまら）の末（うれ）に　這（は）ほ豆の
　からまる君を　別れか行かむ（巻20・4352）
天羽郡上丁丈部鳥
〔歌意〕
　（あなたは）道のほとりに生えている野茨の先にまで這いからまる豆のように、私にまつわりつくあなたをふりきって、別れていくことがつらくてたまらない。

葦垣（あしかき）の　隈処（くまと）に立ちて　我妹子（わぎもこ）が　袖もしほ
ほに　泣きしそ思はゆ（巻20・4357）
市原郡上丁刑部直千国
〔歌意〕
　葦垣の隈に立って、愛（いと）しい妻が、袖がびっしょり濡れるほど泣いていたのが、思い出されて、とてもたまらないのだ。

わが母の　袖持ち撫でて　わが故（から）に
　泣きし心を　忘らえぬかも（巻20・4356）
山辺郡　上丁物部乎刀良
〔歌意〕
　わたしの母が防人としていくわたしの袖をとって撫でながら、さめざめと泣いてくれた母の気持ちをどうして忘れることができようか。

千葉の野の　児手柏（このてかしは）の　含（ふふ）まれど
　あやにかなしみ　置きてたか来ぬ
　　　　　　　　（巻20・4387）千葉郡大田部足人
〔歌意〕
　千葉の野の児手柏のように、あの子はまだまだつぼみのような子なのだが、ひどく可愛い。そのままにして遠くへ出かけて来てしまったが、思い出されてつらいのだよ。　　　（安藤　操）

房総ゆかりの歌人とその歌

　房総と短歌（和歌）とのかかわりは古くは万葉の時代から深い。

海上胤平（うなかみたねひら）（文政12年〜大正5年）

　明治以後即ち近代短歌に関係する房総の歌人を取り上げれば最初にこの人が登場する。海上郡生まれで、万葉調を基盤に相当の論客だった。
　朝けゆく衣手寒し雪消えぬ平群（へぐり）の山の白樫がもと
　月清み海上（うなかみ）がたの沖つ洲にあさるあきさの数も見えけり
　安房の平群であり、「あきさ」は雁科の水鳥。旧派の名残を払拭は出来なかったが万葉調の歌で房総を詠った作を残している。

香取秀眞（かとりほつま）（本名秀治郎、明治7年〜昭和29年）

　香取秀眞は印旛郡の出身で、東京美術学校（東京芸術大学）に学んだ日本を代表する鋳金工芸家である。明治31年正岡子規が「歌よみに与ふる書」を新聞に書き、所謂短歌の革新に乗り出したとき、真っ先に駆けつけたのがこの青年秀眞である。生涯歌を作り続けた。
　鬼妻と思へるものをあやしくも吾が恋やまずしこの鬼妻
　郷里から迎えた夫人との離婚の苦悩である。
　月乎波喜日乎由利出寿大海乎比路良爾抱久片貝乃浜
　「月を吐き日を揺り出だす大海を広らに抱く片貝の浜」というのだから、九十九里を歌ってこれだけスケール大きい歌はまずない。

蕨眞（けっしん）（本名蕨眞一郎、明治9年〜大正11年）

　秀眞の次に子規を尊敬して根岸短歌会に参加したのは蕨眞である。蕨眞は後に「阿羅々木」（歌誌「アララギ」の前身）を私財により刊行し、近代短歌に大いに貢献した。

　真冬来て寒けさ知らぬ上つ総成東にして君待つ吾は
　吾ひとり木の種まけば掌（たなそこ）にその躍る音土につく音

伊藤左千夫（いとうさちお）（元治元年〜大正2年）

　後に根岸短歌会の推進者になるが子規門には、伊藤左千夫は遅く参加している。
　天雲の覆へる下の陸広ろら海広ろらなる涯に立つ吾れは
　　　　　　2月28日九十九里浜に遊びて
　砂原と空と寄合ふ九十九里の磯ゆく人等蟻の如しも
　左千夫は「アララギ」を推進し、近代短歌の先駆者の一人で、房総を歌った歌は多い。

斎藤茂吉（さいとうもきち）（明治15年〜昭和28年）

　やはり「アララギ」の縁で、斎藤茂吉も房総の歌を多く残している。
　赤光（しゃくくわう）のなかの歩みはひそか夜の細きかほそきこころにか似む
　豊里の駅の近くの利根川はおどろくばかりひろくなりたり
　「アララギ」の編集を担当するようになった茂吉が山武郡埴谷に蕨眞を尋ねて、この「赤光」の歌があるのは、奇しき縁である。

古泉千樫（こいずみちかし）（明治19年〜昭和2年）

　千樫は安房から伊藤左千夫を頼って上京し、初期「アララギ」を支えた一人である。
　みんなみの嶺岡山（みねをかやま）の焼くる火のこよひも赤く見えにけるかも
　風ありて光りいみじき朝の海を枇杷つむ船のいま出でむとす

若山牧水（明治18年〜昭和3年）

安房の国朝のなぎさのさざなみの音のかなしさや遠き富士見ゆ
　　　　　　　　　　　安房根本海岸

夜いでて浜に立てれば九十九里の浪のとどろき四方にあがれり

全国どこにもその足跡のある牧水は、房総にも縁が深い。根元海岸は恋の逃避行の場所でもあった。

吉植庄亮（明治17年〜昭和33年）

日本を代表する田園歌人といわれる庄亮も、印旛から全国に発信した歌人である。

よる波のそのまま凍りはてにける渚はながし
　　　印旛大沼

さながらに凍りはてたる渚波つぶさに見れば多く小波

（秋葉四郎）

蕨眞が山武郡埴谷から刊行した「阿羅々木」1号

COLUMN 房総の国学と教育

11歳の久保木竹窓は、佐倉藩士であった松永呑舟が、香取郡津宮村に来た時、名主の父清英の願いで儒学中心の教育を受け、暦学や国学も学んだ。

国学者本居宣長が、香取神宮と鹿島神宮を取り上げ『同体異名弁』を出版するや、香取の神と鹿島の神は別々であるとして「香取参詣記」に神宮境内図や参詣図のさし絵を自分で描き、和綴じ本で出版、香取神宮に参詣に来る人々に配布した（千葉県立関宿城博物館所蔵）。

天明元年（1781）、伊能忠敬は、日本全国を測量し日本地図を作製した。忠敬は、儒学、暦学などを学ぶため久保木竹窓に入門している。久保木竹窓は自宅を息耕堂と称して私塾を行っていたが、日本で最も早く庶民教育をなすため茨城県延方村に延方学校が創建されると、水戸藩の依頼で教授となった（多い時の受講生は150人を超えたと言う）。

伊能忠敬旧宅の小野川をはさんで向かいには、新宿村の名主の伊能茂左衛門家があり、伊能忠敬の税に対するお手本の家であった。伊能茂左衛門は、国学者であり、日本画家でもあって、香取神宮の香取の名の起源である「楫取」を使って、楫取魚彦（カトリナヒコ）を称したが、歌人としても大いに活動した。この活動が、滑川村の椿仲輔を育成したのである。それがまた、南羽鳥村の国学者鈴木雅之を育てる。

佐倉藩は、成徳書院・順天堂を開校し、朱子学から、儒学、兵学、医学、音楽など幅広い教えを行う。佐藤泰然、木村軍太郎、西村茂樹、佐藤尚中（舜海）等多くの学者が輩出し、「西の長崎、東の佐倉」と呼ばれるようになった。

佐倉藩の成徳書院という学問所を創設、現在の千葉県立佐倉高等学校の前身となる。旧制佐倉中学校の木造校舎は、佐倉藩最後の藩主であった堀田正倫が自費で建設したもの。

千葉県下を見わたすと、庶民を対象とした教育は、寺子屋をはじめ、私塾、郷学などがあった。一般的には寺子屋は庶民の日常生活に必要な、読み書き、そろばんを教え、私塾は漢学、国学、書道、算学、裁縫などを教えたものである。江戸時代の私塾と寺子屋をあわせると安房地方で、34校。上総地方で487校。下総地方で、456校が確認されている。千葉県に於ける庶民教育は天明年間がその起こりで、天保年間にさかんになり、明治初年の学制令を迎えるのである。

特に江戸時代の庶民教育の下総国学には、平田篤胤の影響が見られる。平田篤胤の子、鉄胤は13回も下総を遊歴し門人を育てた。また、松沢村の宮負定雄による農業を中心とした庶民教育も特筆されよう。「芋堀名主」と自称しただけに農業教育に専念したことも特筆されよう。この宮負定雄が庶民教育に使った、たくさんの和本や和机などは、千葉県立中央図書館に全て寄贈されている。

（久保木良）

房総を詠んだ俳句

房総と俳句

　房総の山村の元日は、男たちの早起き競争から始まる。どこかの家の雨戸を繰る音を聞きつけると、どの家も遅れてはならじと、それに続くから、建て付けの悪い雨戸のガラガラドンという音がしばらくは集落のあちこちから聞こえて来たものである。

　それは、正月の三が日の朝だけは、すべての仕事を男たちがやる習わしだったからだ。若水をくみ、かまどや囲炉裏に火を起こし、雑煮を作り、お茶の用意が出来ると女たちは起きて来る。おそらくその由来には、神前に供える物は男性が作るという信仰があったのであろう。そして、三が日の朝だけは、いつのころからか女性は解放されていたのであった。

　ところで、その雑煮の作り方にはかなりの地域差があって、興味深い。市原市の山村では、丸餅を釜で煮て、すまし汁に入れる。具は菜と里芋ぐらいで、とても淡白である。その上に九十九里浜沿岸の一宮川や南白亀川で採れたアオノリをもんで振りかける。

　童歌に「お正月はいいもんだ　油のような酒飲んで　鏡のような餅食って　雪のような飯食って～」とあるが、今ではごく普通の食べ物が、かつては最高の食生活であった。

　振りかけにも地域差があって、北総では大根の干し葉、東京湾沿岸では南房の磯で採れるハバを使う。

　　初日さす磯なり波のあらひつつ　　秋桜子

　鴨川市太海海岸の画家の宿として名高い「江沢館」にて著名な画家の色紙200枚ほどが展示されている中に、この俳人の色紙もつつましく仲間入りをしている。

　また、野間仁根のヒラメの色紙もあり、「秋海のはるけきにいたり釣小舟」が添えられている。

　江戸時代からわが房総は、俳句の風土として定着していた。

　小林一茶は松戸市馬橋の油屋に奉公して俳諧を覚えたという。

　　朝顔の花もきのふのきのふ哉

　富津市の愛弟子織本花嬌への追悼句である。

　原石鼎の代表句は富津の鹿野山山頂での

　　頂上や殊に野菊の吹かれ居り

　また、富安風生の市川市真間の弘法寺の句碑

　　まさをなる空よりしだれざくらかな

　そして、市川市在住の能村登四郎には

　　もう闇がそこに来てゐる飾り柚子

　などなど挙げれば切りがない。

房総を詠んだ俳人たち

　永遠の文学青年中村草田男には南房野島崎、九十九里海岸、犬吠岬の３カ所で誦んだ句が多い。

　　夏草や野島ヶ崎は波ばかり　　草田男
　　夏芝やこごみかげんに海女通る

　房総半島の最南端の白浜の灯台は、南国の陽光の中にくっきりと立つ。このあたりは漁場としても好いし、春から秋にかけては、海女たちが潜ってアワビ・サザエをとる。かなりの稼ぎとなるので海女たちの鼻息は荒い。男まさりの風土とも言えよう。

　　冬海や落花のごとく鴎浮く
　　灯台の寒冷光はやや黄ざせり

　銚子の犬吠岬は荒波の名所であり、江戸俳諧に「ほととぎす銚子は国のとっぱずれ」とあるように日本列島の最も東端、異郷の地をかつてはイメージしたのであろう。

　　冬浜を一川の紺裁ち裂ける

　九十九里浜を川口とする川が、果てもなく長い浜を裁っている情景を紺の色彩でもって歯切

れよく描いている。みごとという他はない。

　　頬被り渡舟の席の坐り沢（つや）

　一宮川には今も夏の間は川を上下する町営の船がある。40年も以前の渡舟は、おそらく手こぎであったろう。この川口近くの一宮館には、竜之介と久米正雄が泊ったカヤ家が、今も保存されており、句会などに使われている。

　加藤楸邨にも九十九里浜の句がある。

　　秋の風海旋車（ひとで）は燃ゆることもなし
　　　　　　　　　　　　　　　　　　　　楸邨
　　九十九里の一天曇り曼珠沙華

　戦後すぐの困窮の中での作だが、九十九里浜の広漠とした大自然に接すれば、一抹の哀愁をたたえながらも気宇壮大となる。

　秋元不死男には、房総最高の景勝地、鵜原での流灯会18句がある。魚を擬人化してユーモラスに描く。

　　流灯やねすきその子をタコ叱る　不死男
　　流灯に傘熱くして恋クラゲ

　澄んだ海は水底までも照らし出され、いろいろな魚影が幻想的に見えるのであろう。

　川端茅舎には、香取鹿島13句がある。

　　燕来ぬ伊能忠敬先生に　　　　　　　茅舎
　　踊子がさつき丸への投げテープ
　　鯉幟ポプラは雲を呼びにけり

　老いてから天文学を志し、日本地図を作った郷土の偉人忠敬先生と燕の取り合わせが、じつに快い。水郷の風土を感じさせてくれる。

　さつき丸は、東京から江戸川を上り、利根川を銚子に下る観光船であり、鉄道が引かれるまでは栄えたのである。踊子の投げテープに色気を感じる。また、利根川河畔のポプラ並木が雲を呼ぶ清新さは、今も水郷の代表的な風景である。

　石田波郷は、葛飾に在住したが、闘病生活が長く、房総を多くは詠んでいない。

　　九十九里浜南白亀川口梅雨はれぬ　波郷

　この俳人は、佐倉連隊に入営し、中国大陸に送られ発病、帰国したのであった。

　　悉く覚束なしや芋の露（入営）
　　芋の秋七番日記読み得るや

　房総は、明治以来軍事施設を多く抱え、また原野は明治から戦後にかけて入植者による開拓も盛んな地であった。

　　　　　　　　　　　　　　　　　（安藤　操）

房総の女流俳人

　千葉県出身・在住俳人の女流では、大輪の花を咲かせた織本花嬌、三橋鷹女、柴田白葉女、鈴木真砂女の4名が傑出している。

　織本花嬌　宝暦年代、富津市に生まれ、文化（1810）7年4月3日に死去。実名は園。江戸期の女流として小林一茶との交流をふかめ、俳友たち（富津連）と、旺盛な俳諧活動を示した。俳号は、師の大島蓼太にいただいたという。

　　用のない髪と思へど暑さかな
　　かた羽つつ時雨ほすなりうの夕日
　　　　　　　　　　　（富津市市役所前に句碑）

　一茶は、花嬌の死を悼んで、3回忌に追悼句「目覚しのぼたん芍薬でありしよな」を詠んでいる。

織本花嬌の句碑「かた羽つつ時雨ほすなりうの夕日」

　三橋鷹女　明治32年（1899）、成田市に生まれ、昭和47年73歳死去。本名たか子。館山の歯科医師、東謙三（俳号剣三）と結婚したことで俳句を詠みはじめる。直接には師はもたず、老うほどに自在な生命力で、奔放に表現したものが多く、異色な俳人であった。生誕100年を迎えるに際し、市民ならびに多くの賛助者によって、平成10年12月、成田山表参道にブロンズ像

三橋鷹女の句碑

が建立される。

　　夏痩せて嫌ひなものは嫌ひなり
　　鴨翔てばわれ白髪の媼とならむ
　　　　　　　　（成田高校裏門脇の墓地に句碑）

　柴田白葉女　明治39年（1906）神戸市に生まれ、昭和59年77歳死去。本名初子。東北大学在学のころから飯田蛇笏に師事し、教師を続けた。昭和27年「女性俳句」創刊にかかわり、37年「俳句女園」を主宰。高い指導性と温かな人柄をもって、女性俳句をリードした。作品は格調高く、繊細な清らかさの中に、筋金のような強さがひそんでいる。暴漢によって不慮の死をとげられた。

　　相逢ひて過去はまぼろし黒ショール
　　青き踏む円光負へるこころにて
　　　　　　（千葉市若葉区加曽利の貴船神社に句碑）

　鈴木真砂女　明治39年（1906）鴨川市に生まれ、平成15年96歳死去。本名まさ。生家は老舗旅館吉田屋。日本橋に嫁ぎ、離婚後生家に戻る。久保田万太郎に師事。32年銀座で小料理「卯波」を開店する。波瀾万丈の人生、銀座の名物女将、そして恋の句の名手で、瀬戸内寂聴の小説「いよよ華やぐ」のモデルでもある。作品は一途で、情熱がみなぎっていて、飾ることのないありのままの人生が、房総の骨太な女性を象徴している。

　　羅や人かなします恋をして
　　あるときは船より高き卯波かな
　　　　　　　　　　　（鴨川市仁右衛門島に句碑）
　　　　　　　　　　　　　　　　　（山中葛子）

仁右衛門島

房総の歳時記考

　ひと口に「房総」や、「千葉県」というのは容易だが、それを地形や自然現象、四季のうつろい、人々の習俗などから眺めてみると、かなりに多様であって、十把一からげにくくり得ないのも確かである。

「地形」から「房総」を見ると

　北方に大河利根の流れが悠久の時をたたえている。西方には江戸川と東京湾、東方には九十九里浜、南は黒潮の流れに乗り出すように南房の磯が波しぶきを上げている。

　かつて「安房・上総・下総」の3国に分かれていたが、それは、おそらく主に地形的な要因があってのことであろう。安房上総の境には、鋸山を初めとする山々がつらなっていて、人々は険しい山路をたどるか、荒波の海路を渡るしか術がなかった。また、上総と下総の境には、村田川や栗山川の流れがある。

　房総半島は、中央部に山地、北部に平野、南部は山地からすぐに海岸が迫るという特徴を持っていて、しかも、周囲が海と川であるから自ずと、自然条件に変化がある。しかも、それはかなりに異質であって、そこに住んでみないと理解しがたいものである。

　北総台地を吹き抜ける冬の空っ風と、春先の黄塵、踏むと足首までももぐる霜柱の深さなどは厳しい自然を象徴していよう。かつて、この地は野鳥の放牧地「小金牧」と「佐倉牧」の原野が手賀沼・印旛沼の周辺に広がっていた。この原野が明治と昭和に開拓され、さらに住宅地として開発される。

　上総の山間部、ことに鹿野山から養老渓谷へ、さらに清澄山にかけては、標高は300m前後にもかかわらず深山幽谷の趣がある。夏の雲海などは、海からすぐに山が直立していることによって発生するのであろう。また、山村では、猿や鹿・猪の被害に農民は困惑しているのも深山の証明である。

　海蝕の著しい屏風ヶ浦から太東岬までの海岸線「九十九浜」は、房総半島を代表する景観である。かつて、大きな漁港のなかったこの広大な砂浜では、「押っぺし」と呼ばれる光景が見

大正時代初期の「押っぺし」風景

られた。アジやイワシをとる漁船は人力によって荒波の中へと出漁し、また浜に上げられるのであった。その船を押す者たちを「押っぺし」というのである。

　内湾沿いの遠浅の海では、主に貝類や、エビ・カニ・カレイなどの底魚や、アジ・イカなどの小魚が「江戸前」として市場に出される。大都市江戸（東京）近郊の漁村は、海が埋め立てられ、工業と住宅の地となるまでは、漁業が栄えた。

　南房は、気候温暖である。嶺岡山系によって北側を閉し、山の斜面はそのまま海の岩礁へとなだれている。海には黒潮が流れ、鯨が遊泳している。

　したがって、真冬に野水仙や菜の花が咲き、霜や雪は、ほとんど降らない。

四季のうつろいから「房総」を見ると

　気候温暖で住みよい地であるというが、この半島を東西南北と中央部に分けて細かく見てみると、それぞれの地にかなりの差異と特色がある。

　それを気象と動植物によって考えてみたい。

　一般的には、わが国の四季は天文学的には次のように分けられている。
春（立春２月５日ごろ〜穀雨５月４日ごろ）
——春分３月21日ごろ
夏（立夏５月５日ごろ〜大暑８月７日ごろ）
——夏至６月22日ごろ
秋（立秋８月８日ごろ〜霜降11月７日ごろ）
——秋分９月23日ごろ
冬（立冬１月８日ごろ〜大寒２月４日ごろ）
——冬至12月22日ごろ

　これを房総半島における四季と対比してみると、春と夏は早くやって来て、秋と冬は遅くなる。しかも、それは南部ほど春と夏は早く、秋と冬は遅い。また、東京湾岸と九十九里海岸地帯と中央の山間部とでも差異が見られる。上総の山間部は、北総にかなり近いと考えられる。

　早春の訪れを知るウグイスの初鳴き日を全国的に見ると、南房と伊豆南端、それに九州西北部が、２月10日ごろであり、最も早い。

　春の華やかさを象徴するソメイヨシノの開花日を見ると、房総は３月下旬から４月上旬で、太平洋岸の各地と同列である。

　夏の風物詩ホタルの初見日は５月下旬から６月中旬で、銚子方面が６月下旬ごろで全国的にもかなり早い。

　山村に散見するヤマユリは強烈な芳香を放つ。夏の到来を確かなものとして実感する花だが、その開花日は、６月下旬から７月下旬である。

　房総の南部は、ことに春と夏との訪れは早く、北部は日本全体の平均値にやゝ近い。逆に秋と冬の訪れは遅い。

　アキアカネトンボは、秋冷とともに高地から低地へと下りて来る。

　房総では９月20日ごろから見られ出す。野原を真紅にいろどるヒガンバナも、同じころに咲き出す。

　秋の七草の一つ、ハギは９月上旬に咲き出して秋の訪れを告げる。

　雪の珍しい房総では、初雪もかなり遅いし、氷結などもあまり見られない。

　初雪を見るのは、北部で12月中旬、南部で１月10日ごろである。

　結氷は北部で12月初め、南部で12月下旬ごろである。

祭事から「房総」を考えると

　わが房総の祭事は、社寺の行事と民間に伝承される習俗の両者ともに多彩で豊富である。ただ、過疎化による地域共同体の結びつきが弱まるにしたがって、衰退の傾向にある。

神社の行事から

　房総の祭りは全国的に見てもかなり多様でよく伝承されている。

　香取神宮（佐原市）の御田植祭などの優美さ、

相浜神社（館山市）の曳船祭のユニークさ、白鳥神社（君津市）のはしご獅子舞や須賀神社（野田市）のつく舞の大胆さ、ことに夏から秋にかけて各地で行われる山車や神輿などを伴う祭りには、壮大なものが多い。

八坂神社（佐原市）の佐原ばやし、千葉神社のだらだら祭り、日吉神社（東金市）の東金ばやし、八剣八幡神社（木更津市）の木更津ばやし、日枝神社（南房総市）の白間津踊り、玉前神社（一宮町）の十二社祭り、八幡神社（館山市）の国司祭などもスケールが大きい。また東京湾岸の9社がそろう七年祭り（二宮・八王子・菊田・大原・時平・高津比咩・子安・三代王・子守神社）は、千葉・船橋・習志野・八千代市にまたがる大行事である。

また、規模はそう大きくはないが、特色のある行事も豊富である。

北総を中心に伝承される広範な行事として「おびしゃ（歩射）祭り」がある。春の訪れに大地を踏まえて的に向け弓矢を射るのは豊凶をうらない、悪霊を退散させ、豊作を祈願するためである。

駒形神社（市川市）の「にらめっこおびしゃ」や、側高神社（佐原市）の「ひげなで祭り」、さらには各地の大根で作った男根などを持って踊るおびしゃなども注目される。

飽富神社（袖ヶ浦市）の筒粥、飯香岡八幡宮（市原市）の柳楯神事、高家神社（南房総市）の包丁祭り、さらには各地の神楽なども多くの行事伝承されている。

また、各地区の獅子舞も各種の様式があり、興味深い。

寺院の行事から

わが房総には、全国的に見てもスケールの大きい寺院がいくつかある。そこには、古くからの伝承行事があり、今でも盛大に行われている。

成田山新勝寺の門前町の七カ町による「おどり花見」は神社も加わって行われる。これは、その町ごとの唱え歌で弥勒踊りをおどる。

野島崎灯台を望む（白浜町）

手古奈霊堂（市川市）や、宗吾霊堂（成田市）などの花祭り。盆行事では広済寺（横芝光町）の「鬼来迎」（鬼舞）は特筆される。東徳寺・金剛院（旭市）の「芋念仏」も興味深い。

中山法華経寺（市川市）、鹿野山神野寺（君津市）、小湊誕生寺（鴨川市）、長福寿寺（長南町）などの行事も注目される。

各地の講

房総各地で伝承される講の代表的なものは男性の「出羽三山講」、女性の「子安講」である。また、富士山（浅間様）信仰の「富士浅間参り」も各地に見られる。なお、東京湾岸に「天道念仏」の太陽信仰行事の名残もあるが、かなり衰退してしまっている。

この他、念仏講、庚申講、二十三夜講、天神講、大師講などと呼ばれる集いも、かつては毎月のように集落ごとに開かれていたのであった。

かくして、信仰心をお互いにたしかめ合い、地域共同体の絆を強めたのである。

このように見て来ると、全国的にも誇り得る多様な伝承行事を、わが房総は保持しているといえよう。

（安藤　操）

房総の書家たち

房総は江戸、東京の文化の影響を受けて多くの書家たちを輩出している。

浅見喜舟（きしゅう）（1898～1948）
群馬県出身。名は錦吾。木俣曲水に師事。漢字作家。千葉大学教授。書星会主宰。書道教育の普及につくし、多くの門人を育てる。著書多数。勲三等旭日中綬章。その書風は、品格高く流麗、あるいは雄勁、濶達にして幅広い。

石井雙石（そうせき）（1873～1971）
山武郡白里町四天木（現大網白里町）に生まれる。名は硯。篆刻家。浜村蔵六に師事。一時、札幌に住んだが、大正12年上京。昭和6年、東方書道会の設立に、参画し、役員。篆刻部の重鎮となる。その刻風は、あるいは緻密繊細に、あるいは、豪放に、幅の広さと新しさに溢れている。

板倉花巻（はなまき）（1900～1969）
長生郡豊田村（現茂原市）に生まれる。名は弥作。近藤雪竹に師事。漢字作家。長生高校で長く教鞭を取る。大成書道会主宰。豪放磊落な書風で一家を成す。競書誌「松風」発行。

小暮青風（こぐれせいふう）（1911～1996）
群馬県出身。名は貞治。鈴木翠軒に師事。現代かな作家。日展会員。万葉の歌を愛し、上毛の東歌、市川真間の歌、西行や芭蕉の日本的な詩情を好んで書く。

鈴木方鶴（ほうかく）（1918～1985）
香取郡山田町に生まれる。名は憲一。浅見喜舟・田代秋鶴・桑原翠邦に師事。漢字作家。古味と雅趣溢れ、余白には詩情のある作品を書く。30年余の歳月をかけて研究し「渡辺

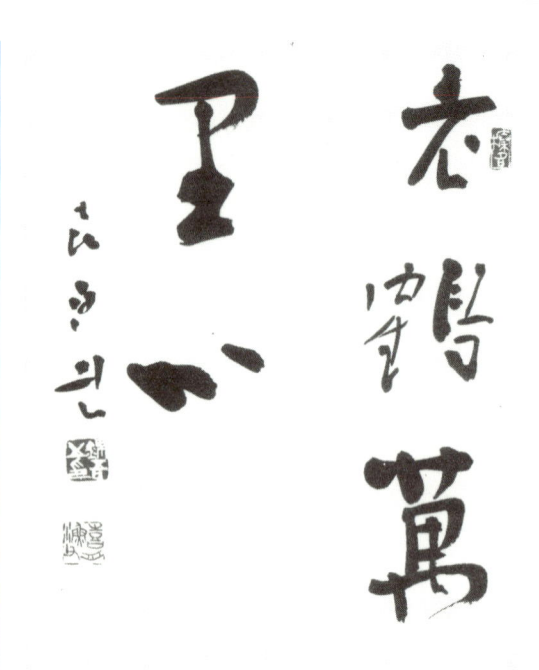

老鶴萬里心（浅見喜舟）

沙鴎作品集」を出版する。

高沢南総（なんそう）（1911～1992）
君津郡袖ヶ浦町（現袖ヶ浦市）に生まれる。名は武雄。浅見喜舟・田代秋鶴に師事。千葉大学名誉教授。漢字作家。書風は、高潔にして古雅・雄勁である。毎日書道展審査会員。
日本書道美術院理事。同審査員。県文化功

慈（鈴木方鶴）

労表彰。

種谷扇舟（たねやせんしゅう）（1914～2004）

印旛郡八街村（現八街市）に生まれる。名は、久太郎。浅見喜舟に師事。現代かな作家。

白扇書道会長。数10回にわたり訪中し、拓本を日本に紹介して日中友好に尽力する。千葉県書道協会顧問。千葉県美術会名誉会長。

童謡を愛し、童謡の書展を開催。県教育功労表彰。書風は、流麗にして闊達。

千代倉桜舟（ちよくらおうしゅう）（1912～1999）

君津郡久留里（現君津市）に生まれる。名は胖。伊藤芳雲・山口蘭渓・大沢雅休に師事。現代かな作家。毎日書道展運営委員・審査員。興亜書道連盟展かな部最高文部大臣賞。群鷗書人会会長。県文化功労表彰。書風は、濃密にして暢達。雅趣溢れる。

中村象閣（しょうかく）（1912～2001）

市原郡月出（現市原市）に生まれる。名は哲二。浅見喜舟・田代秋鶴に師事。かな作家。長年学校教育に携わる。「日高誠実遺墨集」を出版する。

書風は、典雅・優麗にして潤達。千葉県美術会・千葉県書道協会名誉会員。

柳田正斎（やなぎだせいさい）（1797～1888）

香取郡佐原村（現香取市）に生まれる。名は貞亮。江戸に出て昌平黌に学び、神田に住して儒者・書道家として名を成す。漢字作家。書は、初め趙子昂を、後に王羲之を学ぶ。書風は、穏雅な中に凛とした風骨がある。

※1　渡辺沙鴎（1863－1916）
　　名古屋に生まれる。書道の古典（古法帖）や中国近代の書を深く研究、一家を成す。

※Ⅱ　日高誠實（1836～1915）
　　宮崎県に生まれる。幕末～明治期の学者。書・画に秀れる。「梅瀬書堂」を開校。市原・君津・山武・長生・夷隅の5郡にわたり学ぶ者たちが集まった。

（鈴木森森斎）

COLUMN 浮世絵に見る房総

房総は、江戸市民にとって手軽に訪れることのできる観光地として人気があり、浮世絵や名所図などのモチーフとして採り上げられることが多かった。ここでは、特に房総と関連の深い3人の浮世絵作家を取り上げ当地との縁を簡単に紹介する。

浮世絵草創期の作家、菱川師宣（ひしかわもろのぶ）の経歴は、安房国平郡保田村（鋸南町）の出身ということと、幼い頃から絵に接し大和絵や唐絵などを独学で学び菱川流とも呼ぶべき画風を作り出したことなどが知られる程度で、多くは謎に包まれている。師宣が版下絵を制作しはじめるのは寛文12年（1672）前後である。従来の文章中心で挿絵は添え物という様式を改め、絵を見開き全体に大きく取り入れ、文章は上部に挿入するという「頭書形式」を考案した。さらに挿絵を版本から独立させ一枚摺大判版画を創始するとともに多くの肉筆画を制作し、江戸好みの粋でおおらかな画風は「浮世絵」と呼ばれ江戸庶民に大いに支持されるようになった。注目すべきなのは、師宣は落款に「房陽」「房国」の文字を冠し、房州生まれを誇示する意識が見られる点である。世に出る前の房州での修行時代が師宣の画業に与えた影響が大きいことを物語るのであろ

う。ところが、師宣は、房総の風景をモチーフとする作品を残しておらず、房総が浮世絵に頻繁に採り上げられるようになるのは、文政期以降、葛飾北斎の《富嶽三十六景》や歌川広重の《六十余州名所図会》などのシリーズ版行を待たねばならなかった。

北斎は、生涯で3回房総を訪れている。①文化3年（1806）、②天保5～6年の間（1834～35）、③天保11年（1840）の3回である。①は、5～8月にかけておよそ2カ月間、上総国望陀郡長須賀村（木更津市）の名主水野清右衛門家に滞在し、同村の日枝神社に奉納した大絵馬「富士の巻狩り図」を制作した。②の旅による取材成果は、天保5～6年にかけて刊行された「富嶽百景」の作品に反映されている。一つは同書初編の《袖ヶ浦》この袖ヶ浦は、木更津近辺の海岸を指す広域地名である。二編の《武辺の不二》には30年前に長須賀の日枝神社に奉納した絵馬とほぼ同じモチーフ

で細部の類似が見られる。三編の《貴家別荘　砂村の不二》砂村は木更津市高柳の旧名であるという。③の旅は北斎が81歳の時に刊行した《唐土一覧図》という鳥瞰図に「総房旅客　画狂老人卍　齢八十一」と署名があり、この時も房総各地を旅したことが知られている。北斎にとって最初の本格的風景版画である『富嶽三十六景』は、①の旅の後に刊行されたので、旅のスケッチを元に制作した作品があると思われる。房総関係では《上総ノ海路》、《登戸浦》がある。

風景画を得意とした広重は、生涯2度にわたって房総を旅している。最初は天保15年（1844）の晩春7日間ほどで上総国の鹿野山を訪れた小旅行。2度目は、嘉永5年（1852）2月25日に江戸を発ち、鹿野山を経て29日に小湊の誕生寺を参詣し、3月1日に清澄寺を訪れ房州の太平洋岸から内房へ廻り那古、勝山、保田、鋸山に遊び、4月8日に江戸に帰った。この2度目の房総旅行の翌年から制作が始まるのが『六十余州名所図会』で、このシリーズ中《安房小湊内浦》に旅の成果が現れている。山間から急に視界が開けた先に小湊の集落や内浦湾が見渡せる構図は、実際にその場を訪れた作者による臨場感あふれる作品に仕上がっている。また、同シリーズ中の《下総銚子の浜外浦》も広重が現地を訪れて写生した可能性が高いとされている。このほか、広重晩年の安政5年（1858）刊行の「山海見立相撲」（20枚揃い）には、《安房清住山》《安房小湊》《上総鹿埜山》《上総木更津》などの作品があり、先の房総旅行時のスケッチが生かされた作品が見られる。

（高橋　覚）

COLUMN 「波の伊八」の作品と影響

19世紀後半に西欧でおこったジャポニズム、いわゆる日本趣味の中心をなしたのが、浮世絵版画です。それは単に日本趣味に終わらないで、ゴッホ・セザンヌなど印象派の画家たちに多大なインパクトを与えました。なかでも葛飾北斎の「富嶽三十六景」の「神奈川沖浪裏」は鮮烈でした。

一方、ドビュッシーは「神奈川沖浪裏」から霊感を得て、交響詩「ラメール」（海）を作曲し、クールベは数枚の「怒涛図」を描いたといわれます。

これほどまでに世界的な影響を及ぼした北斎ですが、代表作となった「神奈川沖浪裏」が、房総の"波の伊八"の欄間彫刻の影響を大きく受けているとのことです。

波の伊八は、本名を「武志伊八郎信由」といって、宝暦元年（1751）いまの鴨川市打墨に生まれました。それから5代約200年にわたって「伊八」を称し、彫物師を業として活躍します。

特に初代信由は、「関東へ行ったら波を彫るな」と関西の彫物師に言われたほど、波の彫刻で名人芸を発揮したのです。

いすみ市荻原の行元寺客殿の欄間は初代伊八の手になり、「波の伊八」の異名を生んだとされています。そこには波がまさに今崩れんとするその一瞬を、みごとに彫物として表現しています。それまでの波図は真正面から沖を眺めた波しかなかったのを、伊八は馬に乗って海に入り、波を横から見て表現したことです。

さらに言えることは、北斎が大成されたとされている写実的な画法を、伊八はそれより22年も前に陰影法や遠近法を用いて完成したことにあります。「波に宝珠」「波に朝日と鶴」を見ると、「神奈川沖浪裏」によく似ている構図だとわかります。

また北斎との関係を考えさせられる、五楽院等随が描いた杉戸絵「土岐の鷹」と「十六善神」の仏画が存在します。等随は堤等琳の弟子で、北斎もこの等琳に入門したとのことです。行元寺と深い関係がある、太東岬和泉の飯縄寺本堂の天井画、「竜」「花」の絵は堤等琳の作になります。

飯縄寺には初代伊八の「波と飛竜」「牛若丸と天狗」の大作もあって堤等琳・北斎・等随・伊八の関係がしのばれます。さらに言えることは、北斎の「神奈川沖浪裏」の浪は外房の波だと見受けられる点にあります。

伊八の生地、鴨川市広場の鏡忍寺に「恵比寿の舞」や「海仙図」、粟斗の薬王院に「竜虎の図」大山寺向拝に「雲竜・波」のほか、各地に名作を残しています。最後の作ともいえる、長南町千田称念寺の本堂欄間の「波と竜三態」は、波の躍動感と竜の生々しい肉づき、見る者をにらみつける眼の力に、身ぶるいがする、伊八の集大成といえる畢生の大作です。

二代は武志伊八郎信常で、藻原寺（茂原市）の向拝虹梁上の竜をはじめ、成就院（睦沢町）清澄寺・満光院（鴨川市）などに名作をのこしています。三代は武志伊八郎信秘といい、幕末から明治の大変革の時代を生き抜きました。「波に竜」「波に犀」「波に鯉」を得意とし、四代信明の代となると、「彫工」の肩書きから「彫刻師」を多く用い、一生の大半は柴又の題経寺で仕事をしています。五代は信月といい、題経寺の信明のもとに呼ばれ、名作を共にしました。鴨川の永明寺や西蓮寺等の向拝に、また大黒天などの像を制作して、昭和29年に64歳で他界しました。この五代信月をもって武志流の技を受け継ぐものがいなく、終りを告げたのです。

いずれにしても初代伊八の作は、天下一にふさわしい房総が生んだ大彫工で、代々すぐれた作を残したことは、大きな名誉です。

（市原淳田）

第三章●民俗・文化

房総を描いた画家たち 絵の中の房総

はじめに（写生地房総）

近代美術史上で房総の果たした役割は重要です。房総の地は内湾と外洋の変化に富んだ海、坂東太郎の利根川などの河川、印旛沼や手賀沼などの湖沼、そして緑豊な照葉樹林のある房総丘陵など、自然に恵まれています。

明治以前、**渡辺崋山**の四州真景図をはじめ**北斎**、**広重**、**歌麿**などの浮世絵師が房総各地の名所を描いています。房総を写生地として多くの画家が訪れています。本項では、明治以降の写生地房総に焦点を合わせました。

現在、残されている作品や資料から西洋画の視点で房総を描いた最も古い作品は、**浅井忠**（1856～1907）の明治11年頃のスケッチ「印旛沼」や、翌12年佐倉から銚子、筑波の旅「筑波日記」にある銚子海鹿島などの挿絵です。明治20年代、30年代にも白浜や鴨川など南房総で制作しておりそれらの多くは千葉県立美術館に保管されています。

明治になり、国が明治9年に工部美術学校を開設して西洋美術を導入。明治22年には欧化主義への反動もあり日本美術を中心に東京美術学校（現・東京芸術大学）が開設したこともあり、多くの美術家を養成しました。また明治の早い時期に東京と館山を結ぶ航路やその後の鉄道の発達もあり、南房総に画家がたくさん訪れるようになり、素晴らしい房総の風景が画家たちの心をとらえました。

明治22年の第1回明治美術会展に**原田直次郎**（1863～1899）作「房総明鐘崎」（鋸南町）を出品。明治30年の**渡辺幽香**（1857～1942）作「房州鋸山」、30～31年にかけての**五姓田義松**（1855～1915）作「金谷芝崎の夕陽」（富津市）など数点を描き鋸山と東京湾、富士山の見えるこの周辺の景観が洋画家に好まれていたことがわかります。

この房総の地で明治30年に、近代洋画の先駆者・**浅井忠**や黒田清輝らが同じ宿で正月ともに写生しています。黒田清輝「大原海岸」浅井忠「冬」などを描いています。同じ時、同じ場所を描いていて、しかも作風の明瞭な違いは大変に面白いことです。明治ロマン主義絵画を代表する青木繁、昭和を代表する**安井曽太郎**などの洋画家。**東山魁夷**や杉山寧などの日本画家、カラー・メゾチントで知られる世界の**浜口陽三**などの版画家。房総を訪れて、素晴らしい作品を描いた画家は枚挙すればきりがないほどです。

本稿では、美しい房総とそれをとらえた明治・大正・昭和の画家と作品の一端を紹介し、房総の魅力を再発見します。

東葛飾・江戸川沿いに

石井柏亭「野田」（大正6・木版画）は、松本市の日本民俗資料館所蔵。絵・彫り・刷りを画家が一人で行う創作版画運動の作品で「景版画・下総」の連作の一つ。川のあるのどかな田園風景が広がる作品です。

浦安を描いた**富取風堂**「朝光（葛飾二題の内 浦安）」（昭和6・日本画）は、戦前の古き良き葛飾が描かれた作品。千葉県立美術館所蔵。東京・日本橋生まれの画家が、関東大震災以後の変貌する東京から大正12年以来、昭和58年に90歳で逝去するまで、永く市川市に住み、身近で親しみのある葛飾の風景を愛し、早朝の港に白い帆が船溜りある風景はもう二度と見られません。絵の中の房総です。県庁近くの千葉県文書館ロビーに本作品を拡大した陶板画が見ることができます。第回18回院展出品作で2点対で出品しもう一つ「薄暮（葛飾二題の内 中川）」は、東京・上野の

横山大観記念館に所蔵。いずれ両方を並べて鑑賞できる日を楽しみに。

同じく石井柏亭「真間の入り江」（明治37・水彩画）は、千葉県立美術館所蔵。透明水彩で真間川の橋にたたずむ着物姿の女性の憂いに真間の手児奈の伝説がしのばれる清楚な作品です。柏亭は浅井忠の弟子で、祖父鈴木鵞湖は船橋市出身、父石井鼎湖は日本画家で浅井忠の友人。

内湾・東京湾沿いに

ジョルジュ・ビゴー「稲毛村のわがアトリエ」（明治25～30・油彩画）のほか同時期の「稲毛の夕焼け」「稲毛の女漁師と子ども」など計6点を千葉県立美術館が所蔵。フランスの画家・版画家。明治25年から5年間稲毛の浅間神社の杜近くにアトリエを構え、この時期の作品。江戸の面影を残す海浜風景には海中に赤い鳥居が描かれ、国道14号線も、埋め立て地の団地群もない。東京湾の原風景がここにあります。

東京湾を南下して君津市と富津市の境にある鹿野山は日本画家東山魁夷の風景画開眼の舞台です。

昭和21年冬、日本画家東山魁夷が「何日分かの米と水彩絵の具の入ったリュックサックに詰めて背負い、画板をかかえて佐貫駅から鹿野山への山路を歩いて行きました」。山頂の神野寺で数日過ごすうち、今まさに暮れようとする九十九谷の壮大な自然と、かつて歩いた甲信や上越の山々の情景が重なり合い、壮大な構想となって東山魁夷の出世作であり代表作でもある「残照」（昭和22・日本画）は生まれました。戦後肉親を全て亡くし、日展の第1回にも落選し失意の底から見た光の作品です。

東山魁夷の「晩照」（昭和29・日本画）は「残照」から7年後の作品で「私は千葉県の風景によって描いた作品が数点あるが、その中で『残照』とともに重要な意義を持っているのは『晩照』である」という。この作品は、浜金谷の海岸から見た鋸山がモデル。この作品も「残照」と同様に夕陽を浴びた鋸山を前に突然東山魁夷の眼前に「深い山の中の暗い湖をひかえて聳え立つ岩山を仰いでいた」夕影が山全体を覆う、荘厳なひとときとらえた。第1回毎日現代美術展で受賞。両作品とも東京国立近代美術館所蔵となった。市川市に住んだ。

鋸山上から安房にかけて俯瞰した**椿貞雄**「鋸山からみた房総半島」（昭和23・油彩画）は、高い水平線の東洋画を想わせる。眼下に東京湾を望み、近景には保田港、勝山港の海浜と村落を配したパノラマ風に展開している。有名な岸田劉生の一番弟子であり、船橋市に住んだ。

房州館山・鴨川を太平洋側へ

館山の内房を代表するのは中村彝（なかむらつね）の「海辺の村」（別名「白壁の家」・明治43・油彩画）は館山市布良に取材の第4回文展（文部省美術展覧会）の受賞作。前年の白浜を描いた「巌」（明治42・油彩画）の文展褒状につづく栄誉を得た中村彝の出世作となった作品。明治33年の夏、肺を病んでいた中村彝は、療養を兼ねて布良に滞在し、この一点のために3カ月を費した。

何気ない漁村のナマコ壁の漁倉にかかる陽光の明暗、くっきり強調された印象派風の力強い画面。美しい色彩の階調の写実的作品で彝の初期の代表作である。

37歳で夭折した画家の明るく健康的な一時期が布良だったのである。「海辺の村」は東京国立博物館、「巌」は宮内庁が所蔵している。

佐倉藩士で本県を代表する洋画家・浅井忠の「漁婦」（明治30・油彩画）は白浜の根本海岸に取材した作品。浅井忠は明治29年暮れから翌30年正月にかけ房州へ写生旅行に来ています。この作品は千葉県立美術館の所蔵です

「漁婦」浅井忠

が、同館所蔵の浅井忠のスケッチブックにはこの時の「房州白浜」「白浜風景」など数点が日付とサイン記入であります。実に生き生きと海岸風景が描かれています。

3月の房総は花咲き乱れ花盛りです。**奥田元宋**の「花ひらく南房」（昭和29・日本画）は、春真っ盛りの和田町江見地区の集団化した花畑を描いた作品。館山経由の車窓からみた花畑に感動し、奥田元宋は、引き返して写生した。花畑の色の帯びと防風林、早春の海と空、色彩あふれるこの作品は戦後日本の転換期に描かれ、まだビニールハウスが出現する前の露地切花が中心の時代。後に日展理事となるが、当時は、疎開先から東京にもどり、千葉県の松戸に住んでいた奥田元宋の苦闘時代の作品である。

杉山寧「磯」（昭和7・日本画）は、23歳の作品で帝展（帝国美術院展）出品作。東京美術学校の同級生**浦田正夫**らと鴨川の太海海岸あたりを写生旅行した際の光景を題材に漁村の少女たちを描いた。

鴨川の太海海岸（旧称・波太海岸）は、変化に富んだ岩礁地帯で、幾多の画家が写生に来ており、多くの名画が誕生している。画家の間では「西の波切か東の波太」と呼ばれている。鴨川と三重県大王崎の波切は、海景のメッカである。

この太海浜に造船業だった家が、明治期から画家を宿泊させているうちに、大正初期から現在まで100年以上の歴史の「画家の宿・江澤館」。ここを舞台に名作が誕生している。

浅井忠の京都時代の弟子でもある安井曽太郎「外房風景」（昭和6・油彩画）は、目の前に仁右衛門島への渡し口にある江澤館の4階の一室で描かれた。その北側の出窓からみた眺望を横長の画面に描いたヨーロッパ留学から帰国し永いスランプを抜け出し日本人の洋画を確立した記念碑的作品である。安井の代表作。倉敷の大原美術館の所蔵。

浅井忠の先ほどのスケッチブックには、「浪太村」「房州前原駅海岸」「小湊村」などもある。

勝浦から銚子へ

館山から勝浦へ続く海岸線は岩礁地帯が多い。遠くそびえるのは勝浦灯台。リアス式海岸の続く鵜原で制作した安井曽太郎「鵜原風景」（昭和10・油彩画）は、先ほどの「外房風景」と並ぶ風景画の代表作である。風の強い、足場の悪い野外での制作。「しかし、そこから見た景色は、実にすばらしいもので、明るい調子の崖と紺碧の大洋の取合せが美しかった」と安井は回想している。

御宿も多くの画家に描かれている。浜辺と漁船を描いた浅井忠「房総御宿海岸」（明治32・油彩画）、現在よりももっと広がる砂丘地帯の真昼の風景を描いた**戸張孤雁**「御宿の浜」（大正11・木版画）北海道立美術館所蔵、大正元年夏の御宿旅行で外光あふれる木陰の海女を描いた**坂本繁二郎**「魚を持って生きた海女」（大正2・油彩画）、御宿の海に漕ぎ出でる若い海女の群像の健康美を描いた**若木山**（わかぎたかし）「波上海女図」（昭和28・日本画<屏風>）千葉県立美術館所蔵などがすぐに浮かぶ。

大原海岸では明治30年元旦の「黒田清輝日記」には、「十時過ギニ為ツてから、例の如く三人で画をかきニ浜の方に出て一枚やつて一時過ぎに宿屋に帰つて来た。すると浅井君と

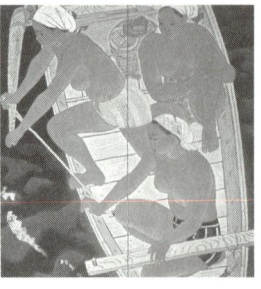

「波上海女図」若木山

高島君がニューッと立っていたのニ驚いた」と書き、その夜は楽しい宴を催している。明治洋画を代表する明治美術会の浅井忠と白馬会の黒田清輝が偶然にも写生旅行先の宿で偶然の出会い、しかも、仲良く一緒に写生をしている。明治洋画壇を二分するリーダー同士だが、人間的な交遊の歴史的場所が房総であるというのも忘れられない。

この時八幡岬で同じ場所を描いたのが、印象派風の紫派の黒田清輝「大原海岸」(明治30・油彩画)であり、一方浅井忠の「冬」(明治30・油彩画)は、茶色の脂派という当時の二人の違いが際立っていて面白い。大原を描いた絵には他にも**不破章**「大原」(昭和42・水彩画)の連作もある。

銚子は、犬吠埼灯台はじめ多くの海景の舞台。**藤島武二**「犬吠岬の灯台」(昭和15・油彩画)、**児島善三郎**「燈台」(昭和28・油彩画)、**小山周次**「銚子犬吠崎」(昭和36・水彩画)など。海鹿島を描いた**小川芋銭**「海島秋来」(昭和7・日本画)、銚子犬若の避暑地を描いた**森田恒友**「房州風景」(大正2・油彩画)、岩に砕け散る波濤と静かな水溜まりの対比に**吉岡堅二**「濤」(昭和14・日本画)、銚子の荒れ狂う嵐の海を幅約3メートルで描いた**前田寛治**「海」(大正期?・油彩画)、不破章「銚子戸川」(昭和40・水彩画)などである。

利根川から成田・佐倉(印旛沼)へ

利根川は、北総の象徴である。江戸から物資と文化を行き来する動脈でもあった。川の落ち口銚子の醤油は漁業の町。佐原は、小江戸で江戸の面影と風格のある町である。油彩画とともに水彩画もよくした**山本不二夫**の川岸で絵を描く少女を描いた「美しき佐原河口」(昭和15・水彩画)や佐原に近い水郷・潮来に取材の**竹内栖鳳**「潮来小暑」(昭和5・日本画)はを想わせる日本の風土円山四条派を学びヨーロッパでターナーに学び、新時代的表現で新風を起こした。

堀江正章「耕地整理図」(明治34～35・油彩画)は、明治時代の香取郡多古町における大規模な耕地整理の状況を描き、第5回全国勧業博覧会出品作と言われている。堀江正章は黒田清輝がフランスより外光派(印象派)を移入する前に三原色を用いて明るい画風で指導して後の東京美術学校長の**岡田三郎助**らを育てた。故あって旧制千葉中学校の図画教師として優れた画家を育て後進の指導をした画家である。

成田市は成田不動尊や成田空港で知られる日本の空の玄関である。以前は皇室の御料牧場があり、広大な牧に駿馬が躍動する馬の群れがたくましく描かれている。二度と見られない光景である。

最後に佐倉市の印旛沼。浅井忠「印旛沼」(明治11頃・素描スケッチ)は、日本で最初の工部美術学校の教師アントニオ・フォンタネージが帰国し、浅井忠たちが同校を退学した頃の作品。小品だが洋画家の眼が捉えた千葉県の風景画としては最も古いものだと想われる貴重な作品である。

おわりに

本稿で取り上げた画家と作品はほんのごく一部です。この外にも素晴らしい作品がたくさんあります。また、今日も生まれています。皆さんの眼でどうぞ発掘してください。写生地房総の美は私たちの誇りです。　　(米田耕司)

第三章●民俗・文化

千葉県を訪れた作家

市川・松戸・船橋・浦安・習志野

　大正9年に京成電車に乗り市川で降りて江戸川べりを、同人誌の呼称を考え、気炎を上げて歩いた男たちが、第6次『新思潮』を刊行する**川端康成、今東光**たちです。江戸川に架かる旧市川橋は三島由紀夫の「遠乗会」の舞台。橋の黒い鉄骨の倨傲な聳え方、騒々しい行き交いとは対照的な、江戸川の悲哀を湛えた朝の河原が描写されています。

　戦後間もなく、66歳で市川市菅野に移り住んだ**永井荷風**は、「大雨の際河川汎濫の事なきや否や」と、土地の地形を『断腸亭日乗』で憂慮しています。昭和30年代に実際に河川の氾濫があり、そのとき荷風は小岩まで見に行きました。市川は伊藤左千夫の『野菊の墓』の舞台で、松戸の矢切の渡しは別れの名場面に用いられています。野菊の墓の文学碑が下矢切の西蓮寺の境内にあります。

　永井荷風は、日の出学園に近い菅野の借家をかわきりに、小西茂也邸、昭和学園付近と住居を替え、四番目に京成八幡駅近く八幡4丁目1228番地に新築して住み、80歳で亡くなりました。背広に蝶ネクタイ、下駄履きにこうもり傘、買い物カゴ姿の<荷風スタイル>が有名となり、ケチ生活、炊き込みご飯の独身自炊生活と多くの話題をふりまきました。荷風宅には川端康成、**中村光夫、林芙美子、堀口大学**や、森鴎外の遺児の**森於菟・類・小堀杏奴**が訪れており、また**谷崎潤一郎**と市川真間の料亭「掬水」で対談をしています。

　荷風とほぼ同時期に菅野に借家住まいしたのが『五重塔』の作者・**幸田露伴**と、娘・**幸田文**、孫の玉（**青木玉**）です。臥したきりの80歳の露伴の口述筆記をしたのが中山に住んでいた塩谷賛。岩波書店の小林勇がたびたび見舞い、**山本有三**も訪問。菅野が露伴の終焉の地となりました。幸田文は「終焉」「菅野の記」などに露伴の思い出を執筆し、小説家としてスタートして行きます。青木玉は『小石川の家』に菅野の思い出を執筆。

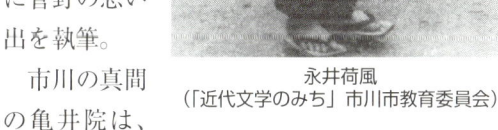

　市川の真間の亀井院は、**北原白秋**が章子夫人と住んだところ。二人は小岩に移りますが、小岩の住居「紫烟草舎」は現在、国府台の里見公園内に移築されています。里見公園、手児奈堂は多くの文人が訪れ、桜土手には露伴・荷風など板碑が並んでいます。国立国府台病院には**島尾敏雄**の妻・**島尾ミホ**が神経衰弱で入院し、敏雄も付添って入院した病院。友人の**吉行淳之介**や**安岡章太郎**、**庄野潤三**らが見舞いに訪れました。

　JR船橋駅から海老川を越えた京成電鉄沿いの宮本1-12-9には、太宰治の旧居跡の碑があります。昭和10年7月から翌11年10月まで、小山初代と共に住んだ借家跡で、太宰が好んで庭に植えた夾竹桃は、船橋市市民文化ホール前に移植され、石碑に「十五年間」からとった文章が刻まれています。小説集『晩年』を出版。太宰は薬中毒に陥っていて、改築の際、船橋市教育委員会が庭を掘ったところ、アンプルが続々出てきた話が伝わっています。同時期に、市役所に

永井荷風
（「近代文学のみち」市川市教育委員会）

69

近い「三田浜楽園」を川端康成は仕事部屋として用いていました。「舞姫の暦」を執筆。康成の宿泊部屋や執筆した茶室が今も残っています。「玉川旅館」は太宰治の宿泊した旅館。又宮本1-1にある海老名邸は、戦後石川淳が仮寓していました。

　山本周五郎は、昭和3年8月から翌年までを旧浦安の当代島の一軒家で過ごし、『青べか物語』の舞台となりました。蒸気河岸で営業している「吉野屋」は、小説では「千本」の名で登場しています。名子役の「長」少年は「吉野屋」の子息がモデル。浦安市郷土博物館内には、てんぷらの「天鉄」を始め、周五郎ゆかりの旧浦安が移転・再現されています。

　習志野自衛隊第一空挺団には、訓練のため三島由紀夫が体験入隊したこともあります。

佐倉・成田・千葉・五井

　軍医だった森鴎外は佐倉をたびたび訪れ「泉屋」に宿泊。その佐倉に島尾敏雄が病妻や子らとともに、海隣寺に近い並木町の借家に移住したのは、昭和30年4月のこと。『死の棘』の第10章「日を繋けて」はその当時をモデルに描かれています。

　新勝寺経営の成田高校は**笹川臨風、青木（井本）健作、中野好夫、唐木順三、木村荘太、中山義秀**など多くの著名文人が教鞭を執った学校として知られています。明治41年、成田中学校（現成田高校）の教頭に赴任したのが、「赤い鳥」運動で有名となる**鈴木三重吉**。下宿先が決まるまで門前の「田中屋」に荷を解き、「吾妻屋」に住んでいた時期もあります。成田山公園内の義秀文学碑には「野の花にも美しさはある」の文字が刻まれています。

　千葉大学病院に**高見順**が癌で入院し、川端康成が見舞いに訪れています。稲毛の額田放射線研究所も高見順の入院先。千葉寺に近い中村古峡病院には、昭和12年に**中原中也**が神経衰弱で入院したことがあります。**中村古峡**は夏目漱石の弟子で小説を執筆したこともある人物。平成12年に中也直筆の「病養日誌」が新たに見つかり話題となりました。その中に書かれている「丘の上さあがって」ではじまる俗謡には、当時緑の丸屋根で有名だった千葉県庁が歌われ、その俗謡の碑が中村古峡病院に飾られています。千葉の繁華街にあった映画館に太宰治は梨をもって入ったことが井伏鱒二宛の手紙に書かれています。

　千葉の銀座通りにあったギンレスをモデルに描いた**庄野潤三**の『流れ藻』には、千葉神社、千葉公園、千葉駅、松ヶ丘商店街など千葉市ゆかりの地名が書かれています。取材にあたっては京成千葉中央駅の京成ホテルに滞在しました。

　幕張育ちの**椎名誠**は『犬の系譜』で少年時代を描いています。幕張中学校、市立千葉高校の出身。高校の機関紙『結晶』『瑠璃』に執筆しています。『本の雑誌』でおなじみの**沢野ひとし**は高校時代の友人で、**木村晋介**は沢野の友人。三人は学生時代から「まくじゃの会」のメンバーとして活躍し、「幕張じゃーなる」を出版していました。青春文学『哀愁の町に霧がふるのだ』は、学友達と小岩に住んだ頃の実話に基づいて描かれています。

　『恋忘れ草』で直木賞を受賞する**北原亞以子**は県立千葉二高（千葉女子高校）の出身。千葉商業高校付近を舞台にした「ママは知らなかったのよ」で新潮新人賞を、「粉雪舞う」で小説現代新人賞を受賞し、文壇にデビュー。現在は新柏に在住。

　稲毛海水浴場の「海氣館」（現在の千葉市民ギャラリーの一部にあった）は**田山花袋、徳田秋声、林芙美子**など文人の訪れた旅館として知られています。**島崎藤村**は「海氣館」で執筆中に妻・冬のお産の電報を受けとり、急ぎ自宅に戻るが、産後の経過が悪く冬は死亡。失意の藤村は、その後、稲毛を訪れることはありませんでした。林芙美子が泊まったのはシーズン外れで、さびれた風景が『追憶』『女の日記』に書

かれています。

五井駅から歩六分の平田1176番地にある桜丘幼稚園は、『叛乱』で直木賞を受賞した、**立野信之**の農家だった生家を改造したもの。頑丈な柱や横木が今も幼稚園の大広間を支えています。五井尋常高等小学校卒業後、私立南総学校(市原高校の前身)へと進学し、『戦旗』の編集長、ナップ書記長として活躍。八幡宿駅前の飯香岡八幡宮には、『初恋』の一文が刻まれた石碑が建っています。**小林多喜二**とも深い交流があり、監獄での拷問で死んだ小林の死体を引き取ったのも信之で、『小林多喜二の死』では拷問の傷跡を生々しく伝えています。

木更津・富津・保田・白浜・小湊・太海

木更津の「狸ばやし」で有名な証誠寺の近くに、**三島由紀夫**の『青の時代』のモデルになった人物の実家が「山崎公園」として残っています。又木更津港で林芙美子は、**有吉佐和子**らと舟遊びを楽しみました。

富津市小久保には島崎藤村が教師をしていた明治女学院の寮がありました。藤村は舟で小久保に渡り、小久保から冬の山道を人津小湊まで歩き誕生寺を見学しています。当時は明治女学院の生徒であり、のちに妻となる冬子を見初めたのもこの海岸でした。

富津市竹岡には高校生時代の**堀辰雄**が訪れ、友人・内海弘・章兄弟の海の家に宿泊しました。兄弟の妹に恋心を抱き、その恋が小説家・辰雄を生み出しました。竹岡の思い出は『麦藁帽子』に描かれています。保田の海岸で、**夏目漱石**は明治22年、学生時代に学友たちとひと夏をすごし、鋸山に登り日本寺を見物、天津小湊で鯛の浦を見て、東金、九十九里を歩いて銚子に至り、東京に戻って漢詩漢文休紀行文「木屑録」を漱石の筆名で執筆しました。文章に漱石の筆名を用いた初めてのものです。学友の**正岡子規**は漱石の文才に舌を巻き、2年後千葉、大多喜を経て小湊に至り、保田から舟で東京に戻る句作旅行に出かけています。この旅行により「隠蓑日記」『かくれみの句集』が生まれています。正岡子規の弟子・伊藤左千夫も小湊に遊び「小湊誕生寺」を執筆しています。

鴨川の隣の太海海岸に、**庄野潤三**は家族をつれて海水浴に、毎年のようにして計9回訪れました。鴨川に住む近藤啓太郎に勧められたもので、そのたびに「吉岡旅館」に宿泊しました。「蟹」を執筆。この「吉岡旅館」は画家や**柴田錬三郎**など文人の多く泊まった旅館で、**吉行淳之介**が宮城まり子と泊まったこともあったようです。白浜に林芙美子が『めし』の執筆・取材に訪れました。上総興津は川端康成が夫人とともに静養した海。康成は「九十九里」に大網駅や白里の風景、片貝海岸、小湊を描いています。

勝浦・大原・一宮・成東

勝浦の鵜原荘に、三島由紀夫は中学生のときに家族と共に泊まりました。鵜原理想郷は『岬にての物語』の舞台となった所。この海岸でみた夏海の強烈な太陽が、その後の三島作品の数々の海の描写に影響を与えています。大原海水浴場が山本有三の『真実一路』に描かれています。

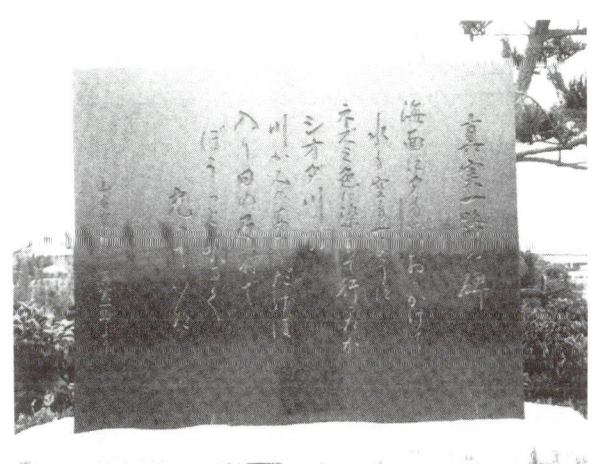

真実一路の碑

伊藤左千夫の生家（「伊藤左千夫文学アルバム」伊藤左千夫記念館）

小説中、志保田川と書かれているのが塩田川のこと。川に架けられた橋は小説にちなみ、「一路橋」と名づけられました。執筆中に滞在した「翠松館」は橋のすぐ横に位置していましたが、今は「真実一路の碑」が建っています。

大原の日在(ひあり)海岸には森鴎外の別荘・鴎荘がありました。三門駅で降り、百瀬自動車前の道を海岸に向かって歩き、河口で夷隅川が氾濫をおこして流れている近く。鴎外はこの日在のことを随想「妄想」に描きました。次女・小堀杏奴は『晩年の父』『思い出』の中で、当時のことを回想しています。死後、鴎外の三男・類が相続し建て替えられました。

林芙美子の『放浪記』には、三門駅で降り日在浜を歩く描写があります。小説では何もかも嫌になり、死にたくなって日在にやってくることになっていますが、芙美子の泊まった茶屋は鴎荘の目と鼻の先にあり、おそらく鴎荘を見にやって来たのでしょう。芙美子の泊まった茶屋は、のちに森安理文が買い取り、その後立て替えられました。

上総一宮の「一宮館」は**芥川龍之介**が、**久米正雄**とともに大正五年のひと夏を過ごした旅館です。夏目漱石から「一宮館」の二人宛に、嘱望する若者に贈る長い手紙が届いています。二人の泊まった離れがそのまま「芥川荘」として残され、「芥川龍之介文学碑」が旅館内に建てられ、毎年記念式典も行われています。又「一宮館」は芥川が、妻となる塚本文宛に求婚の手紙を書いたことでも知られ、「芥川龍之介愛の碑」が、国民宿舎の庭に建っています。

成東は伊藤左千夫の生まれた故郷で、伊藤左千夫記念館内に生家、茅場町から移築された茶室・唯真閣、歌碑があります。又伊藤左千夫記念公園には『野菊の墓』の主人公の政夫と民子の像や、左千夫の小説の文章やアララギの歌人碑などが飾られています。小説には上総の農家の仕事ぶりを描く「隣の嫁」や、千葉駅や成東駅の風景を描く「分家」、東金の八鶴湖や九十九里浜を描く「春の潮」、松尾を描く「姪子」などがあります。

銚子

島崎藤村は汽車で市川を過ぎ銚子に至り、高級旅館「大新」や犬吠埼の「暁雞館」に泊まったことを「利根川だより」に記しています。藤村は銚子からさらに蒸気船にのり、布佐でおり、対岸の布川に住む**柳田（松岡）国男**を訪ねました。又田山花袋は利根川を舞台に『渡頭』を書いています。「暁雞館」は多くの著名人の泊まった旅館で、デカダンに陥り悩んでいた**高村光太郎**が宿泊し、「犬吠の太郎」の詩を残しています。妻となる長沼智恵子と運命の出会いをしたのも「暁雞館」で、智恵子は単身高村を訪ね、意気投合した二人は翌年上高地に行き結ばれました。智恵子が病気療養をしたのが、九十九里の真亀納屋で小さな碑が建っています。国民宿舎「九十九里」の横に『智恵子抄』からとられた「千鳥と遊ぶ智恵子」の詩碑があります。

国木田独歩は銚子市の生まれ、海鹿島駅近くには大きな自然石碑が建ち、「山林に自由存す」の一節の文字が刻まれています。立野信之は国

木田の碑を見に立ち寄り利根川を遊行。草野心平や高村光太郎と交流した詩人・黄瀛は母方の故郷・八日市場育ち。黄瀛は中国人の父と日本人の母の間に生まれたハーフですが、19歳のとき『日本詩人』の入選詩が話題となり、認められ、「銚子ニテ」など名作を残しています。高村光太郎が製作した黄のブロンズ像は有名。戦後中国に渡りますが、平成8年には、銚子市新生町の中央みどり公園内に詩碑が建立され、90歳の黄瀛が来日しました。平成17年夏に死去。銚子を訪れた文人は**徳冨蘆花**を始め数多く、**佐藤春夫**は「犬吠埼旅情のうた」を詠み、**竹久夢二**「宵待草」碑は海鹿島にあり、林芙美子は日清戦争後に犬吠埼の北浜・君が浜を訪れ、碑が建っています。

佐原・柏・我孫子

吉行淳之介が結核のため佐原の山野病院に入院したのは、芥川賞候補になった昭和28年春のこと。佐原の体験を「水の畔り」に執筆しています。佐原女学校の教師をし、佐原生活をモデルにした『鬼（エンマ）』を発表した**小島信夫**の紹介でした。この時、**近藤啓太郎**が安房の亀田病院に来いと勧めますが、結果的には佐原に入院します。吉行を見舞いに安岡章太郎、庄野潤三が山野病院を訪れ、庄野はその日に帰り、安岡は病室に一泊。後に安岡はこの時の佐原の印象や、関宿、印旛沼、安食などを紀行文『利根川』に記しています。吉行が入院していた時ですが、佐原郵便局勤めの俳人香取佳津見が、郵便物の宛名から新進作家の吉行ではないかと病院を訪ね、そのことが縁で、安岡、庄野、吉行は佐原の文人たちと交流しました。香取の勧めで庄野は、香取神宮や与田浦の水生植物園を見物、香取神宮前の旅館「笹川屋」のおばあさんをモデルにした『菱川屋のおばあさん』を執筆。さらに佐原の歌人・松本静泉の仕事場の利根川下流工事事務所金江津出張所を、成田線滑河駅で降り渡舟で訪ね、松本をモデルに『葦切り』を執筆します。

柏の名門県立東葛飾高校の夜間部の英語教師として、昭和26年から10年間教鞭をとった人物が＜失神派作家＞の川上宗薫です。極度の赤面症で、生徒の前で顔を赤らめた純情派宗薫の話が伝わっています。同高校の文学部顧問として、『東葛文学』の発行にも尽力しました。部活には同高校に田畑麦彦や日沼倫太郎も現れたといいます。現在のあかね町3丁目の県営住宅に住んでいて、この住宅を当時は田畑夫人であった**佐藤愛子**や、**水上勉**が訪ねています。当時松戸の下矢切（矢切駅付近）に住んでいた水上勉は、宗薫が東京の会合に出かける日曜ごとに水上宅に寄るのを楽しみにして、風呂をわかして待ったりしました。水上の推理小説『霧と影』を河出書房に紹介し、流行作家・水上のきっかけを作ったのは宗薫です。また東葛飾高校には八木重吉が教鞭を執っていた時期もありました。

我孫子の手賀沼の畔は、白樺派の文人たちが集った所として知られ、大正3年にまず民芸家の**柳宗悦**、音楽家の兼子夫妻が現存の一樹荘の

白樺派の人たち　左から一人おいて武者小路実篤、柳宗悦、志賀直哉・康子、前列 柳兼子、武者小路房子、喜久子（白樺文学館）

地に住みつき、志賀直哉を呼び寄せ、志賀の勧めで**武者小路実篤**が船戸の森に隣接した根戸に新築してやってきました。その後、柳の邸にバーナード・リーチが陶芸窯をつくって住みます。武者小路の『或る男』には、交流の楽しさが描かれ、舟を用いて行き来し、東京から友人が訪れると舟遊びを楽しんでいます。白樺文学館近くに志賀の邸宅跡があり、邸地へ登る坂は『和解』にも描かれています。この坂を上って芥川龍之介が志賀を訪ねています。志賀の我孫子での作品は、「和解」「城の崎にて」「赤西蠣太」「小僧の神様」「真鶴」「暗夜行路（前編）」など、ほとんどの名作がこの地で生まれます。武者小路邸の庭で「新しい村」の発会式が行われ、夕日が雲に反射して沼を金色に染め、人々はその美に驚き興奮したと『或る男』に書かれています。武者小路の邸宅は補修されたものの現在も当時の間取りで残っています。手賀沼ふれあいラインの路にバーナード・リーチの碑があり、また『銀の匙』の著者中勘助が仮寓していた高島家、国際的ジャーナリスト・**杉村楚人冠**の碑も建っています。

(中谷順子)

千葉県を訪れた作家滞在地一覧

柏　八木重吉／川上宗薫／田畑麦彦／日沼倫太郎
我孫子（手賀沼）　武者小路実篤／杉村楚人冠／志賀直哉／中勘助
佐原　吉行淳之介／庄野潤三／山本有三／小島信夫
松戸（矢切）　水上 勉
市川　三島由紀夫／山本有三／川端康成／島尾敏雄
（菅野・八幡）　幸田露伴／永井荷風／幸田 文
船橋　太宰 治／石川 淳／川端康成
下総　庄野潤三
成田　鈴木三重吉／中山義秀／島尾敏雄
利根川　立野信之／安岡章太郎
徳冨蘆花／国木田独歩／佐藤春夫
習志野　三島由紀夫
幕張　椎名 誠
佐倉　立野信之／島尾敏雄
千葉　中山義秀／太宰 治／庄野潤三／高見 順
犬吠埼　林芙美子／高村光太郎
稲毛　林芙美子／北原亜以子
銚子　山本有三／夏目漱石／黄瀛
九十九里　夏目漱石／川端康成
成東　伊藤左千夫
木更津　三島由紀夫／林芙美子
市原（五井）　立野信之
一宮　芥川龍之介／久米正雄
鋸南（保田・鋸山・勝山）　夏目漱石
富津（小久保）　島崎藤村
大多喜　正岡子規
富山　夏目漱石
竹岡　堀 辰雄
大原　林芙美子／森 鴎外／小堀杏奴／山本有三／芥川龍之介
富浦　夏目漱石
館山　庄野潤三
鴨川　近藤啓太郎
（太海）　庄野潤三
勝浦（鵜原）　三島由紀夫
（上総興津）　川端康成
（白浜）　林芙美子
天津小湊　夏目漱石／川端康成／正岡子規／伊藤左千夫

「房総(千葉)学検定」要項

　房総半島は、古代より西と北との交流の接点として、また豊穣の海と大地の恵みを受けて繁栄の歩みを続けて来た。また、現代では日本有数の施設を持ち、世界に開かれた拠点でもある。しかも、農漁業から製鉄・ガス・電力まで、わが国の基幹産業の上位にほとんどが位置づいている。この千葉県の多様な魅力を歴史・文化・産業・観光・風土などと幅広く認識してもらうと共に、地域の再生と活性化に貢献する人材を育成するために「房総(千葉)学検定」を実施する。

● 後援　千葉県・千葉市・千葉県教育委員会・千葉市教育委員会・千葉県観光公社・千葉県観光協会・千葉県物産協会・県商工会議所連合会・朝日・読売・毎日・日経・産経・千葉日報・時事通信社・NHK(各千葉支局)・県ケーブルTV連絡協議会 他
● 協賛　JR東日本・近畿日本ツーリスト(各千葉支社) 他
● 事務局　〒260-0042千葉市中央区椿森3-6-3
　　NPO法人ふるさと文化研究会「房総(千葉)学検定」係　　TEL/FAX 043-252-0420
　　E-mail:chiba.hurusatobunka@cnc.jp　　http://www.furusatobunka.jp/
● 事前講習会　2006年6月9日(金)　①午前9:30・11:30　②午後1:00～3:00
　(会費500円、往復ハガキで申し込む)
● 実施日時　2006年7月15日(土)　実施時間60分

	受付	説明	テスト	受検番号
A	9:30～	9:55	10:05～11:05	1　～160
B	12:30～	12:55	13:05～14:05	161～320
C	14:35～	15:00	15:10～16:10	321～480

● 会場　第1　千葉県教育会館5階501号室(千葉市中央区中央4-13-10)
　　　　第2　花沢学園明聖高校(千葉市中央区本千葉町10-23)
● 応募受付　4月15日～6月15日(消印可)
　自宅の「住所・氏名」明記のハガキ1部(二つ折り厳禁)と、受検申込書「住所・氏名・生年月日・電話・職業等」(横書)を事務局へ送ること。※個人情報守秘は主催者に委任。
● 受検料　3,000円　※受検票到着後、郵便振替で払い込む。
　※郵便振替(00140-0-613587　千葉・ふるさと文化研究会)
　※受付次第、受検票を送る。受検票にABC(試験時刻)と会場の指定あり。
● 持ち込み資料　公式テキストブック『房総(千葉)学検定』に限り認める。
● 認定　2006年度、3級(60～69点)　2007年度、3級・2級(70～85点)
　2008年度、3級・2級・1級(86点～)検定　＊次年度に上級挑戦可
　合格認定証送付による。関係機関にボランティアガイドとして推薦。合格発表は関係機関・マスコミにも依頼。会場テストとは別にインターネットによるテストの実施(http://www.chiba-kentei.jp)

------〈キリトリ線〉------

「房総(千葉)学検定」受検申込書

第1回 検定試験　2006年7月15日(土曜日)

ふりがな　お名前	性別　男・女	生年月日　　年　月　日　(　歳)
ご住所(〒　－　)　　　　電話(　　) /FAX (　　)		
勤務先／学校名		

＊この受検申込書にご記入の上、返信用宛名明記のハガキを同封して事務局にお送り下さい。

房総の民話（昔話・伝説）

　房総各地に伝承されて来た昔話は、かなり風化が進んだり、消滅したりしていて、現在では、文献中心になるが、伝説はある程度探訪することが可能である。ここでは、地域を代表する民話（昔話・伝説）のあらすじをいくつか紹介する。

安房地域

たこの足の8本目（黒潮の流れに沿った全国各地の漁村に語り継がれている）

　浜の番人の女房が、磯を歩いていると、大波に打ち上げられた大蛸がよたよた歩いていた。つかまえて、足を1本切り取り、たこは岩穴に閉じ込めた。毎日、足を1本ずつ切り取っては家族で食べた。それで、8本目を切り取ろうとした時、沖から大波が押し寄せてきて女房をさらってしまったそうだ。

布良星（カノープス星伝説）

　冬に布良瀬の沖に赤い星が上がることがある。この星が上がると海は必ず時化るという。昔、空を飛び、海上を歩くことの出来る若い漁師がいた。出家して西春と名乗り諸国を巡って帰郷し、人々に仏法を説いた。そして、村人の極楽成仏を祈る「木食の行」の300日を終えると、「3年後に骨を拾い、お堂に置いてくれ」と言って、石室に籠り読経を続けた。
　村人たちがうっかり遺言を守らなかったところ、西春法師の魂が天に昇って星になったそうだ。だから、「西春星」とか「人足星」と呼んで「法師の恨みで時化る」と恐れている。

上総地域

くらっこ鳥（郭公の姿と鳴き声の由来を語っている。全国各地に分布しており、民俗学では「片足脚半」の題名）

　山奥の1軒家に「くら」という働き者の娘がおった。両親に死に別れて一人で田畑の仕事をしていたので村人たちは同情して、婿を世話した。それで、かわいい男の子が産まれたが、その婿（やまい）も悪い病にかかって死んでしまった。くらは、泣く泣くも毎日赤ん坊の世話をしながら働いていた。
　ある日、赤ん坊を大きな籠に寝かせ、田の畦においで草取りをしていると、大鷲がやってきて赤ん坊を捕まえて飛んで行ってしまった。くらは、「くらっ子けぇせ！くらっ子けぇせ！」と、泣き叫びながら夢中になって追いかけた。はいていたモンペも裂けて片方は脱げてしまった。そのうちに、くらは小さな鳥の姿になってしまい、今も「くらっ子けぇせ！くらっ子けぇせ！」と、のどが張り裂けそうな声で鳴きながら野山を飛び回っている。

間の良い狩人（代表的なほら話。出典、『南総の俚俗』内田邦彦　大正年間採集）

　昔。あまり腕の良くない狩人がいた。冬の早朝、鉄砲を肩にわなを見回ると大きな狐がかかっていた。狐を下げてしばらく行くと、藪の中にねぼけまなこの大狸がいたので、あわてて鉄砲を撃った。弾は当たらなかったが、狸は目を回して伸びてしまった。狩人は、喜んで山道を行ったものだからうっかり足を滑らし崖から転げ落ちそうになり、あわてて太いつるにしがみついた。それは、臼ほどもある良いものつるだったから大喜びで良いもを掘り、谷津田の上にさしかかった。
　下を見ると何千何百もの鴨が足を凍りつかせて眠っていた。その鴨どもを捕まえては、腰の帯に脚を差し込んだ。すると朝日がさして来て鴨どもが一斉に羽ばたいたものだから狩人の体が浮き上がり、鴨どもと一緒に空を

飛び始めた。目をそろうっとあけると、町の上で大きなお寺の五重塔が立っていたのでしがみついた。下では町の人たちが大騒ぎで、行灯の火口綿を敷いてくれたので、思い切って飛び降りた。すると、目から火が出て燃え広がり、お寺も町もこの話もみんな焼けて消えてしまったそうな。

大和武尊（房総は、大和から東国への中継地であったから大和武尊・弟橘媛伝説は多い）

父の王の命令で東国の平定のために相模の国から房総へ向かった尊は、潮の流れの速い走水の海峡で海神の怒りで大時化になる。弟橘媛が身代わりで入水し、命からがら富津の岬に上陸することが出来た。

この土地には、「あくろおう」と言う王がいて戦うが、尊は白い鹿と白鳥に助けられて勝利する。鹿野山の近くの「鬼泪山（きなだやま）」は、「あくろおう」が悔しがって涙を流したところから名づけられたと言う。鹿野山頂に白鳥神社が祀られているのはそのためである。

尊が上陸した岬に媛の身に着けていたヒレが流れ着いたので「布流津（ふるつ）→富津」と呼ぶようになった。また、尊は媛をしのんで、このあたりを去りがたく、浜辺をさまよっていたので「君不去（きみさらず）→木更津」の地名になったという。

下総地域

ほいほい松（下総地方は、昔から野馬の放牧地であった。そこから生まれた話）

昔、伊能の名主の家に吾助と言う作男がいた。朝早くに原へかわいがっていた馬のアオを連れて草刈に行ったが、いつの間にかアオがいなくなってしまった。吾助は塚の上の1本松に上って「ほうい、ほういアオよう！」と呼んでいた。そこへ雷が落ちて吾助は死んでしまった。それからは、このあたりを通ると「ほうい、ほういアオよう！」って言う声が聞こえるようになったそうだ。

それから1年がたったある日、名主がここを通るとアオがかわいい子馬を連れて走り寄って来た。名主は、吾助の墓に報告して厚く供養したそうだ。

印旛沼の竜（竜角寺縁起　海竜王経を出典としているので、各地に話が残っている）

印旛沼の主の竜は、人好きだったから人間の姿をしてよく村々を回った。村人たちとも気軽に話をして仲良しになっていたそうだ。

ある年のこと、田植えの後に日照りが続いて村人たちはとても困っていた。雨乞いのお祈りをしても全く降らなかった。それを見かねた印旛沼の主の竜は、竜王の命令を破って昇天し、雨雲を呼び雨を降らせた。村人たちは涙を流して大喜びをしたが、竜の主は竜王の怒りに触れて身は三つ裂きにされて地上に落ちた。

それを知った村人たちは、遺体の落ちた場所にそれぞれ「竜角寺・竜腹寺・竜尾寺」を建てて感謝のお祈りをした。　　（安藤　操）

印旛沼

房総の童歌・童謡・民謡

童 歌

　子供の遊び歌として伝承されている童歌の多くは、どんなルーツをたどって各地に定着したのかは、よくわからないものが多い。房総各地にも多くの童歌が伝承されていたが、かなり消滅してしまった。ここには、野田市で採集された「かごめかごめ」を紹介する。

　かごめ、かごめ。かごの中の鳥は、
　いついつ出やる。
　夜明けのばんに　鶴と亀がつーべった。
　うしろの正面　だあれ。

　この歌には、ナンセンスな部分がいくつかある。
　「かごめ」は、「籠目」・「かがめ（屈め・上総方言の隠れろ）」・「かごめ（安房方言の鴎）」
　「夜明けのばんに」は、不明である。「夜明けと晩に」の誤用か。
　「後ろの正面」は、後ろを振り向いたときの正面と言う意味か。

童 謡

　童歌は作者不明の口移しの歌であるが、童謡は明治時代からの音楽教育の一環として作詞・作曲家が創作した子供のための歌である。房総を舞台としたものは「しょうじょう寺のたぬきばやし」「月の沙漠」と「里の秋」などと数多い。

しょうじょう寺のたぬきばやし（木更津市）

　君津郡教育会の招きで木更津市に来た野口雨情は、証誠寺の伝説「和尚の木魚と大狸の腹鼓の競争」を聞いて帰り、「金の星」大正13年（1924）12月号に発表。1カ月後に中山晋平が、冒頭に「しょ　しょ」を加え「証誠寺の狸囃子」として楽譜を同誌に発表した。寺の境内に「狸塚」がある。

月の沙漠（御宿町）

　学生時代病弱であった加藤まさをは、療養をかねて御宿町へよくやってきていた。大学を卒業して3年経った大正12年（1923）にこの詩は生まれた。御宿海岸の砂丘を沙漠にイメージした。作曲は佐々木すぐるである。晩年の昭和51年（1976）に御宿町に移住したが翌年に死去。月の沙漠記念館と駱駝の像が海岸にある。

里の秋（成東町）

　作詞者の斉藤信夫は、小学校教師であった。昭和16年（1941）12月8日の開戦の直後に斉藤は、父親の出征に詩を設定して、母と子で家を守り、父の無事を祈る作品「星月夜」を創る。その詩を作曲家の海沼実に送ったが曲は付かないままに終戦を迎えた。

　ある日、斉藤の元へ「スグオイデコフ、カイヌマ」の電報が来る。上京すると、NHKが「兵士を迎える歌」を川田正子に歌わせ、復員兵士の放送をすることになったという。そこで、「星月夜」の3・4番を変えて1週間で創った。放送後、この歌は全国的に大反響があり、名曲として歌い継がれたのである。

民 謡

　房総の民謡でポピュラーなものは、「銚子大漁節」・「木更津甚句」・「白浜音頭」である。また、ポピュラーではないが、生産労働を背景にした漁業の唄には、「鴨川やんざ節・大原押し込め甚句・君津よんやら節・東浪見甚句・館山安房節・白浜房州追分・勝山鯨唄・白浜いっちゃ節・九十九里大漁節」などがあり、漁業が声を合わせる集団労働であることがよくわかる。

　なお、「館山おかつ節・鹿野山さんちょこ

節・芝山白枡粉屋唄・東金のがうち唄」は、男女の仲をうたっていて、房総では珍しい。

銚子大漁節

♪一ツトセ　一番づつに積み立てて　川口押込む大矢声　エーこの大漁船

二ツトセ　二間の沖から外川まで　続いて寄り来る大鰯　この大漁船

三ツトセ　皆一同にまねをあげ　通わせ船の賑やかさ　この大漁船

四ツトセ　夜昼たいても焚きあまる　三ばい一ちょの大鰯　この大漁船

五ツトセ　いつ来てみても干鰯場は　空間も隙間もさらにない　この大漁船

六ツトセ　六つから六つまで粕割が　大割小割で手にあまる　この大漁船

七ツトセ　名高き利根川高瀬船　粕や脂を積み送る　この大漁船

八ツトセ　八手の沖合若い衆が　万祝揃えて宮まいり　この大漁船

九ツトセ　此の浦まもる川口の　明神御利益あらわせる　この大漁船

十トセ　十を重ねりゃ百となる　千を飛びこす万両年　この大漁船

「銚子大漁節」は、元治元年（1864）に、未曽有の鰯の大漁があった記念に、網元の網代久三郎と松本旭江、そして俳諧師の石毛利兵衛の3人が集まって10番までの歌詞を作り、常磐津の師匠である遊蝶に作曲を頼み、川安楼のきん子という清元の師匠が振付して、完成した「大漁節」に、茨城県下の大杉神社の「阿波囃子」を前奏に加えて、今日の「銚子大漁節」ができあがり、これを利根川河口の川口明神に奉納した。その後この唄は、利根川河口の妓楼である開新楼が売物にしたため、踊唄として、酒盛唄として広がり、それまでの「大漁節」である「トーヨーエー」（茨城県の「鰯網大漁唄」参照）を追いやってしまった。ところでこの折の作詞作曲であるが、歌詞は一つとやの「心中節」の焼直しであり、曲もまた千葉県下の「題目踊り」のもので、全くの創作ではないが、銚子らしさが作詞作曲ということになるのだろう。

木更津甚句　木更津市

♪ハー木更津照るとも東京は曇れ
　可愛い男がヤッサイモッサイ　ヤレコリャ　ドッコイ　コリャコリャ日に焼ける
　沖の洲崎に茶屋町よ建てて　上り下りの船を待つ
　狸可愛や証誠寺の庭で　月に浮かれて腹鼓

曲節は全国的な分布をもつ「二上り甚句」の木更津化したもので、さして珍しいものではないが、三句目と四句目の間に挿入される〈ヤッサイ　モッサイ　ヤレコリャ、ドッコイ〉の囃しが曲を面白くしている。ところでこの唄は、安政年間（1854～60）に木更津生まれの落語家木更津亭柳勢が江戸の高座で演じたのがきっかけで大流行した。その後明治に入るとすっかりすたれてしまったのを、大正年間、やはり木更津生まれの芸者若福が新橋烏森のお座敷で再びうたって以来、再度流行をみるようになった。

白浜音頭

　　　　　　　　　　　並岡竜司　作詞

♪サーノーエーヨーホエ　さぁさ皆様
　ヨーホエ　踊ろじゃないかヨ（オサ）
　浜の音頭のサ　コラショ　ほどのよさヨ
　（ソラ　ホーントカヨ）
　踊りゃ身も世もサ　からりと晴れてヨ（オサ）
　明日もいそいそサ　笑い顔ヨ
　（ヨーホエ　ヨーホエ　ヨイコラショ）

♪サーノーエーヨーホエ　房総白浜ヨーホエ
　住みよいところヨ　真冬菜種のサコラショ　花ざかりヨ
　夏は涼風サ　沖から吹いてヨ

松の根ごろでサ　夢を見るヨ
ハサーノーエーヨーホエ　野島崎から
ヨーホエ　大島呼べばヨ
島のあんこがサ　コラショ出て招くヨ
粋を利かせてサ　三原も燃えてヨ
いとしいととサ　煙吐くヨ

　盆踊り歌用に制作された新民謡である。
　この歌が作られる発端は、紀州の漁民が渡ってきた折、紀州の白浜に対して房州の白浜と名付けたこの辺りは沖を黒潮が流れているため海岸には浜木綿やナツメ椰子が繁り、南国情緒に富んだ土地柄に加えて、海女による漁業が盛んなところから、観光地を思いたった町長たちが立案し制作した曲である。昭和40年ビクターより発売。
　千葉県を代表する民謡の一つ。

（安藤　操・湯浅みつ子）

COLUMN　千葉県の風土と童話

　千葉県出身・在住の作家や、千葉県の風土を舞台とした童話・少年詩は数多い。その中の代表的な作家・作品をいくつか紹介する。
　「チロリン村とくるみの木」（恒松恭助1914～2001年）
　NHKのこども人形劇番組の草分けとして、昭和31年（1956）4月14日～昭和39年（1964）4月3日の約8年間にわたって放映され、好評を博した。後に民放でも「おーいチロリン村だよ」として続映された。黒柳徹子「ピー子」（ピーナッツ）・一竜斎貞鳳「いたちのプー助」や「クルミのくる子」・「たまねぎのトンペイ」・「キントン」などが登場する愉快な人形劇で、作者は千葉市中央区亥鼻の借家で執筆を続けた。近くの畑道を歩いていて野菜の名前を思いついたという。
　「ベロ出しチョンマ」（斉藤隆介1917～1985年）
　「千葉の花和村にベロ出しチョンマというオモチャがある。チョンマは長松がなまったもの。このトンマな人形のなまえである」で始まるこの作品は、「教育新聞」（日本教職員組合機関紙1966年1月1日）に掲載、翌年童話集として出版されて大反響を呼んだ。千葉市大宮町字鼻輪に転居した作家が、千葉移住に因む作品のモチーフとして佐倉宗五郎を下敷きにして、字名も同音の「はなわ」としたという。
　「はまひるがおの小さな海」今西祐行（1923～2004年）
　作者は、太平洋戦争末期、学徒兵として南房の基地で軍事演習の日々を送った。それは、ひどく厳しいものだったという。「鬼の館山、蛇の砲校（館山海軍砲術学校）」などと呼ばれているほどだった。その体験が元になって生まれた作品だという。海岸の今にも干からびてしまう小さな潮溜りに置き去りにされた小魚とハマヒルガオの花とが会話を交わす。花を摘むと雨が降るという。ハマヒルガオは、小魚を救うために「自分を摘んで雨を降らしてほしい」と言う。
　「つばきの湖」松谷みよ子（1926年～）
　旭市と八日市場市にかけて、干潟八万石と呼ばれる穀倉地帯がある。ここには、江戸時代に干拓された「椿の海」があった。この湖伝説に基づいて、猿田彦が植えた椿の大樹に住みついた魔王と神々との戦いを描いた壮大な物語である。この話は、上総と下総の地名の由来伝説の一つでもある。
　「空を泳ぐコイ」鈴木喜代春（1925年～）
　農民運動の先駆者の大原幽学と田中正造を描いた作品である。大原幽学は利根川沿岸の農民の生活を助けるために苦闘した人物である。歴史教育の実践家として活躍した作者が、農民解放の視点から執筆。なお、作者には「伊能忠敬」の伝記もあり、日本子どもの本研究会会長もつとめた。現在は千葉市在住。
　「さらばハイウェイ」砂田弘（1933年～）
　自動車の欠陥を告発し、正義から誘拐事件を企てたやさしい青年の死を描く少年小説で第11回日本児童文学者協会賞を受賞。社会問題を児童文学の世界に持ち込み話題作となる。千葉市在住、日本児童文学者協会会長として、日本と中国の児童文学の交流に尽力している。
　「光車よ、まわれ」天澤退二郎（1936年～）
　詩人・翻訳家、宮沢賢治研究と童話の創作にもたずさわる。教室に入って来た水の化け物「水魔神」と戦うために「光車（ひかりぐるま）」を捜す子供たちの話。1973年に出版された長編ファンタジーとして児童文学史に新しい世界を築いた。少年期より千葉市在住。
　「茂作じいさん」小林純一（1911～82年）
　童謡詩人として活躍。少年詩「茂作じいさん」は昭和21年に戦後の子供たちに夢を与える作品を雑誌社より依頼され、鴨川海岸の老いた仕事一筋の漁師をモデルにして創作。20年後に国語教科書に掲載されて全国的に注目された。

（安藤　操）

房総の祭り

　房総の祭りを概観すると、利根川沿岸から太平洋に面した九十九里浜沿岸の主として稲作地帯では、作物の豊凶を占い、予祝のためのいわゆるオビシャの系列の祭事が多く分布しています。

　正月から春先にかけておこなわれるごく農村的で素朴な祭りであるオビシャは、関東の他県でもおこなわれますが、千葉県内では利根川沿岸の東葛飾、印旛、香取地域、それに九十九里浜沿岸の山武、長生地域に多く分布します。

　オビシャは「御歩射」の訛りとされます。元来オビシャは、年の初めに弓を射て、その当たり外れで当年の豊凶を占う神事のことですが、弓を射ることがなくても集落の人が集まり新年の豊穣や安息を祈る予祝のための祭事や酒宴をオビシャと称するようになっています。また、東京湾岸の房州地方にもオビシャ行事が「オマト」と称して神事的傾向が強く伝承されており、県指定無形民俗文化財の南房総市増間の日枝神社のお神的神事が代表的なものです。他に、新年の豊凶占いの神事としては、筒粥神事、置炭神事があります。なかでも袖ヶ浦市飯富の飽富神社の筒粥は県指定無形民俗文化財となっています。

　五穀豊穣を願う予祝の意味を持つという意味では、「御田植え神事」などの稲作の祭りが筒粥神事と重なるように安房地域、市原・袖ヶ浦地域、海匝地域から香取地域、東葛地域の南部に分布しています。香取市の香取神宮の「御田植祭」は、耕田式と田植式の2つの神事からなり、社前において早乙女が苗を植える所作をしたりします。もとは4月の5・6日でしたが幾度かの変遷を経て、近年4月の第1土日曜日の2日間にわたって執り行われるようになりました。その期間には農具の市や植木の市がたったりします。この田植祭が終わるまでは、近郷近在の農村では田植えをおこなわない慣例がありました。館山市の安房神社の「早苗振神事」は、6月の下旬の23日前後に神田に早乙女が田植え歌に合わせて苗を植え、この祭りが終わると各自の家の田植えがおこなわれました。また、多くの御田植祭が実際の田植えの前か直前であるのに対して、館山市・洲宮神社の「御田植神事」は、元旦におこなわれます。氏子たちが、田うない、籾撒き、代掻き、神前に供えてあった松葉を早苗に見立てて田植えの所作を演じます。

　御田植祭に関連すると思われる祭りに「泥んこ祭り」があります。2月25日におこなわれる四街道市和良比の皇産霊神社の「泥んこ祭り」は、藁と松葉を用いて田植えの模擬的所作をしているようにも思われます。また、4月3日におこなわれていた野田市三ツ堀の香取神社の「三堀のどろ祭り」は県指定無形民俗文化財です。

　また、房総半島は三方を海に囲まれているために、海や水に縁をもった漁師の切実な祈りの気持ちを取り入れた、航海安全や豊漁祈願の祭りが多く伝承されているのも特徴の一つです。特に海岸線には、神々が寄合って一つの祭りをおこなう「寄合い祭り」が、「お浜降り」「お浜入り」「シオフミ」等と称される、神輿や神馬、担ぎ手などが浜辺の波打ち際を走ったり、海に入る行事をともなって多く伝承されています。

　県指定無形民俗文化財の長生郡一宮町の玉前神社の「十二社祭り」では、9月13日におこなわれる神幸の先頭を切って「神の馬」が、更に馬に乗ったカウヌシ、ミョウブ、神官などが続き、上半身裸の担ぎ手たちに担がれた玉前神社の大宮・若宮の神輿を先頭に近郷の12基の神輿が、九十九里浜の波打ち際を疾走して九十九里浜の南端にある釣ヶ崎の祭場に向かうシオフミがあります。

第三章 ●民俗・文化

　県指定無形民俗文化財の館山市の「安房やわたんまち」は、9月14日から16日におこなわれる鶴谷(つるがや)八幡宮の放生会に由来する例大祭のことで、鶴谷八幡宮と市内及び南房総市白浜、丸山の神社10社の祭りです。11基の神輿とお船山車1基、人形山車4基の参集する盛大な祭りです。14、15日の神輿や山車の巡行と還御(かんぎょ)は多くの人でにぎわいます。この中で、現在は祝詞奏上(のりとそうじょう)だけで実際にはおこなわれなくなった「お浜入り」は、かつての海に神輿を入れていたことの名残であり、海との強い関わりの強い土地柄を物語っています。

　県指定無形民俗文化財の「下総三山(みやま)の七年祭り」は、船橋市二宮の二宮神社を中心に、千葉市花見川区畑町の子安神社、同区幕張町の子守神社、同区武石町の三代王(さんだいおう)神社、習志野市津田沼の菊田神社、同市実籾町(みもみ)の大原大宮神社、八千代市大和田の時平(ときひら)神社、同市高津の高津比咩(ひめ)神社、船橋市古和釜町の八王子神社の9社が、6年に一度の丑年と未年の11月上旬に船橋市三山に集まって、おこなわれる寄合い祭りです。この祭りのクライマックスにも海にゆかりの磯出式があります。本来は幕張の海岸でおこなわれていたと伝えられる安産祈願の稚児によるハマグリ交換の儀式である磯出式は、今では海岸線が埋め立てで沖に後退してしまいましたので子守神社の近くに磯出式の祭場を設けておこなわれています。

　また、国指定の重要無形民俗文化財「白間津のオオマチ(大祭)行事」は、4年に一度の7月の下旬に3日間にわたっておこなわれます。大祭の中心の仲立ちと呼ばれる神様役の少年二人の、祭礼50日前から終了までの浜砂を社前に供える「ショゴリ(潮垢離)」に始まり、2日

上総十二社祭り（一宮町、玉前神社他）

馬だし祭り（富津市西大和田　吾妻神社）

目には仲立ちを中心に祭りの芸能のトヒイライ、エンヤボウ、ササラ踊り、酒樽万灯や神輿などすべてが「お浜降り」といって海岸にもうけた仮宮に渡御します。

　仮宮についた後には、海岸で日天(にってん)・月天(がってん)の大幟を全員で引く「オオナワタシ(お縄渡し)」は、漁や農作物の豊凶の占いも兼ね、海風の中でおこなわれる勇壮な行事です。

　秋の祭りとして、かつての君津郡市から長生郡にかけては、神輿以前の古風な要素を示す神馬の参加する祭りの分布が確認されています。先に述べた長生郡一宮町の玉前神社の「十二社祭り」での「神の馬」が神幸祭(じんこうさい)の先頭を切って

81

九十九里浜の波打ち際を疾走して祭場に向かうことがありますし、富津市西大和田の吾妻神社の「馬だし祭り」は、神霊をオメシ（神馬）の背の幣束に移して、神輿に優先して古来からの順路を浜に向けて渡御し、お浜降りする祭りです。

県指定無形民俗文化財の「市原の柳楯神事」は、市原市五所の飯香岡八幡宮の秋の大祭です。この祭りもかつてはお浜降りをしていました。

そのほかに、旧安房郡を中心にして新年の神を迎える準備としての、年末から正月にかけての物忌みといわれる「ミカリ（身代わり）神事」や、木更津市金田の「梵天立て」は、正月の7日夜明け前に若者たちが海に入り、沖合に梵天を立ててくる出羽三山の行人が関係する若衆入りの行事として特徴的です。

（高橋 克）

白間津のオオマチ（大祭）行事でのササラ踊り（南房総市白間津）

房総各地の方言

千葉県の方言は、おおよそ下総、上総、東京湾岸、南房・九十九里沿岸に区分できる。房総の方言は関東方言と東北地方の南部方言と共通・類似しているが、それは、古代からの交易と交流によるのであろう。

1、挨拶言葉（漁村では、あまり挨拶は交わさない）
　朝　おはようごぜぇます。（いい天気だね・いいやんべえ・よいやんばい）
　昼　こんちはあ。（いいおしめりだね・いいやんべえ・よいやんばい）
　晩　こんばんは。（でぇぶ　すずしゅうなったね）
　（　）内は時候や気候などを付け足す例、「やんばい（べぇ）」は、古語の「あわい」（丁度よい、中間にある）が語源で、「暑くも寒くもない」ような過ごしやすい気候などに使われる。
　なお、夕方、仕事から帰るときなどにお互い同士「おあがんなさい」と声をかけ会う。

2、人を呼ぶ言葉
　ぬし（主　あなた・君）　にし（nu→ni）　いし（ni→i）　えし（i→e）
　上総では「にし」、下総では「いし」が中心だが、利根川よりは「えし」となる。
　東京湾岸では、「おぬし（お主）」は「うぬし（o→u）」となる。

　お前（あなた）　おめぇ（上総では敬愛する人に使う）
　おれ（私・自分）　おらあ・おら（おれは）　おらほう（おれたち）　おらが（おれの家）
　手前　てめぇ（君・お前の意味だが、相手に対して厳しく呼ぶときに使う）
　我　わらぁ・わりゃ（君・お前の意味。南房・九十九里沿岸で主に使う）

3、感動詞・間投詞
　おお、そうだ　おっさ（同感の相槌を打つ。「おっさね・おっさよ」とも使う）
　ね・ねえ　なえ　おえ（話の始めや、途中に入れて間を取る）

4、発音の変化と省略
　何もかにも（どうにもこうにも）
　　あ（na→a）にもかにも
　　あん（nani→an）もかん（kani→kan）も（「あんでんかんでん」とも言う）
　　なじょにもかじょにも→あじょにもかじょにも→あじんもかじんも

5、〜べし　文末の断定・命令→勧誘・同意への変化
〜べぇ・〜ぺぇ「そうだべぇ・そうだっぺぇ（そうでしょう）」
「野球をやるべぇ・やっぺぇ（野球をやろうよ）」

（『房総のふるさと言葉』国書刊行会参照）

房総の伝統工芸

押絵羽子板
斉藤信太郎　千葉市
　江戸時代の文化・文政期に製造技術技法が確立した押絵羽子板づくりに励んでいる。
　羽子板は、元来、遊具として発展して来たものであるが、「押絵羽子板」は、金襴等を使った豪華なもので、縁起物、飾り物として人気がある。

上総とんび
嵯峨野武　一宮町
　江戸時代中期から伝わる上総地方独特の〝とんび凧〟。
　「上総とんび」は、九十九里地方の大漁を祝う凧として作られて来たものであり、嵯峨野家には、凧絵の木版や下絵が数多く保存されている。

上総鯉のぼり
加藤徳蔵　市原市
　江戸時代中期から上総地方に伝わる鯉のぼりを、昔ながらの手法で、鯉のウロコの形を描き刷毛で何度も塗り重ねていく。
　印刷ものの鯉のぼりとはひとあじ違った味わいと趣きがある。

芝原人形
千葉惣次　睦沢町
　芝原人形は、東京浅草の今戸人形を元に、明治初年から長南町芝原で作り続けられていた。
　一時途絶えた芝原人形を復原。四代目を継承。
　粘土板を抜型に入れ、乾燥、素焼し、胡粉をかけ、泥絵具で彩色する。
　素朴な味わいのある郷土玩具として知られている。

佐原太鼓
東　秀行　香取市
　子供の頃から、家業の太鼓づくりを見て育ち、浅草で5年間修業し地元佐原に戻り、三代目の太鼓師として家業を継ぐ。
　張り上げられた太鼓は、何十年打ち続けてもゆるむことを知らない。

佐原太鼓
松本通男　香取市
　昭和47年より、四代目として熱心に製作を続けている。
　原材料である欅を原木のまま仕入れ、胴づくり、皮の加工、張り上げまで全工程を昔ながらの技法で本人が行っている。

行徳神輿
鈴木美子　市川市
　十六代「浅子周慶」を襲名した。
　神輿づくりには、木工、漆工、金工など様々な技術技法が駆使され、浅子周慶代々の遺産としてその伝統を承け継いでいる。

野田和樽
玉ノ井芳雄　野田市
　野田は、江戸時代から利根水運の要であり、我が国を代表する醤油の町。
　江戸時代以来200年以上続く醤油樽の製作技法を守り続ける職人である。
　角樽の場合は、反りのある角に伝統の形を残し、太いたがに「野田技法」を取り入れて、表面に竹の節を出さないよう巻くなど美しさに工夫をこらす。また、時の流れに即応した民芸樽も手がけ、千葉県産の竹を用いるたがにこの技法を織り込む。

房州船鋸
粕谷　貴　鴨川市
　先代、粕谷雄吉さんの伝統技術を引き継いで、木造船が少なくなった現在でも、かたくなに伝統を守って房州船鋸を製作している。
　立挽、穴引等28種類ほどの船鋸のほか、家大工用の鋸を純度の高い安来鋼を使い、地取りから目立て、焼入れ、仕上げまで手作業で作っている。

万祝長者
鈴木栄二　鴨川市
　「三番叟」、「高砂」、「竜宮」などの絵柄を長着の背模様に用いることに特色がある。
　万祝長着は、大漁が2回以上続いたときに網元から網子や出入りの船大工などに贈られたものである。

万祝式大漁旗
小澤　勇　旭市

江戸時代から続く「万祝式大漁旗」は、絵付けから染め上げまで手作り製品で、その製作は永年培ってきた「勘」と「経験」によるものであるが、その中でも、「片側塗り両面染め」の技術は、永い経験の中から産み出されたものである。

佐原張子
鎌田芳朗　香取市

祖父が明治時代末期に亀車やかに車を作りはじめたところ、その素朴さとゴム動力を用いるなどの工夫により、佐原地方の人々に愛好され、現在まで続いている。

張子細工は、和紙を重ねばりして作り、亀車やかに車のほかに達磨などの縁起物を作っている。

房州うちわ
太田一男　南房総町

安政3年から東京で房州産の竹半製品を仕入れてうちわの加工をしていた伝統の技術を継ぐ三代目。安房地方の女竹は、うちわ材としてすぐれた弾力性をもち、全国で最高のものとのこと。浮世絵をあしらった装飾用大うちわ等。

桐下駄
岩舘　傳　成田市

実父の後を引き継ぐ二代目。今では、数少なくなった下駄職人の一人である。

土地柄、成田山新勝寺と宗吾霊堂の僧侶のために納められる「堂島」と呼ばれる下駄があり岩舘さんの他には、製作者がいない。

また、七五三用のポックリなどには、透かし彫りなどの独特の装飾が施されている。

雨城楊枝
森　光慶　君津市

楊枝作りの三代目として15歳のときからこの道に入った。細工楊枝は先代が帯留の図案にヒントを得て作るようになった。材料の黒文字の木肌と木肉の白さが味わいのあるいろいろの細工楊枝を作り上げる。

上総和竿
佐藤　稔　市原市

原材料である竹の採取から製作までを一貫して行い、釣り竿としての実用性のみならず丹念な仕上げによる美しさを兼ね備えた竿である。

製作する竿の種類は、幅広く、しゃくり竿、磯竿、へら鮒竿、渓流竿にまでおよぶ。

和弓
塚本　昇　匝瑳市

祖父と父が「日置流雪荷派」のそれぞれ十二代目、十四代目の家元という弓道家の家系に生まれた弓師である。

日本古来の伝統を守り続ける一方で、近年は、新素材を用いた弓作りにも精力的に取り組んでいる。

和弓用矢
鳥山　眞　佐倉市

「安国」の二代目として技を受継ぎ、県内では唯一人の矢師である。

祖父は、宇都宮藩の弓術師範の生まれで、大正天王に矢を献上したこともある。

この道39年であるが、人一倍厳しかった父の仕事を、少年時代から学び、矢づくりの技法を受継いだ。

房総打刃物
石塚正次郎　成田市

鋏づくりの二代目。先代は刀鍛冶職人。その技術を生かしたラシャ切鋏の熟練職人となった。職人の中でも有数の腕を持つ人といわれ、「正次郎鋏」の銘で製作している。また総火造り（全て手づくり）なので日に数丁しか作れない。鋏づくりで最も技術と勘が必要なのは、両刃のかみ合わせと刃先の焼き入れという。

房総打刃物
石塚洋一郎　成田市

祖父の故長太郎さんが我が国におけるオシャ切鋏の始祖吉田弥十郎氏に師事して修得した技術を、父正次郎さんが継承し、さらにこれを受け継ぐ。

「総火造りが鋏作りの原点であり、私の生きる道」と情熱を燃やす。

上総鋏
大野正敏　市原市

鋏鍛冶の四代目。100年の伝統をもつ刀匠の技術を受継いで各種の鋏を手作り製作している。

現在は植木鋏、盆栽鋏及び生花用鋏を製作しているが、切れ味、耐久性、使い易さなど手作りの良さは抜群。銘は「政平」。

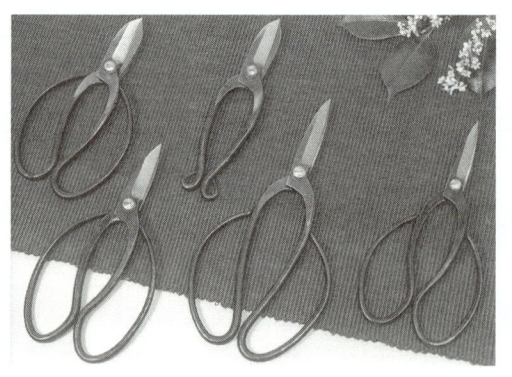

第四章
農林水産業

千葉県農業の現状

千葉県は産出額が全国第2位の農業県

東京から続く大都市圏が広がり、工業県でもある千葉県は、農業産出額が北海道に次ぐ全国第2位の農業県です。その産出額は、平成15年（2003）に4319億円をあげています。この産出額の約40％は野菜によるもので、米は23％、畜産は20％を占めています。

この千葉県農業は、戦後の食糧難時代を脱する昭和30年代までは、全国で4位の農業県でした。それが、日本経済の成長と共に国の構造改善政策に乗り、大都市圏に接した市場立地の優位性を生かして野菜と畜産を大きく伸ばしてきました。その結果、昭和44年（1969）には農業産出額を全国第3位にひきあげ、平成6年（1994）には茨城県を抜いて全国2位になりました。

農業産出額上位3県の耕地面積を比較すると、北海道の117万ha、茨城県の18万haに対して、千葉県は14万haであり、高い生産力の農業を営んでいます。特に野菜や生乳などの生鮮農産物の生産が盛んで、古くから"首都圏の台所"と呼ばれてきました。

早場米地帯の千葉米

米どころというと、新潟や東北各県を連想します。しかし、平成16年の千葉県産米は全国9位の35万トンを生産量しています。しかも、8月中旬から9月中旬に収穫される全国一の早場米産地であり、端境期の米流通には欠かせない産地となっています。品種も"コシヒカリ"、"ふさおとめ"、"あきたこまち"で90％を占め、長狭米、小糸米、長南米、多古米などの銘柄米産地があります。

特に長狭米の産地である長狭地区は、粘土質に富む土質と温和な気候により古くから銘柄米の産地として知られていました。江戸時代からの高い評価は宮中にも知られ、明治天皇は遷都の後の明治4年（1871）に、即位の儀の一つである大嘗祭の主基斉田を長狭の地に選びました。このことに因んで主基村が誕生しましたが、長狭町に合併され、現在は鴨川市主基西として地名が残っています。

なお、稲作は日本全国ほとんどの道府県で

千葉県の農業産出額の作目構成
（平成15年：農林水産省統計）

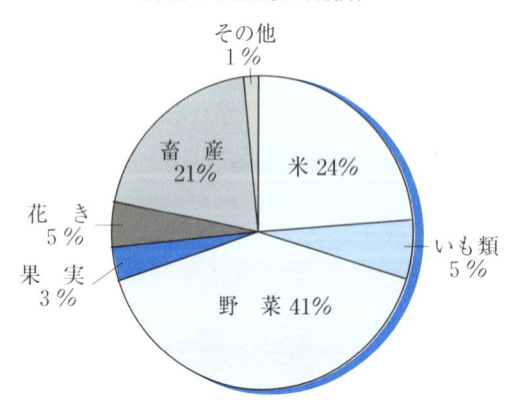

- その他 1％
- 畜産 21％
- 米 24％
- 花き 5％
- 果実 3％
- 野菜 41％
- いも類 5％

国内農業産出額と上位道県（産出額：億円）

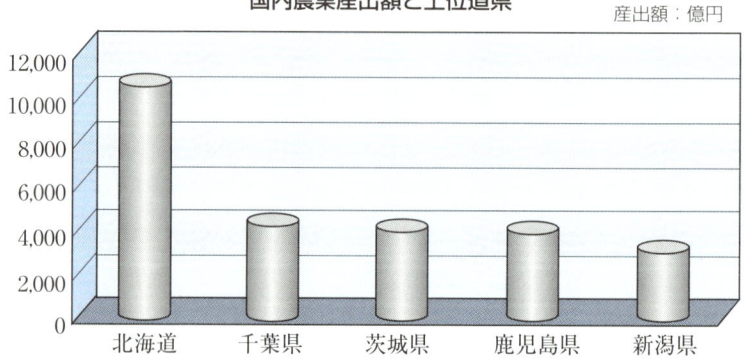

北海道	千葉県	茨城県	鹿児島県	新潟県
約11,000	約4,300	約4,200	約4,000	約3,000

水稲の収穫量の全国シェア
（平成16年産）

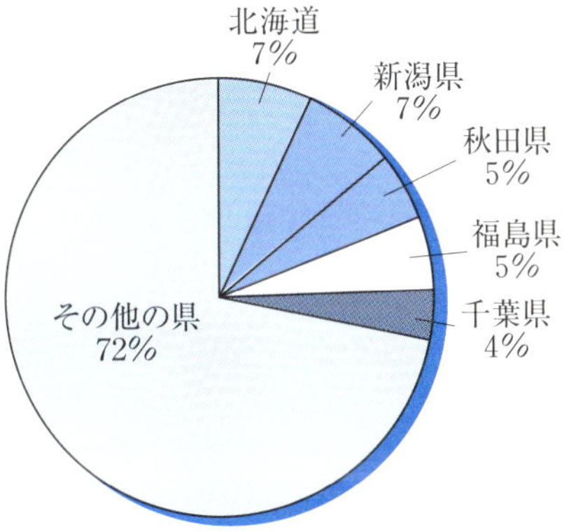

- 北海道 7%
- 新潟県 7%
- 秋田県 5%
- 福島県 5%
- 千葉県 4%
- その他の県 72%

全国の水稲の主な品種別構成
（平成16年産）

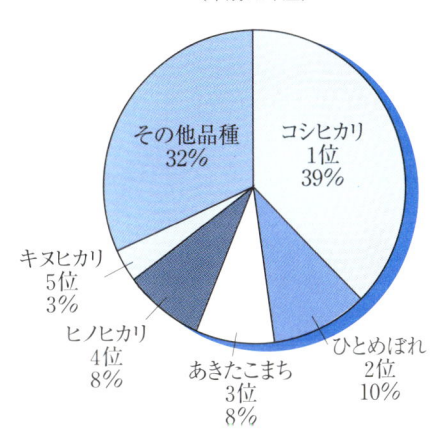

- コシヒカリ 1位 39%
- ひとめぼれ 2位 10%
- あきたこまち 3位 8%
- ヒノヒカリ 4位 8%
- キヌヒカリ 5位 3%
- その他品種 32%

基幹作物になっており、最大の米生産県でも全国シェアが1割に達していません。そして各県はそれぞれに合った品種を採用して米産地の特徴を出そうとしています。コシヒカリを中心に栽培している県は、まだ29県あるものの、全国シェアは38%になっています。

野菜王国千葉県

千葉県野菜の歴史は古く、江戸時代に東葛飾地域で栽培され、江戸に供給されていました。また、明治2年（1869）頃に東京の砂村から松戸にネギが導入され、明治12年（1879）頃に初めて市場に出荷されたと記録され、これが有名な矢切ネギの始まりとなりました。

しかし、県内各地で野菜生産が行われるようになったのは第二次世界大戦後であり、銚子に「灯台かんらん」で有名なキャベツが導入されたのは、昭和28年（1953）でした。その後、農業生産の選択的拡大が農業政策として進められ、京葉・京浜の巨大消費地に隣接する有利な市場立地性を生かして、生鮮食料の供給基地を形成してきました。その結果、昭和37年（1962）には野菜生産額が全国第1位になり、平成15年現在も野菜王国の地位を維持しています。その生産額1,711億円は農業産出額の40%を占めています。東京都中央卸売市場に出荷される野菜は、出荷量で15%、販売額で13%を千葉県産が占めており、これも全国1位になります。千葉県産野菜の作柄は首都圏の家計にも影響を与えます。

野菜の種類別生産量でも全国で上位のものが多く、カブ、サトイモ、ホウレンソウ、ミツバ、シュンギク、ネギ、サヤインゲン、エダマメ、葉ショウガ、は全国1位の生産を行っています。さらにダイコン、ニンジン、トマト、スウィートコーン、スイカ、等が2位となっています。

主要県の野菜産出額
（平成15年産：億円）

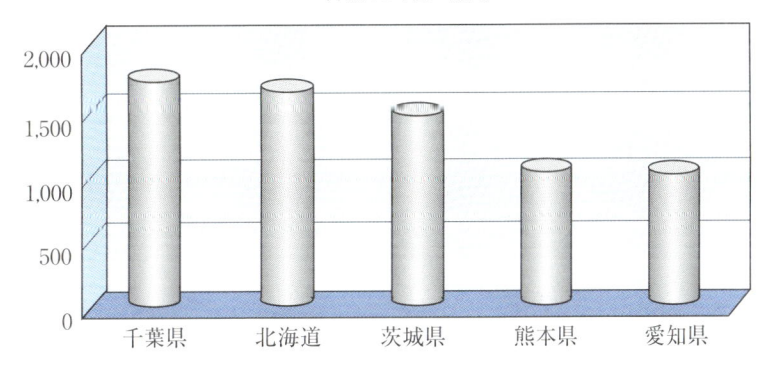

千葉県、北海道、茨城県、熊本県、愛知県

千葉県が収穫量全国1位の野菜
(平成16年産:ton)

品　目	生産量	全国シェア	第2位県
カブ	51,400	30.63	埼玉県
サトイモ	29,200	15.80	宮崎県
ホウレンソウ	35,800	12.40	埼玉県
ミツバ	3,620	19.26	愛知県
シュンギク	5,440	13.20	大阪府
ネギ	69,600	14.35	埼玉県
サヤインゲン	7,230	13.67	福島県
エダマメ	10,200	13.95	山形県
葉しょうが	1,942	53.68	──

ナシの生産は全国1位、ビワは3位

　千葉県の果実は、総産出額が136億円で14位にとどまりますが、ナシは生産量が40,800トン（平成16年産）で全国1位の生産県です。主な産地は都市化が進む市川、鎌ヶ谷、船橋、白井、松戸、市原と外房の一宮です。代表的な品種は幸水、豊水です。

　日本ナシの栽培の歴史は古く、10世紀以前から全国で栽培されていたと推定されていますが、千葉県では、天明年間に川上善六が美濃国から接穂を持ち帰ったものが始まりで、その発祥の地は今の市川市八幡です。このナシの歴史で忘れてはならないのが二十世紀梨の発見です。松戸市の松戸覚之助が明治21年に実生を偶然発見し、果実の外観、品質、貯蔵性が優れた豊産性の青梨であり、20世紀を担う品種と期待できるので、渡瀬寅次郎と池田伴親が二十世紀と命名しました。しかし黒斑病に弱く、雨量の多い千葉県では大規模な栽培が難しく、普及しませんでした。現在では、鳥取県を代表する品種（鳥取梨の75％）になり、海外に輸出されています。100年を超えて栽培され、鳥取県に記念館が作られ、生誕の地の松戸市には町名が残るこの品種は、歴史に残る優れたナシです。

　ビワは594トン（平成16年産）の生産をあげ、長崎県、鹿児島県に次ぐ3位の生産県になります。産地は富浦等の安房地域で、大房、田中、富房等の大粒品種が栽培され、皇室にも献上されます。最近は施設栽培や種無しビワの育成等の新技術開発も進んでいます。

春の訪れを告げる房総の花

　早春の花摘みで賑わう南房総の花栽培は歴史が古く、大正末期には、冬季温暖な気候立地を生かした露地切花の産地が作られました。特に間宮七郎平は、和田町（現南房総市）に生花組合を設立して東京に出荷し、半農半漁で貧しかった町の生活を変え、和田町を南房総の花栽培発祥の地に育てています。この頃、神戸村（現館山市神戸）では花卉生産組合が作られ、ソテツやカラー等が栽培されましたが、千葉の花を代表するストックやキンセンカもこの頃から栽培されています。また、米国船の白浜沖遭難で通訳をした後の名優早川雪洲（千倉生まれ）がお礼にアマリリスを受け取り西崎に植えた話や

日本なしの収穫量全国シェア
（平成16年産）

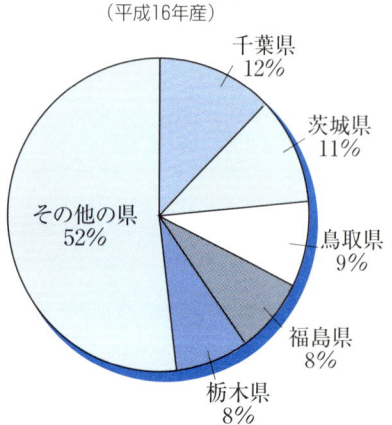

- 千葉県 12%
- 茨城県 11%
- 鳥取県 9%
- 福島県 8%
- 栃木県 8%
- その他の県 52%

ビワの収穫量全国シェア
（平成16年産）

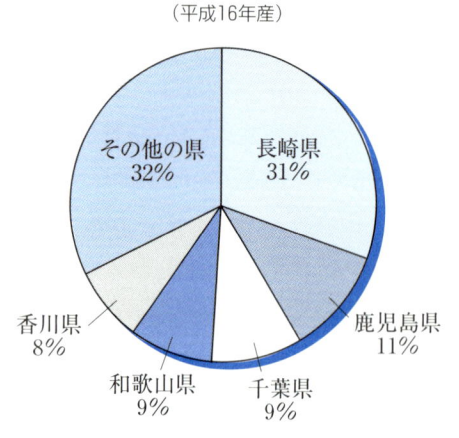

- 長崎県 31%
- 鹿児島県 11%
- 千葉県 9%
- 和歌山県 9%
- 香川県 8%
- その他の県 32%

主な花の生産額及び県内産地

花の種類	生産額	主な県内産地	全国順位
洋ラン	10億円	富津、鴨川、館山	2位
ストック	10億円	館山、白浜、千倉	1位
キンギョソウ	7億円	和田、白浜、鴨川	1位
サンダーソニア	5億円	芝山、松尾、山武	1位
キンセンカ	5億円	白浜、千倉、和田	1位
アイリス	4億円	富浦、富山、館山	1位
スイセン	4億円	鋸南、鴨川、富山	1位
フリージア	3億円	富浦、富山、館山	1位
(その他)	154億円		
(生産額合計)	202億円		

第二次世界大戦末期に枝原ハマという女性が雑木林の片隅で花栽培を守ったことなど多くのエピソードがあります。

このような歴史を歩みながら、千葉県は全国第4位の花生産県となり、首都圏等の人々に心の豊かさを届け続けています。栽培される花の種類は多く、全国一の生産をあげているものとしては、ストック、キンギョソウ、サンダーソニア、キンセンカ、アイリス、スイセン、フリージアがあります。洋ランは徳島に次ぐ生産県です。

なお、千葉の県の木はマキ（昭和41年指定）ですが、県の花は正式にはありません。昭和29年にNHKが中心となり一般公募で選んだ「菜の花」が、広く親しまれています。

青木昆陽から始まる千葉のサツマイモ

南米原産のサツマイモは、スペインからフィリッピン・中国（福建省）等を経由して1605年に琉球（現沖縄県）に伝わり、薩摩国には1708年に導入されました。藩は積極的に栽培を奨励し、サツマイモの名がつけられました。

千葉県では、はじめは1609年に琉球から導入したが栽培に至らなかったと言われています。その後、幕府の薩摩芋御用掛となった青木昆陽は1735年に下総国馬加村（現千葉市花見川区幕張町）、上総国不動堂村、小石川養生所の三カ所を試作地としてサツマイモの栽培を始めました。一般的には、幕張町（昆陽神社）を試作の地といい、九十九里町不動堂を栽培発祥の地といっています。また、海上町（現旭市）の穴沢松五郎が1920年に苗床を開発するなど栽培の安定増収に寄与し、サツマイモの普及に貢献しました。

このような、歴史的背景を持つ鹿児島県と千葉県は1位・2位を競うサツマイモの主産県となりましたが、近年は茨城県の生産が伸び、平成16年産収穫量では、鹿児島県が38万トン、茨城県が19万トン、千葉県が13万トンをあげ、この3県で70％を生産しています。千葉県の主な品種は紅あずま、紅小町などで、産地は、大栄、佐原、多古、栗源の北総台地に広がっています。

圧倒的なシェアを誇る落花生

千葉県の代名詞と思われるほどの農産物と言えば落花生です。それもそのはず、美味しい落花生の品種といえば「千葉半立」であり、平成

かんしょ（サツマイモ）の収穫量全国シェア
（平成16年産）

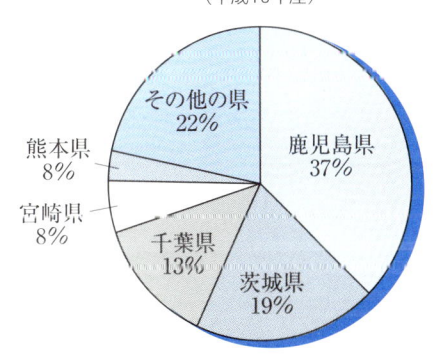

- 鹿児島県 37%
- 茨城県 19%
- 千葉県 13%
- 宮崎県 8%
- 熊本県 8%
- その他の県 22%

かんしょ（サツマイモ）の収穫量
（平成16年産）

県別	収穫量ton	全国シェア%
鹿児島県	378,000	37.46
茨城県	193,100	19.14
千葉県	131,400	13.02
宮崎県	59,000	5.85
熊本県	30,000	2.97
その他の県	217,500	21.56
全国合計	1,009,000	100.00

落花生の収穫量
（平成16年産）

県　別	収穫量ton	全国シェア%
千葉県	15,900	74.65
茨城県	2,990	14.04
その他の県	2,410	11.31
全国合計	21,300	100

落花生の収穫量全国シェア
（平成16年産）

- その他の県 11%
- 茨城県 14%
- 千葉県 75%

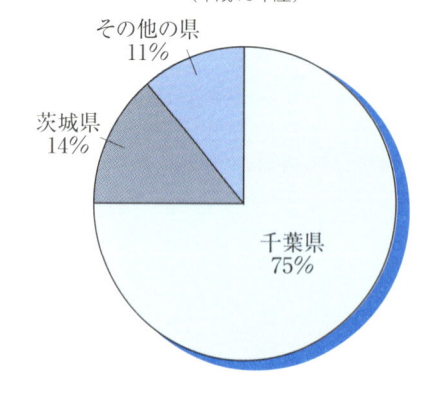

16年産の収穫量15,900トンは全国の収穫量の75%を占めています。今や国内生産は千葉と茨城の2県といってよい状況になりました。千葉県内の主産地は、八街、千葉、佐原、市原、富里ですが、かなり広い地域で栽培されています。南米が原産のこのマメ科作物は、1871年に神奈川県で栽培され始めました。その5年後、南郷村（現山武市）の篤農家牧野万右衛門は神奈川から種子を導入して試作を行い、県に落花生の奨励を踏み切らせました。その後、鎌数村の（現旭市）の金谷総蔵は、周辺地域へ普及させるとともに販売契約による販路確保を実現しました。

なお、千葉県では初の博覧会を平成2年（1990年）に幕張メッセで開催しましたが、この博覧会では、落花生人形のピーちゃんをマスコットキャラクターに定めました。

グリーン・ブルーツーリズム

ヨーロッパ諸国では、かなり以前から"農村で休暇を"というスローガンで都市の人々を農村に誘うグリーンツーリズムという運動がバカンスと結びついて定着しており、農家民宿なども整備されてきました。日本では、都市拡大が急速に進んだ昭和40年代から都市と農村の交流が取り上げられるようになり、ヨーロッパのこの考え方が導入されるようになりました。特に環境問題や余暇の過ごし方、過疎と過密の問題、人々の農村回帰等が課題となっている最近は、全国組織が作られ、大きな広がりをみせています。

千葉の場合は、豊かな農村と長い海岸線、里山、温暖な気候、豊かな食材、歴史や文化等の地域資源に恵まれているので、首都圏の多くの人々が"ふるさと"を求めて訪れてきます。これに対応して、千葉県の場合は、単にグリーンだけでなく、海のツーリズムも加えて、グリーン・ブルーツーリズムとして、民宿やペンションを利用した農山漁村での滞在型余暇活動や日帰りでの余暇活動、身近な市民農園等での農業体験活動、直売所施設等を介した地元農産物の販売活動（千産千消）を推進しています。

市民農園

都市の周辺などでは、小さく区割りした農地に市民が集まり、耕している姿を見ることが出来ます。これは"市民農園"と呼ばれているもので、イギリスで産業革命（1789）頃に誕生しました。英語ではアロットメントガーデン、ドイツ語ではクラインガルテン、フランス語では、ジャルディンファミリアール（家族の庭）と呼ばれます。

日本の市民農園は大正時代に誕生した後、第2次世界大戦後に全てが消滅し、昭和45年頃に再び兵庫、神奈川、東京、千葉に生まれ、現在も増え続けています。再スタート当初の40年頃は、農地法で農家以外への農地貸付は禁止され、市民農園は違反だと言われました。しかし、入園利用方式という農家経営方式の考え方をまとめた千葉県の市民農園利用者団体をはじめ、全国各地の市民農園が行政への働きかけ等の活動を積極的に行い、公式に認められるようになりました。現在では、関連法の改正と制定により、都市周辺の都市型市民農園が普及し、中山間地域には滞在型市民農園まで見られるようになりました。

千葉県には、最初からヨーロッパのような利用者市民を主人公とする市民農園を目指したものが誕生し、全国の市民農園活動をリードしてきました。運営ノウハウの蓄積、組織体制の整備は全国一であり、日本の市民農園組織を中心的役割で支え、国際会議への参加も長年続けています。なお、都市型の標準的形態は1区画平均30㎡の菜園型です。

（廻谷義治）

COLUMN　間宮七郎平と花畑

早春に鴨川市から白浜町（現南房総市）へ向かって行くと、道路の両側には花畑が広がっていて目を奪われる。この道沿いに「花園」という美しい地名がある。由来は、花園天皇の姫が悪い病気にかかり、小船にのせられて漂着し息絶えた伝説にちなむ。

この地には、花の栽培を手がけた間宮七郎平（明治26年～昭和33年）の業績が語り継がれている。農家に生まれた氏は苦学して薬剤師の資格を取り薬局を開くが、この地の温暖さを生かした産業として花卉栽培に目をつける。同志を誘って「生花組合」を設立（大正12年）、自ら組合長になる。関東・東北地方から北海道まで販路を広げ、事業は順調であったが、昭和19年戦況が厳しく食料が不足すると、花卉栽培は政府によって禁止される。花畑はすべて甘藷と麦畑に転換され、花の苗と種子は残らず焼却されてしまう。

戦後すぐに人々は、焼却されずに放置されていた球根や畑地の隅に人知れず生えていた苗を元に栽培に取りかかった。昭和21年、間宮氏は「和田町農業会長」に迎えられ、再度花卉栽培の復興に取り組んだ。昭和28年5月6日、天皇・皇后は花園地区の花畑を視察される。翌年の1月6日の生花組合創立30周年記念祝賀会では、不自由な身で壇上から「この和田町の花卉生産をますます郷土の誇りたるべき産物にしてください」と述べられた。昭和32年、功労碑が全国各地の有志によって建てられる。

間宮七郎平功労碑

　百姓家埋めて菜の花盛りなる
　花咲きて墓域華やぐ中を通る
　　　　　　間宮落猿（句集『潮騒』より）

千葉県水産業の現状

　千葉県は日本列島のほぼ中央に位置し、県北部は東京を中心とした首都圏に含まれます。千葉県の三方は太平洋と東京湾に囲まれており、海岸線の長さは関東地方で最も長く、約530kmにおよんでいます。

　千葉県の沖合は周年にわたって黒潮（暖流）が北にむかって流れており、おおむね温暖な海洋性気候です。また、冬から春には北から南下してくる親潮（寒流）の影響を多少とも受けています。千葉県は、黒潮・親潮の2つの海流にのって季節ごとにやって来る、イワシ・アジ・サバ・カツオなど海の幸が多く漁獲されています。沿岸域の浅海から深海にかけて、タイ・ヒラメ・キンメダイ・アワビ・イセエビなど多種多様な高級魚介類が豊富に漁獲されています。このように温暖な気候、恵まれた自然環境、首都圏に隣接した立地条件などによって、千葉県は近世・近代・現在と過去400年来常磐～房総沖を漁場として沿岸・沖合漁業が発達してきました。また、イワシ・サバ・サンマなど豊富な漁獲物を対象とした水産加工業が、銚子・九十九里・外房を中心に発達してきました。

　内水面では一級河川の利根川や江戸川、印旛沼や手賀沼のほか中小河川で、小規模なさまざまな漁業や養殖業が行われてきました。

漁業・養殖業の生産量と生産額

　平成16年（2004）の千葉県海面漁業・養殖業の生産量は22万4700トンで、北海道・長崎県に次いで、全国第3位です（全国比5.1％）。内水面漁業・養殖業の生産量は721トンで、全国比1％弱になっています。

　また、前年（平成15年）の千葉県海面漁業・養殖業の生産量は22万6200トンで、全国第5位でした（全国比3.8％）。このうち、海面漁業・養殖業の生産額は338億6200万円で全国第15位でした。

　地区別の生産量は銚子・九十九里が12万4000トンで最も多く、全県の61％を占めています。次いで東京湾が3万6500トン（18％）、外房が2万8000トン（14％）、内房が1万4000トン（7％）、内水面が1300トン（1％弱）の順になっています（平成14年統計）（図1）。

　漁業別の生産量は、沖合漁業の15万7000トンで、もっとも多く全体の69％を占めています。次いで沿岸漁業の4万9500トン（22％）、海面

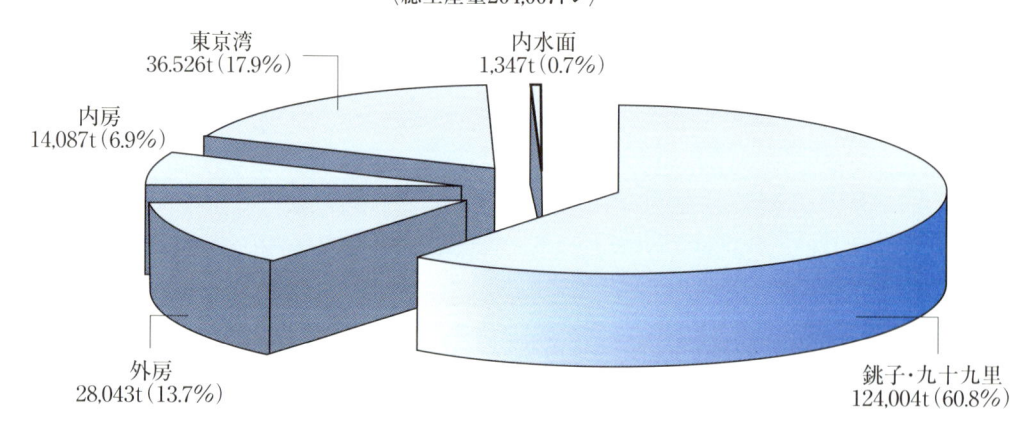

図1　地区別生産量（平成14年）
〈総生産量204,007トン〉

- 東京湾　36,526t（17.9％）
- 内水面　1,347t（0.7％）
- 内房　14,087t（6.9％）
- 外房　28,043t（13.7％）
- 銚子・九十九里　124,004t（60.8％）

養殖業の1万9500トン（9％弱）、内水面漁業・養殖業の1100トン（0.5％）、遠洋漁業の300トン（0.3％）の順になっています（平成15年統計）。このように千葉県漁業の生産量はおもに沖合漁業（69％）と沿岸漁業（22％）で占め、次いでノリ養殖を中心とした海面養殖（8％）で、内水面漁業や遠洋漁業はいずれも1％以下をしめしています（図2）。

海面漁業・主要魚種別生産量

平成15年（2003）の海面における魚種別生産量を多い順にしめすと、イワシ類が13万4900トンでもっとも多く（59.6％）、次いで養殖ノリが1万9300トン（8.5％）、サバ類が1万4000トン（6.2％）、サンマが1万3900トン（6.1％）、アサリが1万700トン（4.7％）、アジ類が4900トン（2.2％）、ブリ類が4100トン（1.8％）、カツオ類が2800トン（1.3％）、スズキが2000トン（0.9％）、キンメダイが1700トン（0.8％）、バカガイが1300トン（0.6％）となっています（図3）。

図2 漁業部門別生産量（平成15年）
〈総生産量227,331トン〉

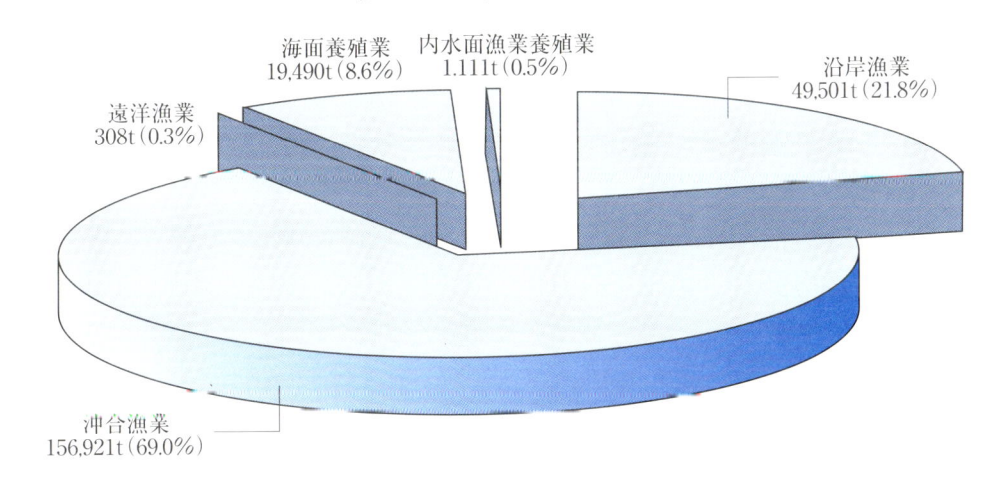

海面養殖業 19,490t（8.6％）
内水面漁業養殖業 1,111t（0.5％）
沿岸漁業 49,501t（21.8％）
遠洋漁業 308t（0.3％）
沖合漁業 156,921t（69.0％）

図3 海面主要魚種別生産量（平成15年）
〈総生産量226,220トン〉

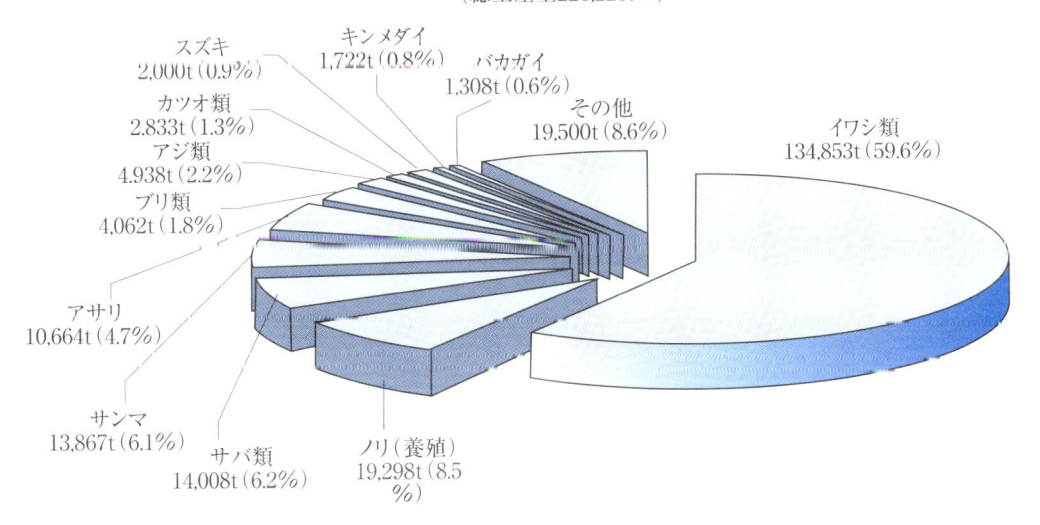

スズキ 2,000t（0.9％）
キンメダイ 1,722t（0.8％）
バカガイ 1,308t（0.6％）
カツオ類 2,833t（1.3％）
その他 19,500t（8.6％）
アジ類 4,938t（2.2％）
ブリ類 4,062t（1.8％）
イワシ類 134,853t（59.6％）
アサリ 10,664t（4.7％）
サンマ 13,867t（6.1％）
サバ類 14,008t（6.2％）
ノリ（養殖） 19,298t（8.5％）

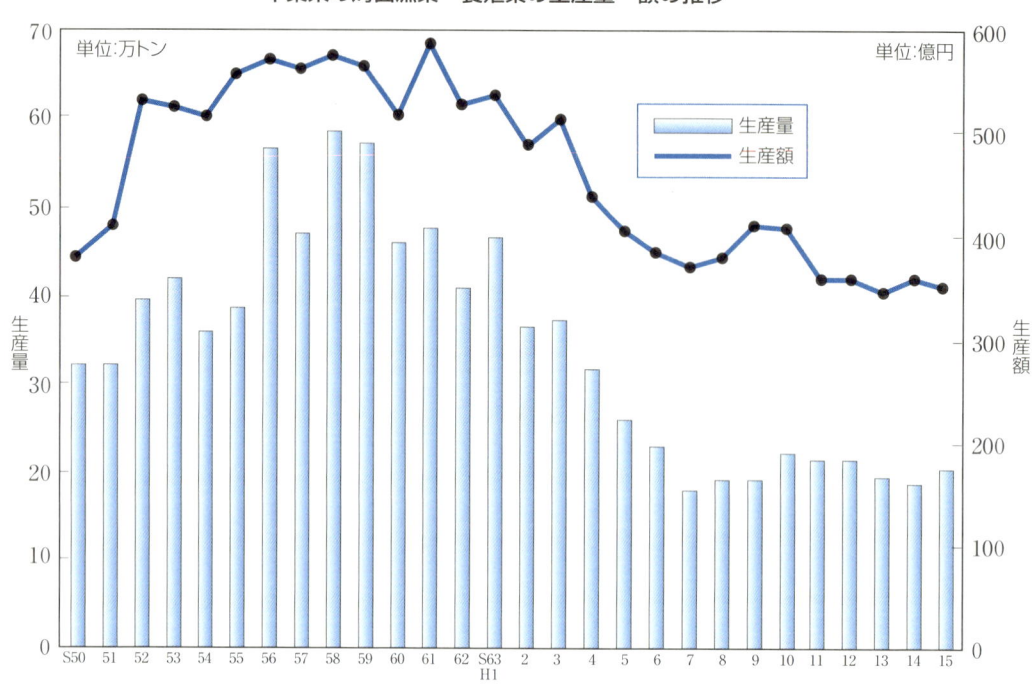

千葉県の海面漁業・養殖業の生産量・額の推移

海面漁業・養殖業の生産量と生産額の経年変動

海面漁業・養殖業の生産量の推移を経年的に追ってみると、1980年代前半がもっとも多く、そのころの年間生産量は45〜59万トンでしたが、その後次第に減少して、80年代後半は37万〜48万トンとなり、1990年代以降はおおむね20万トン前後に低迷しています（図4）。

また、生産額は1980年代にはおおむね500億円を上まわっていましたが、以後生産量の減少にともない下降線をたどり、90年代に入って400億円前後に、90年代後半以降は300億円台に落ち込み、2000年代に入ってさらに減少して300億円前半に終始しています（図4）。

水産加工品生産量

平成15年（2003）の千葉県水産加工品生産量は28万1400トンで、北海道・宮城県に次いで全国第3位です。千葉県の水産加工品のおもな対象魚は、イワシ・アジ・サバ・サンマなどの大衆魚ですが、最近ではサンマを除く多くの加工原料は外国からの輸入に依存しています。

加工品目の内訳は、冷凍が15万5800トンでもっとも多く（全国第3位）、次いでいわし塩干しが1万4000トン（1位）、さば塩干しが2万500トン（1位）、さんま塩干しが1万1200トン（1位）、あじ塩干しが4800トン（2位）、ほっけ塩干しが7800トン（2位）、いわし煮干しが4600トン（2位）、さば塩蔵が2万2000トン（1位）、いわし塩蔵が400トン（2位）、さけます塩蔵が5100トン（4位）、燻製が700トン（2位）、さくら干し・みりん干しが1400トン（5位）となっています。

また、水産缶詰生産量は8600トンで全国第6位ですが、魚種別ではいわし缶詰は4700トンで第1位となっています。

（平本紀久雄）

第四章●農林水産業

COLUMN 房総の漁労

　房総半島は、比較的穏やかな東京湾から黒潮と親潮の流れる太平洋に抱かれるような530kmに及ぶ海岸線を有し、来遊する魚群や沿岸に生息する生物の種類の豊富さ等、多様な海の資源に恵まれています。そのため、多種多様な沿岸・沖合漁業が発達してきました。また、利根川、江戸川とこれに連なる印旛沼や手賀沼のほか、各地の中小河川でさまざまな漁業が行われています。

　房総半島の沿岸漁業は、中世までは生活に必要な自給的なものでしたが、徳川家康の関東に入国した近世初頭から紀伊・和泉・摂津などの関西漁民が大量に出漁してきて、多くの新しい漁法が導入され大きく発展することとなりました。

　房総に伝わった漁法を概観すると、中世末期から近世前期には、地引き網・建て干し網・八手網・まかせ網・棒受け網・突きんぼ漁・鯨漁・小鮪釣り・手繰り網（打瀬網）・桂網が、近世中期（18世紀）には、藻打ち網・鰹網・いなだ網・小晒し網が加わり、更に近世後期には、さわら網・このしろ網・うなわ網・鮪出し網・延縄などが加わりました。

　現在は、銚子から九十九里浜の沖合で大型船によるイワシ、サバなどのまき網、サンマ棒受網、沖合底びき網漁業など。小型船によるキンメ、ムツなどの釣り、小型底びき網漁業などが行われています。また、九十九里浜の海岸では、チョウセンハマグリ、ナガラミなどを対象に貝桁網漁業が行われています。

　九十九里南部から外房の海岸線は変化に富み、岩礁が多くアワビ、サザエ、イセエビなどを対象に海女や刺網漁業が行われています。また、カジキ、カツオ、イカ、キンメダイ、ヒラメなどを対象とした小型船漁業のほか、定置網漁業や大型船によるサバ、サンマ漁業、まき網漁業が行われています。

　東京湾沿岸は、波の静かな全国でも有数の浅海漁場で、ノリ養殖業やアサリ漁業のほか、スズキ、カレイ、コノシロを対象に底びき網やまき網漁業が行われています。また、内湾水と外海水の混ざり合う地域では、アジ、ヒラメ、マダイ、クルマエビなど魚種も豊富で、釣り、小型底びき網、まき網、定置網など各種漁業も行われています。

　利根川、印旛沼、手賀沼などの河川・湖沼ではシジミ、アユ、ウナギなどの漁業が行われています。

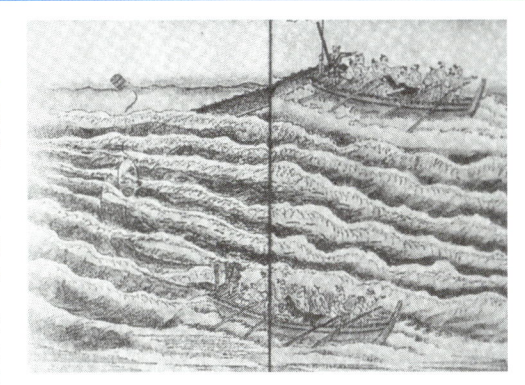

九十九里地曳網張廻之略図（房総水産図誌）

（高橋克）

COLUMN 千葉県の魚は、なに？

　「千葉県の花はなに？」と尋ねれば、答えはかならず「菜の花」と返ってくる。「それでは、木は？」と問えば、「槙（まき）」と答えるだろう。「鳥は？」と問えば、ちょっと考えてから、「はおじろ」と言うだろう。

　筆者は仕事柄、県内各地で海や魚や漁業の話をすることが多い。そこで、折にふれて、「千葉県の魚は、なに？」と問うことにしている。ところが、答えが振るっているのである。

　銚子市や九十九里町の人に聞くと、答えはかならず「鰯（いわし）」と返ってくるのが相場である。一方、南部の千倉町（現南房総市）の人に聞くと、「鯖（さば）」だと答える。鴨川市天津小湊の人に問えば、やっと「鯛（たい）」という答えが返ってくる。そう、正解は鯛なのである。

　それでは、なぜ県の魚がこのように流布しないのであろうか？　千葉県が県の魚を「タイ」にしたのは、1989（平成元）年であり、歴史が浅いことがまず挙げられよう。

　また、千葉県のマダイ漁獲量はきわめて少量であり、生産額は2.3億円で、ようやく第21位に顔を出す程度である。それでは、なぜタイが県の魚になったのであろうか？　小湊・鯛ノ浦のタイが日蓮上人の誕生に因む天然記念物であり、1980年代当時、栽培漁業が最重点的な水産施策であり、マダイやヒラメの種苗生産が目玉であったことが考えられるのである。

（平本紀久雄）

COLUMN 大羽イワシの名の由来

房総では、マイワシを大きさ（銘柄）別に小さいものから順に、小羽イワシ（標準体長12㎝未満、体重20ｇ未満）、小中羽イワシ（体長12～15㎝、体重20～40ｇ）、中羽イワシ（体長15～18㎝、体重40～70ｇ）、ニタリイワシ（体長18～20㎝、体重70～100ｇ）、大羽イワシ（体長20㎝以上、体重100ｇ以上）とそれぞれ呼び、細かく分類している。

大羽とか、中羽というマイワシの銘柄別の呼び名は、いつ、どこで最初に用いられたのだろうか？ 1956年発行の『銚子市史』に、銚子の豪商、宮本屋太左衛門・行方屋庄次郎・柳屋仁平次・田中玄蕃（ヒゲタ醤油の祖）らがおそらく幕末（年不明、辰九月）と記したと思われる文書「魚粕並干鰯直段付」が最初であろう。そこには、「鰯品分の事 大鰯、中羽大鰯形にて小さき也」と記されている。また、カタクチイワシを「腰長（こしなが）」あるいは「ひしこ」と呼び、銘柄別に大中小にそれぞれ分類している。腰長とは、大阪地方のカタクチイワシの呼び名である。

ところで、中羽イワシの「中羽」とは、なにを意味するのだろうか？ 榮川省造著『新釈魚名考』によると、「バ、あるいはパ」を語尾とする魚名は十数種ある。中羽は本来、「中魚（ちゅうば）」で中形の魚をさし、「羽」は誤りであろうという。大羽・中羽・小羽という呼び名はいまでは全国に流布しているが、れっきとした房総専売特許のマイワシの銘柄別呼称である。

（平本紀久雄）

COLUMN 房総の鯨塚

安房での捕鯨は、江戸時代初期に南紀太地の捕鯨船の漂着によって伝えられたとされる。その後、安房郡鋸南町で関東捕鯨の祖と呼ばれた醍醐新兵衛定明によって「突組」と呼ばれる50隻以上の捕鯨船で構成された組織的で大規模な近海捕鯨漁を始めたことから定着した。

捕鯨の実際は、比較的小さなツチクジラ・カジクジラなどを銛で突いてとらえる漁法で、漁場は東京湾の入り口にあたる一帯でした。そこには鯨道と呼ばれる鯨の回遊してくるルートがあり、鯨組はイワシを追って湾内に入ってくる鯨を待って捕獲したのでした。

捕鯨業がどれほどの経済効果をもたらしたかは定かではありませんが、鋸南町の勝山港を見下ろすような、大黒山の中腹の岩盤の大きな窪みの中に醍醐新兵衛定明の墓と並んで立つ太田蜀山人の歌碑に「いさなとる 安房の浜辺は 魚扁に 京という字の 都なるらん」と、鯨漁で都のように栄えていた様が詠み込まれている。

鯨塚（白浜町乙浜）

また、鋸南町をはじめとして、鯨漁や座礁して死んだ鯨の供養等に建立されたいわゆる「鯨塚」が房総の地には多く存在しますので、代表的なものをいくつかあげる。

（1）東京湾内では浦安市の稲荷神社にある「大鯨の碑」は、明治8年（1875）に生け捕りした鯨の供養碑です。浦安の二人の漁師が、葛西沖の三枚洲で鯨を生け捕りにし売って大金を得たことがあったのでした。二人はどこへ行っても英雄扱いです。生け捕りにした鯨の話題でもちきりで仕事が手につかない有様でした。これ以上こんな状況が続かないようにと祈願したものと伝えられている。

（2）安房郡鋸南町竜島の板井ケ谷にある「鯨塚」は、弁財天と称されていますが、醍醐新兵衛定香が天保9年（1838）に寄進した祠があり、それを取り囲むようにして数十基の小さな石の祠が建っています。これは、漁が終わるごとに鯨組の漁師たちがお礼と慰霊のために一基ずつ奉納したものといわれている。

（3）館山市館山の北下台の「従五位関澤明清碑」は、明治時代前期に捕鯨銃の改良等を行い、捕鯨会社を創設した近代捕鯨の先駆関澤明清の顕彰碑。

（4）白浜町乙浜（現南房総市）の「鯨塚」は、大正5年（1916）頃に建てられたもの。東海漁業株式会社の解体処理場跡地付近に建てられた供養祈願塚。

（5）安房郡千倉町千田（現南房総市）の長性寺にある「鯨塚」は、境内の観音堂の登り口にある。明治29年（1896）に捕獲された鯨を供養したもの。

大鯨の碑（浦安市）

（高橋 克）

酪農の歴史と乳製品

孝徳天皇（645〜654年）の時代、帰化人の子福常（別名を善那ともいう）が牛の乳を搾り天皇に献上したとの記録がある。

当時、牛乳は仏教において尊い飲料とされ神聖視されていたことから、わが国に仏教が伝来し、布教されるに伴い搾乳技術も普及していった。文武天皇4年（700）頃、太政官符として7道諸国司に命じ、主に薬用として牛乳を加工した蘇[1]を造り、朝廷への貢納制度が定められた。元正天皇（715〜724年）の時代になると蘇の貢納即ち貢蘇制度が強化され、各国に乳を搾り蘇を造る乳戸も設置されるようになった。

貢蘇制度は、各国を貢蘇の順番とその量を定めたもので、安房・上総・下総の房総3国もこの制度にくみ込まれ、房総3国合わせた貢蘇量は全国でも上位であった。

しかし、平安末期になると相次ぐ天災地変に加え、新興支配勢力の武家が支配権を握り、この貢蘇制度も衰微の道を歩むこととなる。

房総の馬牧

房総3国でも延喜式に記載された諸牧も一部は農地に転換され、また、地方の有力者や豪族の支配下におかれ、軍事上重要な馬牧として拡充された。とりわけ、安房の国主里見氏が軍馬養成のため急峻な山地の多い安房地方にあって、"青葉繁茂、処々に清水を生じ放牧の良地、緩傾斜の地"とされる嶺岡に馬牧を創設したが、徳川家康の関東入国にあたり、嶺岡牧（1740ha余）は、東葛飾地方を中心とした小金牧（3000ha弱）と印旛地方と周辺に分布した佐倉牧（7900ha余）とともに徳川幕府の直轄馬牧となった。

酪農の発祥

徳川八代将軍吉宗の時、嶺岡及び小金、佐倉の幕府直轄3牧に、大きな変革があった。小金・佐倉の両牧は馬改良のため国内外の優良馬の導入、嶺岡牧にあっては、享保13年（1728）[2]、初めてインド産白牛3頭（雄1頭、雌2頭）を放牧し、白牛間のみの交配により増殖された。後に、この増殖に伴い乳量も増加し、この白牛の乳から酪[3]を造り、白牛酪として将軍家に献上された。

『白乳酪考』の刊行

白乳酪の増産に伴い医薬用として、広く一般市民に販売されるようになったため、徳川将軍家の仁徳と白牛酪の由来や効用を広く世間に知らしめるため、岩本石見守正倫が幕府医官（町医者との説もある）桃井寅に命じ、寛政4年（1792）、わが国初の乳製品に関する単行本である『白乳酪考』を撰述、出版させた。その序文において、「蘇や醍醐は天竺（インド）原産であって、医薬としての効能は顕著である。徳川幕府は、民の生活に益あると考え白牛を移入した。この白牛は普通の牛と異なり仙草を食い、自然の生活を営む。白牛の乳数石を得て乾酪をつくったが天竺産のものに劣らないものができ

白牛（ゼブー種）（享保13年に嶺岡牧に放牧された白牛と同種）：千葉県酪農のさとで飼養

たので、将軍（家斉）に献じたところ将軍はおおいに喜ばれた。将軍の命により酪を継続して製造し、庶民にも施すこととなった。このことは、徳川家の大恵であって、その源は享保、すなわち吉宗の政治の仁恵で……。その主旨に沿うた……白牛酪の効能を世人に知らしめることとなった。」と記されている。

周辺地域への酪農の普及

嶺岡牧では、近親交配の弊害である繁殖障害等を防ぐため、交雑種生産など注目すべき手法を採用するとともに、牧で増殖した牛を周辺農家に譲渡している。これが、明治以降の安房地域に於ける酪農振興・発展の基となった。

房総3牧の変遷

明治2年（1869）以降、小金・佐倉の両牧は江戸窮民救済のため開墾されたることとなった。開墾の順番と美称を組み合わせ、最初の開墾地、**初富**に始まり、二和、三咲、**豊四季**、五香、六実、七栄、八街、九美上、十倉、十余一、十余二、そして、13番目の十余三まで現存する地名が付けられた。

しかし、急峻な斜面の多い嶺岡牧場は、明治元年に明治政府の東京民政裁培所の所管になり、以降、所管を替え民営・官営を繰り返したが、明治44年（1911）に千葉県種畜場嶺岡分場となった。それ以降も名称や事務分掌を変えつつ、乳牛の改良と酪農に関する試験研究が行われ、酪農や地域の発展に大いに貢献している。

牛乳の加工と生乳の貨車輸送

安房地方はこのように酪農の歴史的環境に恵まれ、酪農産地が形成された。しかし、交通網の整備が遅れたため、地域外への生乳輸送は困難であり慢性的生産過剰状況にあった。この余乳処理のため、明治25年（1892）には安房郡大山村（現在の鴨川市）に練乳等の製造所が設けられた。これを契機に、明治時代だけでも20か所に及ぶ練乳やバター等の製造施設が設置された。

鉄道が安房地方に延伸になったのは、大正期に入ってからである。大正8年（1919）に館山そして同14年鴨川まで延伸され、昭和2年（1927）に房総半島の環状線が完成した。このような鉄道網の整備は、生乳の生産や輸送にも大きな変化をもたらし、大正8年には、東京まで専用貨車による生乳輸送が開始された。

明治時代末期における県内の酪農家は140戸弱で1,400頭程度の乳牛を飼養し、年間3,150石ほどの生乳生産を行っていた。大正に至っても酪農家の数には大きな変動はなかったが、飼養頭数は2,000頭を超えることとなり、搾乳量も9,000石まで拡大している。

苦難の時代

昭和初期は第1次世界大戦後の不景気、金融恐慌そして満州事変勃発、上海事変、日華事変など暗い幕開けであったが、昭和元年（1926）における酪農は、1,900戸の酪農家が4,000頭の乳牛

日本酪農発祥之地の碑（県畜産総合研究センター嶺岡乳牛研究所内）

を飼養し4万石の搾乳を行うまで発展してきた。

しかし、第二次世界大戦中から終戦後の昭和20年代後半までは、人間の食料と一部競合する飼料の確保は困難を極め、酪農をはじめ畜産は停滞した。

酪農の発展と現況

昭和36年、農業基本法が制定され、生産性の向上、農業の構造改善並びに選択的拡大等推進され、各地で酪農をはじめとする畜産が脚光を浴びることとなった。

本県の酪農もこれら国の施策に呼応し、乳牛の飼養頭数は増加し、酪農家の飼養規模は飛躍的に拡大した。嶺岡牧場・種畜場の影響により安房地方を中心とする県南部が酪農の中核地帯であったが、その後、北総・東総など県全域に拡大された。現在は、概ね1,400戸の酪農家が約5万6,000頭の乳牛を飼養し、年間30万トン余の生乳を生産するわが国屈指の生乳生産県、酪農県である。

牧場も生乳等食糧生産に止まらず、生命の誕生やその育成、循環、環境維持、良好な景観の提供、水資源の涵養など牧場の持つ各種機能を生かした教育ファームの活動、又、観光牧場として食、学、遊、楽、体験等の場を提供し多くの支持を得ている。

畜産加工品（加工畜産物）

乳製品の酪、蘇、醍醐等の製法は定かではないが、8世紀始めに既に製造され、「牛乳から酪を製し、酪から蘇を製する。上蘇より醍醐を製する。醍醐は最上なり。」とある。

嶺岡牧では、白牛酪の製造が行われ、後に、一般市民にも譲渡されたが、白牛酪から他の乳製品への発展を見たのは、明治25年以降、余乳処理のため煉乳やバター、粉ミルク等の製造が

千葉県酪農のさとの展示館（千葉県南房総市）：酪農に関する歴史や現況等を展示

行われてからである。

その後、交通網の整備、昭和10年以降の戦時下の企業統制により、県内では数社が乳製品を生産するのみとなった。

平成の今日、乳業関連工場は20社程度となり、概ね、牛乳・乳飲料主体に生産を続けているが、アイスクリーム等の製造にあっては、酪農家自らが、また、その団体が携わるケースが散見されるようになった。酪農の歴史や食文化、自然環境の違いから、ヨーロッパ諸国のように地域ごとに特徴あるチーズやバター等への発展にはいたらなかったが、今日、各種乳製品開発が、ようやく緒に就いたところである。

1：蘇の製法は諸説あるが、牛乳を熱し水分を蒸散させ、盆に入れ冷却、表面に浮かんだ脂肪を除去する。再度、鍋に入れ再び熱し、浮かびでた脂肪の渣を取り去った物。
2：享保12年の説もある。
3：酪の製法にも諸説あるが、牛乳を鍋にいれて熱し、数十度煮沸する。この間、しきりに杓で攪拌して、缶の中に入れ、冷却の後表面に浮かんだ皮を取り去った物。
4：白牛酪は、牛乳を1斗あまり入る黄銅製の鍋に入れ、砂糖を混ぜてとろ火にかけ、長柄の杓で攪拌、石鹸の堅さ位に煮詰めたのち、亀甲型の枠にいれ固めた物。

（鹿野 茂）

房総の地酒と醤油

もともと酒の醸造は、神社のお祭の折に神にささげ、そのお下がりを頂く直会(なおらい)の習俗の中で発達してきた。素朴な濁酒を村人たちは醸造し、冠婚葬祭の折に味わったのであるから家々や集落ごとに秋から冬にかけて仕込んでいた。それが発展した形で村々に酒蔵（造り酒屋）が誕生し商いをするようになった。

房総の地に造り酒屋が生まれたのは江戸時代であるが、村々の小規模な蔵から始まり徐々に石高の多い蔵に統合されていった。それは、大消費地の江戸に出荷するようになったからである。とくに穀倉地帯の水運の利用ができる香取市・神崎町・流山市などの酒蔵が隆盛であった。

千葉県の酒蔵の数は、明治12年800軒、16年1,121軒、38年237軒（『ちばの酒ものがたり』鈴木久仁直著　青磁書房）であったが、現在は42軒に減少している。

北総に及川恒男（東薫　南部杜氏）、外房に菊地幸雄（岩の井　南部杜氏）、内房に丸山徹郎（聖泉　越後杜氏※2004年引退）の3人の現代の名工杜氏（卓越技能者　厚生労働省）がリードする千葉県は、どの蔵も切磋琢磨をして美酒佳酒を醸造している。だが、惜しむらくは本物の美酒を愛飲する人が激減していることである。

杜氏の出身地は、かつては越後（新潟県）が主流だったが、現在は南部（岩手県）が多い。なお、最近では社員に研修させて杜氏なしで醸造する蔵も増えている。

地酒の蔵

名工杜氏の蔵

○**東薫酒造**（香取市）文政8年（1825）創業。大吟醸「叶」や吟醸「二人静」など良質な熟成感がある。

○**岩瀬酒造**（御宿町）享保8年（1723）創業。山廃吟醸「岩の井」・純米古酒「岩の井」の熟成感に評価が高い。慶長年間に遭難したスペイン船サンフランシスコ号のマスト・キールを使ったかやぶきの母屋を今も使っている。

○**池田酒店**（富津市）明治7年（1874）創業。大吟醸「聖泉」・吟醸「君たち花」など端麗な芳醇さがある。湊川の河口近くの落ち着いた趣がよい。

下総台地の蔵

○**飯沼本家**（酒々井町）元禄年間（1688～1704）創業。大吟醸3年貯蔵「甲子」・大吟醸「粋一撰」など、切れ味のすっきりとした飲み口が好評。設備の近代化と自然豊かな環境がよくマッチしている。ギャラリーも併設されている。

○**滝沢本店**（成田市）明治5年（1872）創業。各種「長命泉」は滑らかな味わいとふくよかな香りがよい。仕込み水が良質で成田山の参詣者に喜ばれる。

○**旭鶴**（佐倉市）天保元年（1830）創業。純米吟醸「旭鶴」・本醸造「佐倉拾壱万石」など家族による手造りのふくよかな味わいとやさしい香りが評判。

利根川沿いの蔵

穀倉地帯の利根川・江戸川沿岸では、米の余剰分を酒造に回し、大都市の江戸に水運を利用して運んだ。関西の「くだり物」の半額に近い価格であり、庶民には歓迎されたようだ。

○**鍋店**（神崎町）元禄2年（1689）創業。大吟醸「仁勇」・吟醸「花山水」など芳醇な香りと味わいがよい。格式のある神崎神社の森の下に近代的な酒蔵が建つ。

○**寺田本家**（神崎町）延宝年間（1673～1681）創業。地元の無農薬米を使ったきもと系山廃純米酒「五人娘」・本醸造「香取」など伝統的な

手造りにこだわる。明治～昭和の文人・歌人との交友は文学史に残る。「五人娘」は、歌人土屋文明の命名である。

○**馬場本店**（香取市）　天和年間（1681～）創業と伝えられる。勝海舟の来訪に因む「海舟散人」（大吟醸）や、「みりん」などを醸造している。蔵の外観に趣がある。

○**飯田本家**（香取市）明治10年（1877）創業。「大姫」各種はコクのある飲み応えを目指している。

○**神明酒造**（東庄町）安政3年（1856）創業。純米「神明」は芳醇端麗な甘口である。

○**飯田酒造場　飯嘉本家**（銚子市）明治元年（1868）創業。伝統的な手作りにこだわる。純米大吟醸「徳明般若湯」のソフトな味わいが好評。

○**小林酒造場**（銚子市）明治7年（1874）創業。大吟醸「祥兆」はコクがある。

○**石上酒造**（銚子市）　慶応元年（1865）創業。大吟醸「銚子の誉」・純米「石倉古酒」など大谷石の二つの蔵で醸造している。

○**窪田酒造**（野田市）明治5年（1872）創業。純米大吟醸「勝鹿」・純米吟醸「宝船」など良質の水を使う熟成感がよい。かつて、東葛飾郡には数多くの蔵があったが、現在では孤塁を守っている。利根運河沿いの落ち着いたたたずまいの蔵である。

九十九里の蔵

○**佐瀬商店**（山武市）明治16年（1883）創業。大吟醸「総乃寒菊　夢の又夢」・純米原酒「幻の花」などコクの深さを目指している。

○**花の友**（山武市）慶応元年（1865）創業。大吟醸「花いちもんめ」・純米吟醸「松尾の花」などさわやかさとほのかな吟醸香が特色。幕末

千葉の銘酒

に太田道灌の末えいの太田藩領の御用蔵となると伝えられる。

○**梅一輪酒造**（山武市）昭和59年（1984）創業。大吟醸・純米吟醸「梅一輪」など甘味と酸味を持った飲み口のよさが特徴である。

○**東條酒造**（山武市）文化元年（1804）創業。各種の「東姫」は甘口で飲みやすい。

○**守屋酒造**（山武市）明治26年（1893）創業。地元の有機米の麹にこだわる各種「舞桜」のコクとフルーティさが評判。酒蔵コンサートなどの地域文化の振興にも取り組んでいる。

○**青柳酒造**（横芝光町）明治初年（1868）創業。各種「金紋篠緑」は、良質の水でゆるやかに醱酵される。

○**宮崎本家**（匝瑳市）各種「富士乃友」は芳醇な旨みとコクのある美酒を目指している。

外房の蔵

○**稲花酒造**（一宮町）文政年間（1818～）創業。各種「稲花正宗」は柔らかい飲み口の芳醇さが快い。東浪見の浜はかつて地引網漁がさかんであり、船方たちへの振舞い酒として醸造された。

○**木戸泉酒造**（いすみ市）明治12年（1879）

創業。古酒「古今」・「醍醐木戸泉」など、天然の生の乳酸菌を用いて高温で酒母を仕込む方式（高温山廃もと）として人気が高い。

○東灘醸造（勝浦市）慶応3年（1867）創業。大吟醸「東灘」・純米吟醸「朝市娘」など、端麗ですっきりとした口あたりである。

○秀楽酒造（鴨川市）明治12年（1879）創業。各種の「秀楽」は鴨川漁港の生きのよい魚に合うコクのある佳酒である。

久留里街道沿いの蔵

○宮崎酒造店（君津市）慶応2年（1866）創業。各種の「峯の精」は小櫃川沿いの自然環境の素晴らしい所で醸造されているので芳醇な香りが漂う。

○須藤本家（君津市）明治元年（1868）創業。街道沿いの酒蔵で各種の「天乃原」を醸造。米そのものの旨みを引き出した自然の味を大切にしている。

○吉崎酒造（君津市）寛永元年（1624）創業。各種の「月華」・「吉寿」は、地下水「久留里の名水」を用い、甘口でやさしい味わいがある。

○藤平酒造（君津市）享保元年（1716）創業。各種「福祝」・「久留里城」は端麗な味わいである。

○森酒造店（君津市）明治初期（1868〜）創業。各種「飛鶴」は、端麗でさわやかである。

丘陵地の蔵

○原本家（君津市）約200年前創業。各種「鹿野山」は、豊かな湧水を使用し、味とコクと香りのよさを目指している。粕取り焼酎は、懐かしい味と香りがある。

○小泉酒造（富津市）寛政5年（1793）創業。大正5年、全国に魁けて吟醸酒造りに取り組み、「東海」の銘柄を「東魁」とした。各種の「東魁」は香りと味のバランスのとれた美酒を目指している。

○吉野酒造（勝浦市）天保年間（1829〜）創業。自然環境に恵まれた地に趣のある蔵構えを見せている。各種「腰古井」（地名の「腰越」を銘柄としてとる）は柔らかくコクがある。

○豊乃鶴酒造（大多喜町）天明年間（1781〜）創業。城下町にちなむ各種「大多喜城」は、飲みやすく熟成感がある。

○亀田酒造（鴨川市）明治10年（1877）創業。大吟醸「寿萬亀」・「見返り美人」、リキュール「房州びわ酒」などユニークな銘柄で地域振興にも関わる蔵。長狭街道に面し、嶺岡山の県立酪農の里などにも近い。

※千倉酒造（南房総市）は集約製造契約に基づいている。また、メルシャン（流山市）「百万両」や宝酒造（松戸市）「松竹梅」・キッコーマン酒造（流山市）の焼酎などは、地酒のカテゴリーには入らないので割愛した。

醤油の蔵

千葉は醤油王国、全国一の生産高

醤油のルーツをたどると、中国で作られた「醤(ひしお)」が、紀州（和歌山県）に伝わり、醤油となり、関西から関東へと伝播する。

銚子と野田市の醤油醸造は、全国的に知られている。元々は、大消費地江戸を市場とする関西の下り醤油に対抗して、江戸への地の利を生かして進出した新興勢力であるが、蔵同士が結束して関西醤油を幕末の頃には圧倒する。なお、原料の大豆・小麦は千葉・茨城・神奈川など関東平野の地元産を使った。

○ヒゲタ醤油（銚子市中央町）　元和2年（1616）、田中玄蕃の創業。首都圏の蕎麦・うどん店の8割近くが「本膳」を使用している。とくに原料を吟味し年1度だけ仕込む「玄蕃蔵」は色・味・香りが本来の醤油の真髄を示している。

○ヤマサ醤油（銚子市新生町）　正保2年（1645）、濱口儀兵衛の創業。（創業者の儀兵衛

は国定教科書や道徳本の「いなむらの火」の主人公)。有機丸大豆を使った「吟選しょうゆ」は天日塩を使用したこだわりの製品である。

○キッコーマン醤油（野田市野田）　寛文元年（1661）、高梨兵左衛門の創業。天明元年（1781）、茂木七左衛門など7名と「醤油仲間」を結成し販路拡張に取り組む。大正6年（1917）、「野田醤油株式会社」を合同で設立、現在は「キッコーマン株式会社」として、国内3カ所とアメリカ・シンガポール・台湾・オランダ・中国などに生産拠点を持つ。日本の調味料「醤油」が名実共に世界へはばたく原動力となる。

○キノエネ醤油（野田市中野台）　天保元年（1830）創業。

○宮醤油店（富津市佐貫）　天保5年（1834）創業　天然醸造の濃口。

○入正醤油（東庄町）享保9年（1724）創業。大樽での完熟醸造。

この3蔵も歴史がある。業界も寡占化の浪でいくつかの蔵が廃業した。

（安藤　操）

COLUMN　房総の地酒と肴

銘柄	種類(酒度/酸度)	相性の良い地元の肴
岩の井　原酒	吟醸純米原酒　+3／1.6	アワビのわたのから焼き（鮑を食べた殻を利用）
木戸泉　アフス	古酒　−25／7.0	クジラの竜田揚げ（鯨のくさみを消して）
腰古井　総の舞	純米酒　+6／2.0	なめろう（房総代表の郷土料理）
寿萬亀　大山千枚田	純米吟醸　+5／1.3	たけのこの酢漬け（産地独特の食べ方）
福　祝　純米酒	純米酒　+2／1.4	カツオの酒盗和え（鰹のたたきの残りを）
吉　寿　月華	大吟醸　+4／1.3	磯どうふ（木更津海苔に豆乳を）
聖　泉　召たち花	吟醸　+3／1.2	青柳のさんが（青柳の味噌和え焼き）
東魁盛　八犬伝	原酒　+1／1.6	アサリのニンニク醤油漬け（酒蒸しアサリの保存）
東　薫　二人静	吟醸　+3／1.5	ワカサギと葱のサラダ（川魚とネギの料理）
仁　男　不動	特別純米酒　+2／1.5	大浦ごぼうの含め煮（成田山の御祝料理）
五人娘　むすひ	玄米酒　−15／8〜9	里芋の田楽（練り味噌を付け焼く）
梅一輪　純米酒	純米酒　+3／1.3	新玉ねぎとスルメのしょうゆ漬け
寒　菊　夢の又夢	吟醸　+5／1.3	イワシのゴマ漬け（九十九里の郷土料理）
甲子正宗　ぎんから	吟醸　+5／1.3	落花生の野菜なます（房総の郷土料理）

地酒と相性の良い主な肴料理

なめろう
〈作り方〉
① アジは3枚におろす。
② 頭の方から手で静かにひきながら皮をむき、細切りにする。
③ 長ねぎ、しょうが、青じそはみじん切りにする。
④ ②に③を混ぜ、味噌も加えて包丁の刃でよくたたく。

タケノコの酢漬け
〈作り方〉
① ゆでたタケノコを薄切りにする。
② 甘酢（砂糖、酢、塩）をつくる。
③ 赤とうがらしは、種を除き輪切りにする。
④ タケノコを甘酢に漬け、とうがらしを入れる。

青柳のさんが
〈作り方〉
① 青柳（舌切れ）は、水けをよくとっておく。
② 玉ネギは、みじん切りにして電子レンジで1分。
③ 青柳、しょうが、大葉はみじん切りにする。
④ ②と③に味噌を合わせる。
⑤ 蛤の殻に詰め、オーブンで焼き目がつくまで焼く。

イワシのゴマ漬け
〈作り方〉
① イワシは、頭と腹わたをとり水できれいに荒い流し、薄い塩水に30分くらいつけて血抜きする。
② ①の水けを切り、器に入れて塩をふりかけ5時間。
③ 赤とうがらしは小口切り、根しょうがはせん切り、ごまは煎っておく。
④ ②のイワシを水洗いして水けをよくきり、ボウルの合わせ酢（酢、酒、砂糖、塩）に7時間くらい漬けておく。
⑤ ④のイワシの汁けをきり、漬物器にイワシを並べ、ごま、とうがらし、しょうがのせん切りをふり、繰り返し重ねる。最後にラップをかけて押し蓋をして軽い重しをして2日くらいで出来上がり。
⑥ 器に盛ったときに、ゆずのせん切りを飾る。

アサリのニンニク醤油漬け
〈作り方〉
① アサリは殻をよく洗って水けをきり鍋に入れる。酒を加えてフタをし、強めの中火で蒸す。口が開いたら、汁ごと密閉容器などにいれる。
② ニンニク、赤唐辛子、醤油を加えて混ぜ60分位おく。

アワビのわたのから焼き
〈材料〉：アワビのわた300ｇ、味噌大さじ2、しょうゆ大さじ2、砂糖大さじ1、酒大さじ1、季節の野菜（いんげん、玉葱、茄子、ピーマン）、サラダ油少々
〈作り方〉
① アワビの殻の潮吹きの穴を味噌でうめる。
② 季節の野菜を1cm角くらいに切って、サラダ油で軽く炒める。
③ アワビのわたの叩いたものを鍋の中に入れ、砂糖、しょうゆ、油で好みの味付けにする。
④ ①の中に③を入れる。
⑤ ④のアワビの殻をじかに焼く。

（佐野千寿恵）

房総の太巻き祭りずし

　千葉県は「すし」の種類が多い。海側には魚介を主にした、にぎりずし、すしな（菜）などの他にアジ、イワシ、サンマ、イナなどの姿ずしがある。変わったものではカツオのハラモずし、赤まぜ（房総手こねずし）などもある。

　海辺から離れた農業地帯、特に上総地方を中心に農民の手で作られた独特の太巻きずしがある。はじめて見た人は連続して金太郎飴のように出てくる切り口の文様に感嘆する。そのうえ巻きす方をみたら更に驚く。

　通常、海苔巻きは巻きすの上に海苔をおき、すし飯と具をのせ手前から向こうに巻き込むが、房総では巻きすの向きを90°変えて左右から巻き込む。また細い小指ほどの海苔巻きを花弁として作るが、このときは細巻き用の巻きすの中で転がしながら巻く。これらの技を駆使し各種の花や動物、景色を自由に巻き、究極の技として「寿」や「祝」、「志」などの文字を巻きこむことまでも考え出してしまった。

　更に文様の具の配置を逆さ絵で仕上げるという独自の方法で作る。坊やの顔を作るには海苔の中央部に幅5センチのすし飯をおき、眉、目、鼻、口の順にすし飯を配分しながら部品を積み上げる。最後に海苔を両サイドから合わせ、合わせめを下にし包丁を入れれば正常の顔ができあがる。数種類のものを除いてほぼ全てのものがこのようなプロセスで作られる。

　誰がいつこのような巻き方を考えたのか？全くわからないが、この手法により独特の多くの文様が生まれた。その種類は100種類をはるかに越える。

いつごろから巻かれていたのか

　むかし葬式のとき、むすびを振る舞ったが、170〜180年前にむすびだけでは物足りないということでズイキを甘辛く煮て芯にしたのが巻きずしの始まりとされる。

　※「房総のふるさと料理」（1978年刊行）による。

誰が巻いたのか

　戦前までは男性の老人が巻き役で、女性は手伝いのみだったが、戦後1950年頃手伝っていた女性たちの手により復活し、現在のような華やかな太巻きずしとなった。同時に巻き込まれる食材についても、すし飯・海苔・干瓢・桜でんぶなどの単純なものから、その頃活躍していた農家生活改良普及員のアドバイスで自

あじの姿ずしと五目ちらし（野菜）

分たちの生産する野菜類の活用へと飛躍した。巻き込まれる具の種類が増えたことにより色彩も変わり、すし飯の白、海苔の黒、卵の黄、桜でんぶの桃色、にんじんの橙紅色、食用菜花、いんげんなどの緑色も加わった。とくに干瓢は従来のしょうゆと砂糖で煮たものの他に赤梅酢や赤紫蘇、くちなしの実、つるむらさきの実などを利用した華やかな色と味のものが増え、それぞれの持ち味を活かした新しい文様が創作された。今では赤紫色の干瓢はあやめ・桃の花・あざみの花等に、黄色の干瓢はひまわり・菊の花の花びらを作るのに欠かせない。

味についても従来の甘味の濃いすし飯から甘さを抑えた、江戸前握りずしのすし飯に近い味になり、具の味付けもめいめいの工夫で甘い、からい、酸っぱい、の基本の食材のもつ固有の風味や刺激味を考慮した味の組み合わせになった。

現在の太巻き祭りずし

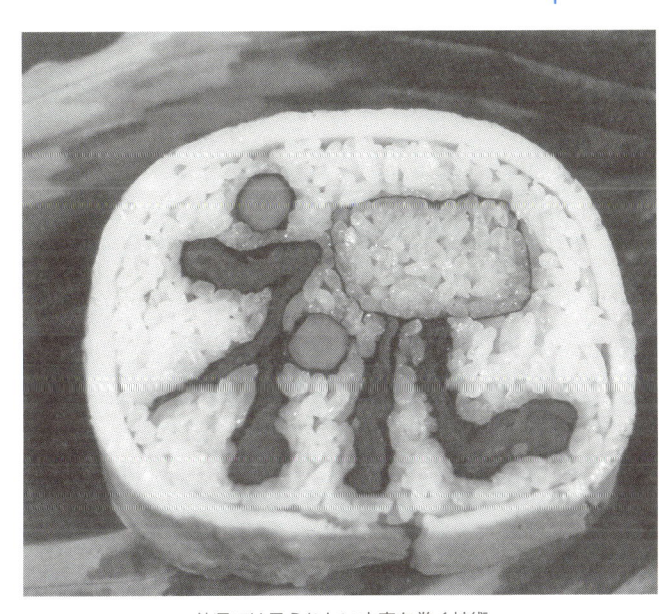

他県では見られない文字を巻く技術

どのような時に作られたのか

昭和40年代の初め頃までは冠婚葬祭すべてを家々でとりおこなうのが普通だった。結婚、出産、宮参り、七五三、お盆、年の暮、正月、すべての年中行事と人生の節目に関わる食のしきたりがそれぞれの地域に確立していた。その中から各種の郷土料理がうまれ伝承されている。

このしきたりに伴う食の習慣は隣や近所同士のつきあいであり、欠くことのできない習慣として一族のきずな、地域のきずなともなっていた。皆で作り、食べ、喜び、ともに悲しむことは、一人ぼっちにさせない人間のやさしさかもしれない。

太巻きずしを作るときは、このときのために特別に用意しておいた玄米を精米する。早朝から隣近所の人々が集まり大釜で炊きあげたご飯を大飯台に移し、秘伝の合わせ酢をうつ。やがておいしそうなすし飯の匂いが家中に流れ、その中で巻かれる太巻きずしは一番おいしくて楽しみである。今日はどのような文様が巻かれてるのだろう

105

イベントでは子どもに人気がある

か？　大勢の期待の眼が大皿に並ぶ太巻きずしに注がれ、歓声があがる。

　太巻きずしは運動会やお花見にも重箱につめて、持っていく。大きな稲荷ずしも入っている。応援の家族とともに食べるのも太巻きずし。

　祭りのご馳走は各家々で用意するので主婦は多忙な1日になるが、この日を楽しみにして来る親戚や友人のために腕を振るう。ここでは姑の味が要求され、久しぶりに実家の味を楽しみに帰る者たちの存在が、主婦の腕に磨きをかける。

　今は県内各地の「道の駅」や農村レストランで、この太巻きずしを食べることができるが、当初は地域により巻く文様が少しずつちがった。たとえば、

　夷隅郡大原町（現いすみ市）近辺では椿の花・けしの花・亀・梅の花・さんがいの松・三宝巻きなど。

　長生郡では正ちゃん・菊水・さくら・あやめ・ぐるぐる巻・たんぽぽ。

　山武郡成東町（現山武市）と東金市周辺は意欲的で、満開の桜・ダイヤモンド・あやめ・の他にあげ羽蝶・文字の寿・祝・志などを創作し

た。また後継者の育成も熱心で自費出版の本も数冊ある。

　君津郡下では富津市在住の水野衣音氏考案のキャラクターが紹介された出版物が出回り地元の活性化に一役買っている。

　市原市は子持ち・夫婦・かたつむりなどが基本の花などが見られる。

　また上総地方では郡ごとに○○の味という地域の伝承料理の小冊子が発行され、それぞれに地元の料理と太巻きずしが数種類ずつ掲載されている。

　千葉県は米消費拡大推進事業に、いち早く房総の太巻き祭りずしをおにぎりと並行してとりあげ技術の指導に力を入れた。幕張メッセの完成に伴い、多くのイベントが行われたがいずれの場合にも祭りずし体験学習は県民に期待される人気コーナー。

　昭和57年の秋、日本食生活文化財団の主催で都内において全国の有名料理人に伍して技術披露、続いて北海道の食の祭典に出演、その後、全漁連の海苔のパンフレットで全国に知られるところとなった。米と海苔に地元農産物、ちょっぴり他県の干瓢も加えて、米を作る農民の手から生まれたところに価値があると学者に云わしめた太巻きずし。多くの手をかけて収穫した米を最高の美しいものにして他人に振る舞う農婦のやさしさ、これが千葉県の食文化を支えている。

※「房総の太巻き祭りずし」とは、西の岡山の祭りずし（ばらずし）に対して、東の祭りずしとして拙著『太巻き祭りずし』（全国学校給食協会）で紹介している。

(龍崎英子)

第四章●農林水産業

COLUMN 房総の伝統料理

千葉県は北部の茨城県境に利根川、西部の埼玉、東京との境を江戸川、東南の房総半島は東京湾と太平洋の水に囲まれ、気候温暖で住みやすい土地です。

その長さ約500キロメートルといわれる海岸線からの贈り物は磯魚と豊富な海藻、広い水田と台地からは米、蔬菜、果実、その他豊富な農産物が、また、半島の丘陵部嶺岡地方は江戸時代に奨励された酪農地帯で牛乳の生産地としても知られています。

近世より江戸の台所として東京湾を含む房総漁業と農業が大都市江戸の人々を潤してきたことはこの県の誇りといえましょう。

伝承料理としては数多くあげられますが、総じて手をかけたものは少なく、鮮度を活かした料理と豊富に穫れたものをおいしく保存する手法が考えられてきました。

農産物──米と小麦

ふだんの主食は米7対大麦3の割合で炊かれた麦飯と、季節の食材を炊き込む混ぜご飯です。混ぜる具は里芋、甘藷、筍、にんじん、茸（ハツタケやシイタケ）、切り昆布、ひじき、油あげ、あさりなどで単品または数種類醤油味で炊き混ぜます。大量に炊くときは具を別に煮、炊き上げた白いご飯に混ぜ、少量の場合は具と調味料を混ぜて炊きます。したがって「混ぜめし」という表現が通例になっており、これらを食べることは季節の喜びを味わう捨てがたい習慣です。またすしもよく食べその種類は意外に多いのです。外房では大きな俵型に握ったすし飯の上に魚肉のそぎ切りを豪快にのせたスシナ（仏事では季節野菜の煮たものがのる）は、にぎりずしの元祖ではないか？と思わせます。このスシナは県外の「すし研究家」の注目の一品でもあります。

太巻きずしは農村部で発達したもので近年盛んに作られるようになり、千葉県の誇る逸品となりました。

餅と名前がつくものに農家が米粉で作る棒状の「しんこ餅」、市原市鶴舞の「山椒餅」などがあります。また江戸時代に干潟町長部部落にあって大原幽学が考案指導したうるち米で作る「性学餅」（搗き抜き餅）があります。独特の作り方のため夏でも10日は固くならないといわれ、今日まで伝わってきました。最近のものは冷凍保存され鍋料理の最後や味噌汁に入れて食べます。佐原地方の道の駅ではナマコ型のものが販売されていて人気商品です。

小麦粉で作るので「小麦饅頭」ともいわれ、なかでも7月15日の稲毛の浅間神社の祭りには各家々で収穫したての小麦粉で作った皮に小豆餡を包んだ饅頭が作られ、祭りのみやげとして欠かせません。現在は和菓子屋から購入している家が多いようですが祭りの食べ物として重要です。また北総地区には、この饅頭の餡の原料がささげ、小豆、南瓜、そら豆、と多

アサリとヒジキの房州めし

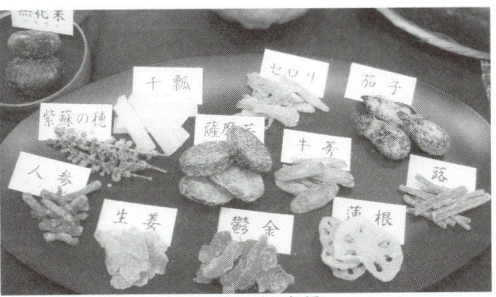

てんもんどう各種

彩で、これがおいしいのです。

さすがに野菜は豊富で種類も量も多いのですが、千葉らしい野菜の食べ方というと、煮物が多く、次いであえもの、てんぷら（精進揚げ）漬けものが定番でした。なかでも成田山新勝寺に因む大浦ごぼうの煮付けは一般的ではないが、歴史的に古くから人々の信仰と結びついたものとして今後も残したい料理です。

「てんもんどう」という野菜菓子。

むかし砂糖が貴重であった頃、家々のつき合い上のみやげとして沢山の砂糖を持参しました。この砂糖で野菜を煮詰め乾かしてできたのが「てんもんどう」です。激しい労働のエネルギー補給に役立ったことでしょう。材料の野菜は蕗、蓮根、ごぼう、にんじん、生姜、かんぴょう、穂紫蘇、夏みかんの皮が作りやすく、缶に入れて10カ月楽しめます。

海産物

とれたての鯵の頭と内臓をとって手早く洗い、背びれと皮をむきマナ板の上で骨が舌にさわらなくなるまで十分に叩き、刻み生姜、味噌を叩き込む「たたき」は一名「たきなます」ともいい、代表的な漁師料理といわれます。似たようなものに「ナメロウ」「サンガ」があり鯵の他に鰯、秋刀魚でも作ります。

九十九里海岸はかつて鰯漁の盛んなところで、鰯料理だけでも40種類におよび、なかでもカタクチイワシのからみは他県からきた人々を唸らせる味です。イワシの胡麻漬けとともに残したい食べ方です。

房州沖では鰹が沢山とれ、鰹節加工の際に不必要なハラモの部分を切って塩にして売りました。これを使った「はらもずし」が興津にあり期間限定で食べられます。人が3人寄ればイカナマスというほど安房地方で盛んに作るイカと葱を辛子味噌であえたもの。酢を加えてもよくお薦めの一品。

東京湾のあさりで作る「ふうかし」は実沢山なあさり汁です。ふうかしとはふかす（蒸す）の意とか。このむき身を串刺しにしパン粉をまぶして揚げた目刺しフライは現代版郷土料理の代表格といえましょう。

また、海苔は江戸時代からの重要な産物で太巻きずしを発展させたのもこの海苔でした。正月に欠かせない食べものがハバをたっぷりかけた雑煮、暮れになると安房天津辺のものが出回り、これを一の宮産の青海苔とともに焙って揉み、かつお節と混ぜ、雑煮にたっぷりかけ今年もハバがきくようにと祝います。同時期に銚子から千葉市にかけて食べるカイソウは「トジツノマタ」という海草を煮固めたもので磯の風味の濃い捨て難い食べものです。

（龍崎英子）

107

第五章
自然と動植物

房総の自然

自然地理

　私たちのふるさと房総は日本列島、北海道から九州までのちょうど中間の位置にあります。北は利根川、西は江戸川に区切られ、関東平野から南の太平洋にむかって大きくつきでています。大部分は海に囲まれ、半島をつくり、くびれた形をしています。広さは5156.61km²で、日本で28番目の面積を持っています。この広さは東京都と神奈川県を合わせたよりも広い大きさです。

　国内ではやや暖かい地方であり、雨量は平均よりやや下まわります。北部の方は内陸性気候となっていますが、全体としては夏と冬との気温差が少ない海洋性気候を示すところが多いようです。南端は冬でも草花が咲く暖かさです。それは南端の北側に房総丘陵が連なり寒い北風を防ぐからです。更に日本の南岸を北上する暖流の日本海流（黒潮）が流れているからです。

　千葉県は南半分が丘陵地、北半分は平らな台地の地形となっています。地質学的には大部分の地面はもっとも新しい新生代に出来ています。そのため千葉県は日本での新しい地層を研究するにはよい場所と言われています。

　南半分の丘陵地は標高400メートル前後の山で房総丘陵と呼ばれています。この丘陵は海岸近くまでせまっています。北半分の平らな台地は上総と下総にまたがるので両総台地と呼ばれています。太平洋側には九十九里平野が広がっています。

　房総丘陵の嶺岡地方には千葉県にはめずらしい火成岩が見られます。また鋸山周辺でとれる石（砂質凝灰岩）を房州石などと呼んでいますが、千葉県はほとんどが新しい新生代第四紀の地層なので石なしの県とも言われています。なお銚子地方を除き古生代・中生代という古い地層はありません。

銚子半島周辺

　銚子という地名は銚子の岬と波崎の先端が酒器の銚子の口のようにすぼまっていることからついたといわれています。銚子半島は標高30m～40mの台地よりできています。利根川河口の南側にあり、東は太平洋に面し、夫婦ヶ鼻、黒生町、海鹿島、犬吠埼、長崎に荒波がしぶきをあげ、南も外川、犬若、名洗、屏風ヶ浦に打ちよせています。東洋のドーバーと呼ばれる屏風ヶ浦一帯の台地（下縁台地の最東端）は海食されみごとな絶壁が旭市飯岡までのびています。

　高神には下総の国の最高峰の愛宕山（73.6m）という小高い山があります。千葉県でもっとも古い中生代（ジュラ紀頃）の地層からできていて古くから地質学的研究がなされています。同じような地層がその周辺と黒生海岸などにも出ています。実はこの地層は関東山地から関東平野の地下をもぐり銚子に顔を出しているのです。銚子にはこの他白亜紀の時代と言われている銚子層群と呼ばれる地層（長崎鼻・西明浦・犬吠埼・君が浜・海鹿島）もあります。

　犬吠埼灯台のすぐ下には、千葉県天然記念物に指定保存されている波の跡、漣痕（浅い海底にできたさざ波の跡）があります。当時の海流（潮の流れ）は北から南に向かっていたと、この漣痕から考えられるそうです。西明浦の海岸ではコハクが見つかります。アンモナイトの化石も見つかっており恐竜の化石は無理としても海竜の化石が出ても不思議ではない所です。銚子は地質に夢のある場所なのです。

館山周辺

　館山という地名の起源は明らかではありませんが、天正18年（1590）房総里見氏第九代里見

義康が城山に館山城を築き舘山と称したといわれています。その館山市沼にあるサンゴは千葉県天然記念物指定地となっています。ここにはキクメイシを中心とする石サンゴ化石があります。沼サンゴ層は本州ではめずらしい造礁サンゴ化石で、JR館山駅の正面にも同じ大きなサンゴ化石が置いてあります。

館山周辺は無霜地帯とも呼ばれ、あたたかな地域で、伊豆半島や紀伊半島南端や南四国、南九州と気候が似ています。

砂丘の日本一は鳥取砂丘、房総では御宿町の砂丘ですが館山の平砂浦海岸も約5kmにわたって砂浜をつくっています。砂浜は海岸の砂が風によって打ち上げられできたものです。

九十九里平野の自然地理

九十九里という地名は諸説ありますが、源頼朝の命で1里ごとに矢を立てたところ99本に達したという伝説があり、同様に沿岸の白里（大網白里町）や白潟（白子町）の白も「百引く一」の意味で九十九里を意味するともいわれています。

九十九里浜は、北は飯岡の行部岬から南は大東岬まで延長60km余りが弓なりの形に続く遠浅の海岸線です。その規模は日本一で千葉県の砂浜の代表といえます。

この九十九里浜（海岸）から下総台地に広がるのが九十九里平野です。5000年以上前、九十

富津岬の自然地理

富津という地名の起源はあきらかではありませんが、古津が富津に変わったのではないかといわれています。

富津岬は富津洲とも言われ、東京湾に向かって4km近くも鳥のくちばしのように細長くつづいています。この洲はもともと小糸川が運んできた土砂が東京湾の沿岸流によって寄せられてきたものです。そして小糸川が流れを変え、明治時代にできた第一海堡に強い影響を受けました。また大正12年の関東大地震の際の隆起等もありました。これらの結果、いっそう発達し現在のような長大な砂嘴ができたと考えられています。その先端は海底でさらに延び、少しずつ移動しているので「大蛇の霊魂」「生きている砂州」などといわれ、沿岸流の影響もあり船が座礁する難所でもありました。近年著しい変形が生じ第1海堡とつながっていたその先端部が切れ北側に大きく移動して今までの形状が変わりつつあります。

地図による富津岬の変化

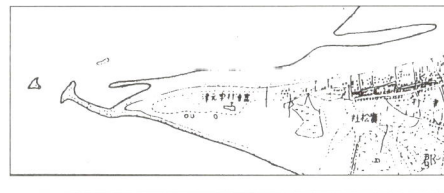

干潮時の砂州 明治15（1882）年

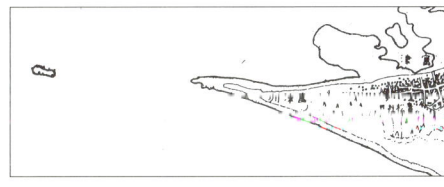

干潮時の砂州 明治36（1903）年

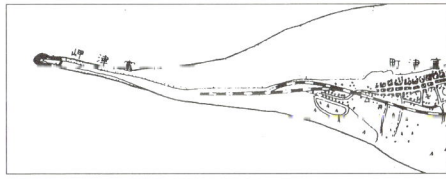

干潮時の砂州 昭和19（1944）年

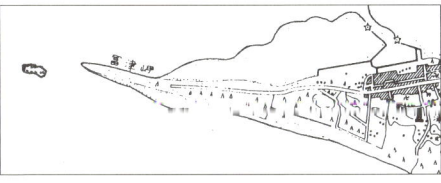

干潮時の砂州 昭和38（1963）年

干潮時の砂州 昭和45（1970）年

屏風ヶ浦の絶壁

九里平野は海でした。それが土地が少しずつ隆起し、それにつれて毎年少しずつ海が遠ざかり陸地になりました。そこに北の屏風ヶ浦と南の太東崎の侵食による土砂が海流によって運ばれ、海岸線に向かって前進してできたのです。この100年間におよそ200mも沖に進んだと言われています。

九十九里を除く低地周辺

房総は軟弱な沖積層が分布する沖積低地に縁取られています。それは未固結な砂や泥などでできています。江戸川、養老川、小櫃川、小糸川、夷隅川、利根川の流域に沿って発達しています。これらの河川の下流部の沖積層は貝殻を多く含んでいます。

下総台地周辺

房総半島の北部を構成しているのが下総台地です。今から約50万年前から6万年前の新生代の第四紀（更新世）の時代に形成された地面です。約300m位の厚さからできています。比較的厚い砂の層と泥の層と礫の層からなり貝の化石を豊富に含むことで知られています。というのもこの地面は古東京湾と呼ばれる内海が上昇し出現したからです。

この下総台地の主として砂の層からできている土の上に分布しているのが関東ローム層といわれる土です。この関東ローム層は火山の噴出物を起源としています。主に風によって飛散してきた堆積物の土です。

下総台地は東西約90km南北80kmの広い台地です。平均20～40mの高さのたいらなところです。この台地から流れる川はたくさんあり、谷津も多くあります。

上総台地周辺

小糸川と小櫃川の間に開析された比較的高い台地を木更津台地、小櫃川と養老川の間に開析された比較的高い台地を袖ヶ浦台地、養老川と村田川の間に開析された比較的高い台地を市原台地といい、これらの台地をあわせて上総台地といいます。これらの北側に高度50～10mの広く平坦な下総台地が続きます。両方の台地を合わせて両総台地といいます。

上総丘陵周辺

房総半島の中央部を構成しているのが上総丘陵です。今からおよそ250万年前から45万年前の新生代の新第三紀（鮮新世）から第四期（更新世）にかけての時代に形成された地面でできています。この中央部を延々と流れるのが千葉県で2番めに長い養老川です。

養老川の蛇行（曲流）は水の働きによるものですが、曲流を人工的に短絡し、川の流路を変え旧川道が水田・畑に利用されています。こういう方法を川廻しといいます。

養老渓谷の上流には粟又（上総養老）の滝があり川沿いの道を進むとアジサイで有名な麻綿原高原にでます。ここからは上総丘陵の浸食の地形や太平洋が眺められます。粟又の滝・梅ヶ瀬渓谷・黒滝には貝化石、有孔虫化石などがあり、地質学的におもしろいところです。

鴨川は千葉県は石なしの県といわれるなかで珍しい火成岩（玄武岩、蛇紋岩・斑糲岩ペグマ

112

第五章 ●自然と動植物

タイトなど）が産出します。また地すべり地形や海底に噴き出し海水の中を流れながら急冷した結果できた枕状溶岩が鴨川青年の家そばの海岸で見られます。

この鴨川の八岡海岸は赤、青、黄、白と色とりどりの小礫の渚です。

透明、灰白色のめのうもあります。黄や黄の碧玉、緑色の蛇紋岩、黒い角閃石の斑晶を持つ斑れい岩などの礫も拾えます。また茶褐色の中にキラキラ鈍い金色の斑晶を持つ輝石かんらん岩は金星石とも呼ばれ、石材や飾り石になります。故桜井欽一先生がもし日本でダイヤモンドが出るとすればこの岩石からだろうといっていました。その他かわいらしい菊花石や美しい石がみつかる場所です。その他沸石類をはじめ鉱物採取家にはたまらない場所です。

安房丘陵周辺

上総丘陵の南側に嶺岡山地があります。房総でいちばん高い愛宕山を含む丘陵です。この南側に富山（349.5m）、伊予ヶ丘（336.6m）御殿山（303.9m）、経塚山（310.7m）などの山が大房岬までつづいています。これらの丘陵が安房丘陵です。上総丘陵と安房（白浜も含め）丘陵を合わせて房総丘陵と言います。

房総丘陵の山と地下資源・天然記念物

千葉県の丘陵・山地地域の面積比は約1/3で日本最小です。そのうえ山地面積はほとんどなく起伏の小さいなだらかな丘陵地が大部分です。山地といわれる標高は300m前後です。この割合は県全体の2％強しかありません。日本の6割を山地が占めることを考えると房総は非常に起伏の小さいところといえます。

丘陵とは山地にくらべると低く台地よりも高く起伏が大きい地形をいいます。一般には高さ

113

100m～200mほどのものをいいますが、地形が連続している場合は山地と区別するのはむずかしいと言われています。日本では大阪の千里丘陵、関東の多摩丘陵・狭山丘陵・そして房総丘陵が代表的です。

房総でいちばん高い山は嶺岡山地の愛宕山で408mです。ちなみに富士山は3776m、箱根山は1448m、天城山は1405mです。

房総の三名山は鹿野山（353m）、清澄山（349m）、鋸山（329m）の3つです。いちばん高い愛宕山は入っていないようです。

鹿野山は「かのさん」ともいいます。君津市南西端、富津市との境界付近にあります。上総地方の最高峰で県下第5位です。山頂には日本最初の一等三角点があります。国土地理院の測地観測所があり経緯度や人工衛星の観測などが行われています。第四紀（更新世）の砂岩・泥岩の層よりできています。

清澄山は妙見山ともいいます。安房・上総両国の境にそびえ高さは県下第7位です。南房総国定公園、養老渓谷奥清澄県立自然公園に属します。温暖多湿で安房・上総の分水界となっています。第三紀（新第三紀）の泥岩よりできています。

鋸山は「限の山」ともいいます。これは安房・上総両国を限る山だからです。鋸南町（安房）と富津（上総）市の境にあります。南房総国定公園に属します。第三紀（新第三紀）の凝灰岩と砂岩から成り、凝灰岩が刻まれて砂岩が残り稜線が鋸の歯のようになっていることから山名がついたといわれています。この山の北側の石切場から切り出された凝灰岩が房州石・金谷石・元名石などと呼ばれ古く江戸時代より採掘されていました。

山地といえるのは300m以上とすると房総には山といえるのは17です。いちばん高い山が愛宕山で、房総南部嶺岡山系にあります。山頂を含めた南側は南房総市旧丸山町に北側は鴨川市に属します。古第三紀（暁新世～始新世）のレキ岩・砂岩などからできています。頂上からは長狭平野や太平洋・東京湾が一望できます。同名の山が前述されてる銚子にもあります。

御殿山は房総南部嶺岡山の南にある山です。標高363.9mです。山名の由来は日本武尊が東征し安房を平定した時、平定地を一望できるこの山頂に御殿を設けたことに由来するそうです。新第3紀の泥岩層からできています。

二ツ山（370.6m）と嶺岡浅間（360.8m）は愛宕山と3つの峰を合わせて嶺岡山と呼ばれています。峰岡山とも書き蓑岡（みのおか）山とも言いました。安房丘陵の北部に位置し鴨川市平塚の西南部から東に続き太平洋岩に至る山地です。昭和10年嶺岡山系県立公園に指定されました。北は加茂川流域の加茂川地溝帯、南は曽呂川流域の曽呂地溝帯で区切られた地塁山地です。＊地塁は断層により両側の地盤が陥落するとき、その間に生ずる堤防状の高所のこと。

房総の山

山名	地層名	標高m	所在地
愛宕山	嶺岡層	408.2	鴨川市、丸山町
二ツ山	嶺岡層	370.6	鴨川市、富山町
御殿山	保田層	363.9	富浦町、丸山町
嶺岡浅間	嶺岡層	360.8	鴨川市
鹿野山	市宿層	352.4	富津市
富山	保田層	349.5	富山町
清澄山	天津層	349.0	天津小湊町
石葉山	黒滝層	347.6	君津市
元清澄山	清澄層	344.2	君津市、鴨川市
八良塚	黒滝層	342.0	君津市
伊予ヶ岳	保田層	336.6	富山町
鋸山	竹岡層	329.5	鋸南町
高鶴山	嶺岡層	326.0	鴨川市
津森山	保田層	320.0	鴨川市、富津市、鋸南町
高宕山	黒滝層	315.1	富津市、君津市
経塚山	保田層	310.7	丸山町
鬼泪山	市宿層	307.0	富津市

＊旧町名表記あり。

千葉県にはすごい地下資源があります。貴重な天然ガスとヨード（医薬・工業・農業と幅広い分野で利用される貴重な元素）を生産する世界でも特異な地域であり貴重なエネルギーの産出県なのです。

この天然ガス鉱床は南関東ガス田として、第三期新鮮世から第四紀更新世にかけて堆積した上総層群中にあり、富津市と茂原市を結ぶ南の地域に分布します。ただこの貴重な天然ガスの採取が地盤沈下の一因となっていると指摘され採取は現在、厳しい規制措置がとられるようになっています。

千葉県における天然ガスの生産は1931年（昭和6）に大多喜町で始まりました。1934年に茂原で発掘がされ、ガス層が優秀なことがわかり1935年（昭和10）から開発がはじまりました。

また金属資源として、九十九里地域一体に存在した砂鉄は昭和40年代まで採取されていました。その他ニッケルと銅もとれました。

金属資源としての砂鉄は犬若（銚子市）飯岡（旭市旧飯岡町）旭（海上・豊岡）東浪見（一宮町）八幡（夷隅・東海）南三原（安房・南三原）大貫（君津・大貫）佐貫（君津・佐貫）竹岡（君津・竹岡）などで鉱山として採集されました。

砂鉄は岩石に含まれる鉄鉱物が風化や分解して風や氷の力ではこばれ淘汰され積もったもので、時代的には第四期（更新世）に生成されたものです。とれるところは現在の海辺や海岸付近の丘陵地がほとんどです。

ニッケルは鴨川地域における蛇紋岩や他の火成岩に伴って出るもの。太平洋戦争による需要のために採取されていたが終戦と同時に終わりました。

銅は鴨川地域における嶺岡山中の安山岩中に黄銅鉱が入っていた物が採取されていたがごく小規模でした。

その他、房総は山砂利採取で全国の約半分を産出しています。山砂利は日本国内で自給できる重要な資源です。現在、富津市浅間地区、君津市小糸川周辺地区君津市御腹川流域地区に採取場があります。山砂利採取はガス採取が地盤沈下の問題を伴うように、環境問題を引きおこしたり、跡地の問題等の指摘もあります。

かつて採取された石材や火山灰についても同様な問題があるようです。

自然（地学）に関する県指定の天然記念物には次のものがあります。
○沼サンゴ層→館山市沼の造礁サンゴ化石
○布良のい海食洞と鍾乳石→館山市布良の海食洞と中の鍾乳石
○犬吠埼の化石漣痕→銚子市犬吠埼の中生代白亜紀の漣痕
○千騎ヶ岩→銚子市犬若の県内最古の砂岩岩礁
○安房郡白浜町の鍾乳洞と屏風岩→直立した地層
○木の下貝層→印旛郡印西町にある成田層中の貝化石層
○上岩橋貝層→印旛郡酒々井町にある成田層中の貝化石層

河川と湖沼と滝

房総の河川は房総丘陵に水源を持つ河川と両総台地に水源をもつ河川の2つに分けることができます。南部の丘陵地を水源とする河川には上総地方には養老川、小櫃川、小糸川、夷隅川など千葉県を代表する川があります。安房地方には加茂川、平久里川があります。北部の下総台地を水源にもつ河川には鹿島川、栗山川、村田川などがあります。その他県外に水源を持つ利根川・江戸川などもあります。

千葉県内を流れる代表的な河川としては長さからいうと小櫃川（88km）、小糸川（80km）、養老川（75km）、夷隅川（67.5km）があげられます。4つとも2級河川です。

小櫃川は久留里川・祇園川ともいいます。清澄山系（鴨川市旧天津小湊町）元清澄山に水源を持つ川です。北西に流れ木更津市の畔戸から

東京湾に注ぎます。千葉県でいちばん長い川です。流域面積は県内で3番目です。上流は第三期（新第三期）の凝灰岩・砂岩を浸食し渓谷をつくっています。中流は同じく侵蝕により蛇行（曲流）しています。この蛇行は人為的・人工的に短絡し旧川道は水田に利用したりされています。

この川廻しは新田として耕地に恵まれなかった農民の知恵といえます。

小糸川は秋元川・人見川ともいいます。清澄山系（君津市大塚）に水源を持つ川です。北西に流れ、君津市神門から東京湾に注ぎます。川の長さは千葉県で2番目です。流域面積は県内で7番目です。上流に昭和33年に三島ダム、同44年に豊英ダムがつくられています。下流（君津市）は沿岸の流れが強いので小櫃川・養老川のように堆積がすすまず三角州の発達はむずかしいようです。

養老川は五井川・烏宿川（うしく）・加茂川（同名の川名は鴨川市にもある）とも呼ばれました。清澄山系（鴨川市旧天津小湊町）の東に水源を持つ川です。北流して市原市牛久を経て五井から東京湾に注ぎます。川の長さは千葉県で3番目です。流域面積は県内で5番目です。上流は小櫃川・小糸川と同じような地層でできています。上流部は渓谷をつくり、中流の市原市高滝で古敷谷川を同市金谷で平蔵川を合流しています。また蛇行をつくる下流部では大きな三角州をつくっています。養老の名称は、蛇行（曲流）が顕著なので膝の屈曲を意味する「よほろ」に由来するといわれています。

夷隅川は大多喜川ともいいます。清澄山系（勝浦市広畑）に水源を、持つ川です。北西に流れ大多喜で東へ転じていすみ市旧夷隅町国吉に流れ、さらに北東に流れ岬町から大東崎南端和泉浦で太平洋に注ぎます。川の長さは千葉県で4番目です。県内でいちばんの流域面積を持ち、多くの支流を加えています。直線に流れているところは少なく絶えず蛇行（曲流）を繰り返しています。大多喜付近では高度50m前後と20m前後の高さで発達した河岸段丘が見られます。また凝灰岩や砂の層の露出が多く見られ各所で小さな滝を生成しています。

加茂川は長狭川ともいい、賀茂川とも書きます。嶺岡山系（鴨川市平塚南部）に水源を持つ川です。川の長さは千葉県で5番（江戸川を含めると6番）目です。流域面積は16番目です。長狭平野を東に流れ前原と磯村の間で太平洋に注ぎます。上流から下流にかけて蛇行（曲流）を繰り返し、河岸段丘を発達させながら川幅を広くしています。

平久留川は嶺岡山系の西麓に水源を持つ川です。川の長さは千葉県で15番（江戸川を含めると16番）目です。流域面積は17番目です。西に流れて富山町平久里に至り流れを南に変え再び西に流れをかえ館山湾に注ぎます。上流には県下有数の地滑り地域があります。下流には加茂川に次ぐ沖積平野が開けています。河口付近の北条海岸は内房地区で最も古い歴史を持つ海水浴場です。

鹿島川は物井川ともいいます。千葉市土気町に水源を持つ川です。川の長さは千葉県で9番目です。流域面積は4番目の1級河川です。千葉県内には利根川を含め4本が1級河川に指定されています。鹿島川は土気より西北に流れて佐倉市・千葉市・四街道市の境界を成しながら佐倉市角来で印旛沼に沿っており印旛沼に注ぐ最大の河川です。鹿島川の名の由来は佐倉市にあった佐倉城の高台を鹿島山と呼んだことに由来すると言われています。

栗山川は下総台地成田市旧大栄町桜田付近に水源を持つ川です。川の長さは千葉県で7番（江戸川を含めると8番）目です。流域面積は夷隅川に次いで2番目で、九十九里平野の河川中では最大です。南東に流れ横芝光町屋形で太平洋に注ぎます。下流は下総の国と上総の国の国境となり現在も山武郡と匝瑳郡の境となっています。昔は河口部分が九十九里浜の潮の流れ

第五章●自然と動植物

で海岸と並行し南に流れていましたが、現在では河川改修により海岸線とほぼ直角に太平洋に注ぐようになりました。またサケが上る日本南限の川として有名です。

村田川は上総の国と下総の国の国境となっているところから境川ともいいます。また市東地区金剛地では音無川、市原市草刈では草刈川ともいいます。川の長さは千葉県で13番（江戸川を入れると14番）目です。流域面積は9番目です。市原市北東地区金剛地に水源を持つ川です。北に流れて千葉市に入り大木戸付近で方向を西に転じて市原市の高田地方に流れ、草刈、古市場を経て八幡海岸地先の埋立地から東京湾に注ぎます。上流・中流は台地を浸食して樹枝状に河谷が形成されています。下流は海岸平野となって水田が開かれています。海岸に平行して延びる砂の堆積上に市原市八幡・千葉市浜野などの市街がのっています。

千葉県でいちばん長い小櫃川の長さは88kmで、信濃川が367km、利根川322km、石狩川の長さは263kmです。房総の河川の特長は流路延長が短く、また流域規模が小さいことです。

湖沼は、地面の凹地に水がたまったり、川がせき止められたり、海の一部がとじこめられたりして生じたものをいいます。一般に面積が沼や池より大きく深さが5m以上を湖とされていますが厳密な区別はありません。沼の中で特に浅いものを沼沢と呼ぶこともあります。沼は日光が水底まで届くため水生植物（クロモ、エビモ、フサモなど）が一面に生えていることが多いのです。

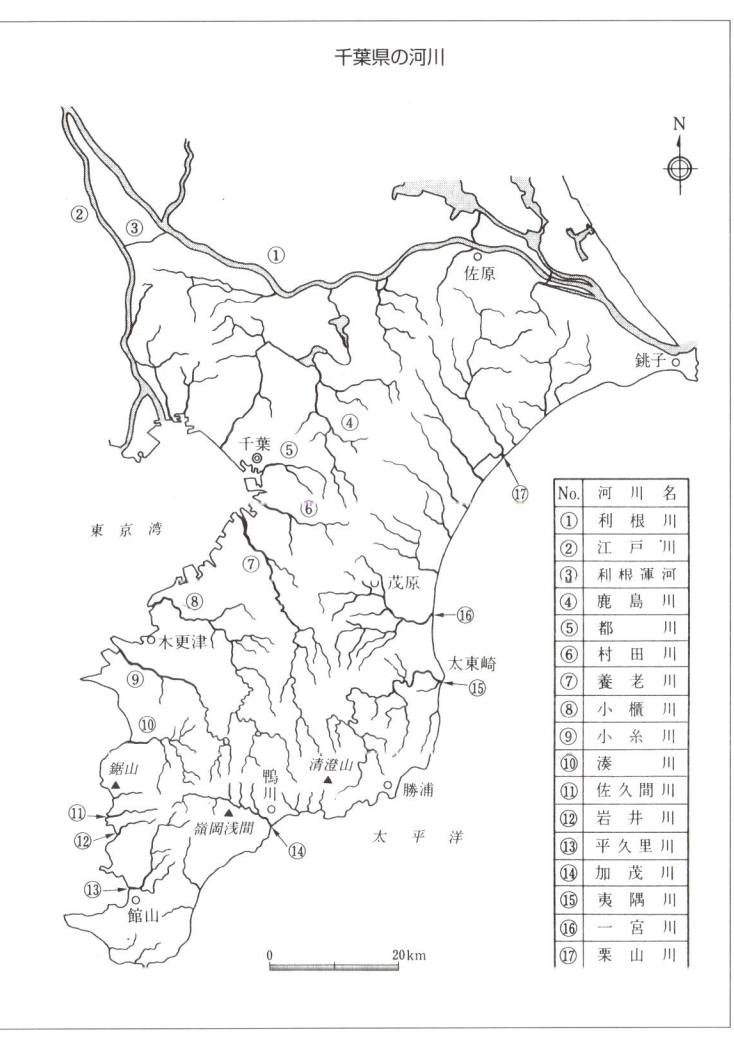

千葉県の湖沼は下総台地内の沖積低地にできた海跡湖（印旛沼・手賀沼）・県南部の上総丘陵を中心とする人工によりできたダム湖の2つに大きく分けることができます。

印旛沼は房総北部、利根川下流の右岸（右岸・左岸は上流を背にして決める）にあるW字型の県内最大の沼です。中世末までは印旛浦と呼ばれていました。下総台地内の沖積低地を利根川の運搬物がせき止めて形成されました。昔から利根川の氾濫により沼周辺は大きな被害を

千葉県の河川

No.	河川名
①	利根川
②	江戸川
③	利根運河
④	鹿島川
⑤	都川
⑥	村田川
⑦	養老川
⑧	小櫃川
⑨	小糸川
⑩	湊川
⑪	佐久間川
⑫	岩井川
⑬	平久里川
⑭	加茂川
⑮	夷隅川
⑯	一宮川
⑰	栗山川

117

受けていたため、江戸期に入って沼の水を東京湾に流すという工事と干拓事業が行われましたが、いずれも不成功でした。昭和44年沼中央部に中央干拓地が造成されて北部調整池と西部調整池とに二分され、沼面積はかつての21.3km²の約2分の1となりました。

手賀沼は房総北西部東西に細長い沼です。面積3.7km²、周辺34km、水深約1.5mあります。中世末までは手下浦(てかのうら)と呼ばれていました。昭和43年に約500haの水田が造成され沼面積は著しく減少しました。近年都市化に伴い沼の汚染が著しく水質ワースト1に報告されています。

ダム湖としては亀山ダムによって生まれた亀山湖や三島ダムによって生まれた三島湖、養老川をせきとめた高滝湖などがあります。房総南部の人々にとって房総丘陵から流れる河川水は大切な水源です。

亀山湖は小櫃川の上流部に洪水調節、灌漑都市用水供給を目的として昭和55年に造られたもので、高台には亀山温泉があります。

高滝湖は養老川と支流の古敷谷川の合流点にあたる市原市高滝にあります。養老川流域は流れが不安定なため、養老川の洪水調節を行う目的も含めつくられたダムにより生まれました。

三島湖は小糸川上流旧三島村にあります。昭和31年に三島（農業用水）ダムが完成したため生まれました。小糸川は河床が低く流域が毎年干害に悩まされたため昭和12年より計画が策定されましたが用地買収の遅れと第2次世界大戦のため着工が遅れました。今は近くにキャンプ地やハイキングコースがあり釣り場としても有名です。

滝は川底が急に傾斜し垂直に近い角度で落ち、その上を流れる水も河床を離れて空中を落下するような地形をいい、瀑布ともいいます。

落下点の川底は水のいきおいで滝つぼが生じます。傾斜が急であっても流れる川の水が河床から離れなければ早瀬といいます。

滝のできかたは河川が断層により段差ができる場合か、河床上の地層が硬い地層と水に侵食されやすい地層の侵食の違いによって段差ができる場合とあります。

房総で滝と言えば、養老川上流粟又に上総養老の滝とも言われる粟又の滝があります。長さ100mほどの黄和田層と呼ばれる泥岩層が階段上になってできています。また粟又の滝から約1kmほどの下流には小沢又の滝があります。

小櫃川最上流（鴨川市旧天津小湊町）には四方木不動滝があります。

房総の滝は河川が曲流する中でもとの流路跡の段丘化による段差で滝が形成されたり、本流や大きな支流に合流する支流の出口附近に段差ができ滝が形成されている場合が多いのです。たとえば湊川でみてみると、湊川支流桜井川には桜栄滝、同恩田川との合流点には間滝、その支流との合流点には堂滝　同高宕川には黒滝、高宕川支流にはドンドン滝・天神堀滝というように合流する地点にできています。

海岸地形と干潟

海岸付近は波や沿岸の流れなどにより、海岸や海底が侵食されたり、海水の流れで土砂が運搬されたり、堆積されたりしてさまざまな地形が生じます。房総は大きな半島であり約488kmの海岸線をめぐらせています。

海岸線は汀線ともいいます。陸地と海水とが接した境の線をさします。この線は海水面の変化に伴って刻々変化します。したがって海岸とは海岸線が変動する場所をさします。

海岸には砂礫が広く堆積する砂浜海岸と崖が海前に迫った岩石海岸があります。砂浜海岸を浜といい岩石海岸を磯といいます。砂浜海岸は沖積低地や海岸平野などの前面に発達します。岩石海岸は山や丘が海にまで迫った海岸で変化に富んだ海岸線が多いのです。

房総の海岸は富津洲のような砂洲の海岸地形もあれば屏風ヶ浦のような海食崖の海岸地形も

第五章 ●自然と動植物

あります。

海水には侵食する働きと運搬する働きと堆積させる働きがあります。富津洲は運搬と堆積の働きによりできたものです。屏風ヶ浦は浸食され海岸線が後退しています。削られる海岸線と前進する海岸線があるのです。

内房（富津から洲崎までの）海岸には、明鐘崎、大房岬などの海食崖のある岩石海岸と保田、岩井、富浦、館山などの砂浜海岸とが交互にあります。岩石海岸は突き出し、砂浜海岸は湾の奥にあります。

館山には隆起によっておこった海岸段丘、海食台、海食洞、また砂浜の平砂浦もあります。沖ノ島は陸繋島です。

外房（洲崎から野島崎・鴨川・小湊を経て大東崎に至る）海岸は岩礁と砂浜が繰り返されています。岩礁はリアス式（沈降）海岸になっています。南房海岸は段丘の発達がよく、地震の影響で地盤上昇がくりかえされてきました。千倉付近・布良・野島崎では大きな地震のたびに隆起が起きています。ただ地震は津波を伴うことも多く大災害をもたらしてきました。

干潟は川や波のはたらきによって侵食や運搬がくりかえされ、長い年月をかけて砂や泥が堆積してきたところです。砂や泥かたまりやすいところにできます。干潟の砂や泥は栄養分が豊富で干潮時に空気にさらされるため生物を育むのに絶好の環境となります。日本ではほとんどの干潟が埋め立てなどによって消滅しましたが環境保護の声が高まりで開発計画の中止または干潟を保護するケースもみられます。

干潟は海岸の潮間帯にできる前浜干潟、川から砂や泥が堆積した河口干潟があります。なお外海からへだてられたところにできる潟湖干潟もあります。なお前浜干潟は海岸の潮が満ち干

野島崎

きする潮間帯にでき、川の流れの延長線上にひろがっています。主に海から運搬される砂や泥からできていて盤洲ともいいます。

房総の干潟は習志野市に谷津干潟、船橋市から市川市にかけて三番瀬があります。富津市にある富津岬にも干潟や浅瀬が残っています。また養老川・小櫃川などの三角州では土砂の堆積により干潟の前進がみられます。

一方で下総台地と銚子台地にはさまれた場所にあった椿海という名の大きな干潟は干拓され、干潟十万石が生まれました。

昔から干潟は埋め立てられ干拓地とされてきました。東京湾の干潟面積の90％近くが埋め立てられ干潟は少なくなりました。のりを作っていた千葉市幕張の干潟は今は埋め立てられ、千葉マリンスタジアム、幕張メッセができています。

（島津幸生）

COLUMN 房総不連続線

　房総半島沖に発生する局地不連続線を房総不連続線または房総前線といいます。

　房総不連続線は寒候季に多く発生し、夏季には発生しません。その仕組みは、寒候季になると、大陸の高気圧が日本へ張り出してきて晴天になります。この時、中部山岳地帯の影響で、関東地方の地上風は北よりの風となり、一方東海地方から伊豆諸島にかけては西ないし南西の風となります。この両方の風が房総沖で出会い前線を形成するのです。

　さらに、晴天時の夜間には陸上は放射冷却により、冷たくて背の低い高気圧が形成されます。この高気圧から北よりの冷たい風が房総沖に吹き出し、伊豆諸島付近の暖かい南西風と出会って前線を作ります。この前線上に低気圧が発生することがあります。この低気圧を房総沖低気圧といいます。日中になると陸上の気温が上がり、高気圧は衰弱し、吹き出す北よりの風も弱くなると同時に気温も上がるので、南の風との温度差がなくなり、前線は消滅します。

　天気への影響は、千葉県だけ曇ったり小雨が降ったりする場合が多いのですが雪を降らせることもあり、ときには、東京都から神奈川県に及ぶこともあります。本来晴天であるはずのときに予想外の悪天をもたらすのが房総不連続線です。

（高橋克）

房総不連続線機構モデル

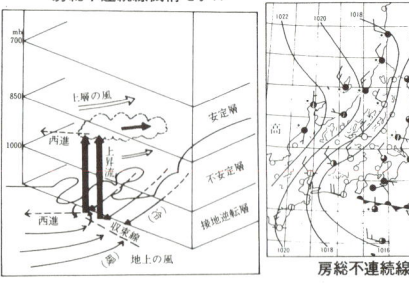

房総不連続線

COLUMN 千葉県の気候概要

　千葉県は、南部に房総半島と呼ばれる太平洋に突き出た半島を有し、日本列島のほぼ中央に位置しています。東西約100km、南北約134kmで、房総半島の東は太平洋に面し、西は東京湾に臨んでいます。また、県の北西は江戸川を隔てて東京都と埼玉県に接し、北は利根川を境に茨城県に接し、四方を海と川に囲まれた格好になっています。全体に標高が低く、丘陵の大部分が200m以下の地形であり、最高点の愛宕山でも408mです。平均海抜は49mで、全国的にみても日本一の低平な県といえます。

　房総半島の東方沿岸沿いに黒潮が流れているため、気候は温帯地方の温暖な海洋性気候となっています。気温は、海に面した沿岸部とそうでない内陸部、南部と北部ではその差がはっきりしており、夏は沿岸部が内陸部に比べて1℃以上気温が低くなり、冬は2℃以上気温が高くなっています。また、降水量をみると、沿岸部は内陸部に比べて強い雨が多く、特に南部丘陵地域付近を中心とした比較的狭い範囲で強い雨が多く降ります。

　千葉県の四季の気象の特徴をあげると、春は、天気の急変、気温変動、乾燥、菜種梅雨（なたねづゆ）による天候不順など変化の幅が大きい季節です。初夏には、ひょうの降ることがあります。梅雨時の銚子近海では濃霧の発生が多くなります。真夏には、南寄りの季節風が吹き、気温・湿度の高い晴天が持続します。秋は、天気は比較的安定していますが、台風や秋雨前線により、大雨になることがあります。冬は、乾燥した北西の季節風が吹き、晴天が多いですが、南海上を通過する低気圧により雨や雪となることもあります。

（高橋克）

山階鳥類研究所と鳥の博物館

　我孫子市高野山には、わが国唯一の鳥の研究施設がある。

　山階鳥類研究所は、昭和7年（1932）に山階芳麿氏が私財を投じて東京都の私邸内に建てた鳥類標本館が前身で、昭和59年（1984）に現在地に移転した。標本69,000点、蔵書39,000冊、鳥類学の拠点として調査・研究や国の委託を受けた標識調査を行っている。昭和61年（1986）、秋篠宮文仁親王を総裁に迎える。

　鳥の博物館は、平成2年（1990）に鳥の総合博物館として開館。手賀沼の鳥の生態ジオラマ、鳥の起源と進化、始祖鳥の化石レプリカ、世界の鳥の剥製標本などを展示している。（安藤 操）

手賀沼夕景

第五章●自然と動植物

房総の野生動物

　太平洋に突き出た千葉県は、温暖な気候と豊かな植生に恵まれている。県域面積5156km²余を有し、県全域の1/3が森林で占めているが、この森林と原野を中心に、ニホンザルやニホンジカ、イノシシなどの大型哺乳類をはじめ、古来から生息する21種類の在来種と人為的に放置・放棄または何らかの目的で放され繁殖・定着したハクビシンやアライグマなど移入種12種類、併せて30余種の哺乳類が生息している。

　かつて生息していた、オオカミ、カワウソ、ノシカやヤマコウモリなどは残念ながら絶滅してしまった。

ニホンザル

〔サル目（霊長目）学名Macaca fuscata〕

　日本固有種で、サルの中では最も北に生息する種類とされ、下北半島から九州に分布している。本県では県南部の東の清澄山系と西の高宕山山系を中心に生息域があるが、近年、分布範囲が拡大している。君津市と富津市に跨る高宕山周辺のニホンザル生息地（9.5ha）は、青森県、大阪府、岡山県、大分県、宮崎県の生息地とともに天然記念物に指定されている。

　ニホンザルは尾が短く体毛が長く密で、顔と尻だけは赤色を呈している。10頭前後の群れから100頭を超える群れを形成しており、森林内を主な生活圏としている。植物の果実や葉を食し、昆虫なども採食する。

　県内には、80群以上生息していると推定され、その分布範囲の拡大に伴い農作物や林産物被害が増加傾向にある。

　なお、天然記念物指定の高宕山は標高315m、湊川、小糸川の源流地域でアカマツやスギ、ヒノキ等針葉樹が入り混じり、しかも、サルが食用として好むアケビやノブドウが多く分布している。高宕山へは、君津市南部の豊英ダムからハイキングコースが整備されている。また、富津市関尻から県道富津館山線を南下すると高宕山自然動物園があり餌付けされた群れを観察することができる。

タヌキ

〔ネコ目（食肉目）学名Nyctereutes procyonides〕

　県内各地に分布する。夜行性動物で雑食性の体重3～6kgの中型獣で、ネズミ等の小型哺乳類や鳥類、爬虫類、両生類、魚類、甲殻類そしてミミズ等小動物にいたるまで食餌物の範囲は広い。繁殖は早春（2月～4月頃）に交尾、約2カ月の妊娠期間を経て5～6月に4～5頭の子を出産する。

　なお、最近、人家近くに出没し、家庭ごみや畑の作物を食すことも確認されている。

キツネ

〔ネコ目（食肉目）学名Vulpes vulpes〕

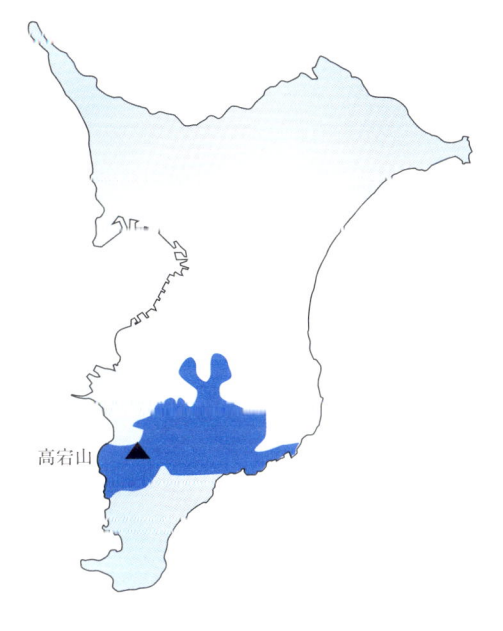

ニホンザルの分布

121

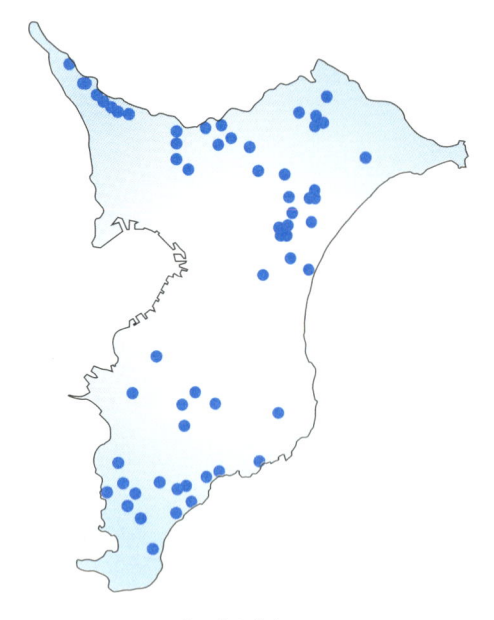

キツネの分布

本県では、主に、利根の河川敷や北総台地並びに県南部の農村地帯に生息しているが、生息数が少ないため、1999年から狩猟禁止獣となっている。

体長70cm、尾は70cm程度で太く、口は細くとがり、目の瞳は明るいところでは線状になる。

草地や森林が混在する農村的環境を好み、トンネル状の巣穴を掘り、春には巣の中に2～9子を生む。ネズミ、ウサギ等の小動物、果実等を採食する。

テン
〔ネコ目（食肉目）学名Martes merampus〕

生息分布は本州、四国、九州及び朝鮮半島で、本県では県南部の房総丘陵地帯に生息する体長45cm程度、尾は20cm内外の中型獣である。イタチに似ているがイタチに比べ大型、耳は三角形で、体色は純黄色の個体から黒茶色の個体までさまざまである。主に、山林に単独又は1対で住み、木登りがうまく、ノネズミ、リス、小鳥などを主食とし、爬虫類、両生類、鳥類の卵やハチを採食する。また、ブドウや柿の果実も好むとされている。

アナグマ
〔ネコ目（食肉目）学名Meles meles〕

本州、四国、九州およびユーラシア北部に分布している。本県では、主に房総丘陵に生息しているが、一部、北総地域にもみられる。

体長50cm、尾15cm程度でタヌキに似ているが四肢が太く爪は強大で体毛は灰褐色である。山林に住み、夜、巣穴から出てカエル、ヘビ、ネズミ、ウサギ等の小動物や木の樹皮、果実などを食用としている。

ニホンジカ
〔ウシ目（偶蹄目）学名Cervus nippon〕

日本各地に分布し、本県では、房総半島の南部の市原市、勝浦市、大多喜町、鴨川市、鋸南町、富津市、君津市及び御宿町などの丘陵地の森林、約440km^{2}に生息し、草や木の葉、ドングリなどの木の実を食する草食獣である。第2次大戦後分布域は縮小されたが、現在分布域は回

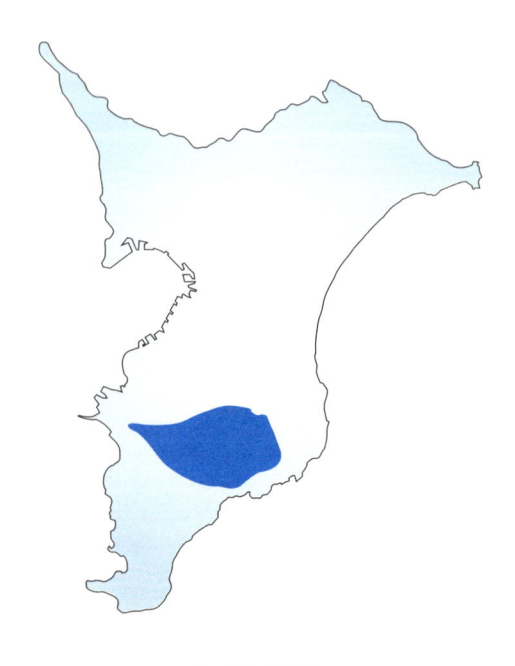

ニホンジカの分布

復しつつある。

ニホンジカは、ほっそりとした体格で首や足が長く調和がとれ、それぞれの足には蹄は2個ある。オスの頭には毎年生えかわる枝分かれした角があり、尾は短く、上あごの門歯は認められない。体高は80cm～1m程度で、体重はメス成獣で40kg、オスの成獣で60～80kgである。

生息地周辺では、農産物に対する食害も発生するため、その防止を目的に農地を囲む防鹿網の設置や有害獣駆除の対象として被害防止に努めている。

イノシシ
〔ウシ目（偶蹄目）学名Sus scrofa〕

古来から、県内に生息していたが1970年頃捕獲されたのを最後に10年近くその生息が確認されなかった。1980年以降、狩猟者によって、複数回放された、との情報もあるが定かではない。

わが国では本州、九州に分布している。県内の生息地域は県南部の市原市南部・大多喜町から鴨川市及び鋸南町北部にかけての房総丘陵地帯である。また、北総の成田市、大栄町及び下総町の一部にも生息しているようである。

イノシシの体長は1～1.5m、体重75kgから大きいものでは200kgにも達する。豚に似ているが犬歯が強大、体毛は黒褐色であり首から背にかけては長毛に覆われている。山地に群れをなして住み、夜になると活動を開始し、植物の葉、皮、根、キノコ類、コケ、小動物などを食す雑食性哺乳類であり、米やイモ類等農作物に対する加害も見られる。多産性で5月頃5～12頭の「うりぼう」とよばれる縦じまの子を産む。性質は凶暴で、人間にも危害を加えることがある。

その他の野生動物

上記7種類の他、県内に下記の野生獣の生息が確認されている。

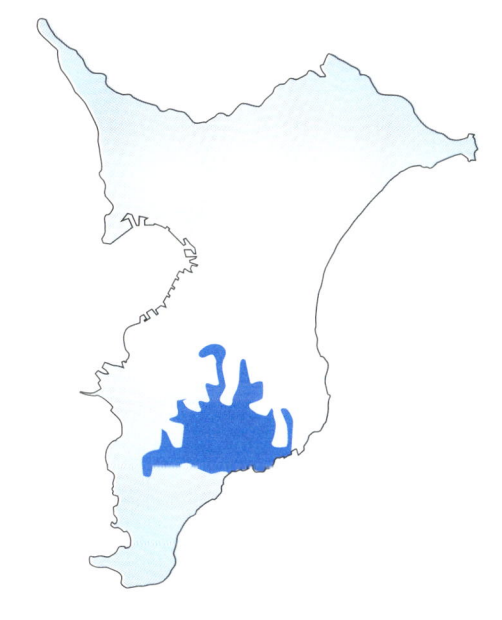

イノシシの分布

モグラ目（食虫目）：ジネズミ、ヒミズ、アズマモグラ
コウモリ目（翼手目）：キクガシラコウモリ、コキクガシラコウモリ、モモジロコウモリ、アブラコウモリ、ユビナガコウモリ
サル目（霊長目）：カマク属の1種
ウサギ目：ノウサギ、移入種のアナウサギ
ネズミ目（げっし目）：ニホンリス、ハタネズミ、カヤネズミ、アカネズミ、ヒメネズミ、移入種のドブネズミ、クマネズミ、ハツカネズミ、マスクラット
ネコ目（食肉目）：イタチ、移入種のハクビシン、アライグマ、ノイヌ、ノネコ
ウシ目（偶蹄目）：移入種のキョン

注：ニホンザルなど、野生動物分布図は、千葉県中央博物館ホームページによる。

（鹿野　茂）

房総の野鳥と観察地

1. 清水公園

場所：野田市
交通：東武野田線清水公園駅下車、徒歩10分

園内には常緑広葉樹の木立があり、小鳥類が観察できる。また桜の名所でもある。冬はアカハラやシロハラ、時にはトラツグミが地面で採餌する姿が観察できることもある。

2. 手賀沼

場所：我孫子市、柏市
交通：JR常磐線我孫子駅東口から坂東バス7分、市役所前下車。

沼は中央の手賀大橋を境に、西方を上沼、東方を下沼と呼んでいる。冬期はカモ類が多数飛来する。上沼にはオカヨシガモが多く、下沼にはミコアイサとマガモが多い。

3. 北方遊水池・大町自然公園

場所：市川市
交通：JR総武線本八幡駅、京成本線八幡駅から動植物園行き京成バス乗車。北方遊水池は農協本店前下車。大町自然公園は終点。大町自然公園には駐車場有り。

北方遊水池は16haの内陸湿地で、現在、調整池工事が行われている。冬はカイツブリ、アオサギ、コガモ、ユリカモメ、クイナ、バンなど。チョウゲンボウ、キセキレイ、セグロセキレイ、ホオジロなども。

4. 新浜

場所：市川市
交通：東京メトロ東西線行徳駅下車、徒歩約2km。

行徳野鳥観察舎友の会などの運動「よみがえれ新浜」で大きな池ができ、昔の姿がよみがえった。サギ類、カモ類、カワウ、アシ原の小鳥など。

5. 三番瀬

場所：船橋市、市川市
交通：JR総武線船橋駅南口から船橋海浜公園行き京成バス乗車、終点下車。あるいは、JR京葉線二俣新町から京成バスまたは徒歩約2km。

三番瀬は、東京湾に残された干潟と浅瀬（1600ha）。冬は大群のスズガモ、夏はコアジサシ。秋から春にかけ、多いときには100羽以上にもなるミヤコドリの群れは壮観。

6. 谷津干潟

場所：習志野市
交通：JR京葉線南船橋駅から徒歩10分。または、JR総武線津田沼駅南口から新習志野駅行きか幕張本郷駅行き京成バスで津田沼高校前下車、徒歩すぐ。

谷津干潟は、埋め立てをまぬがれた貴重な干潟で、ラムサール条約の登録湿地になっている。干潟の周囲は公園として整備されており、南側には観察センターがあり、初心者の方でも安心して楽しめ、水鳥を見るには最適の場所。冬の間はハマシギやユリカモメの大群、セイタカシギ、カモの仲間、夏はカルガモの親子やサギ類、コアジサシなどが見られる。

カルガモ

7. 花見川

場所：千葉市花見川区
交通：京成本線八千代台駅東口から花見川団地行き京成バス8分、中央公園下車。

バス停から徒歩10分で花島観音を経て花見川へ至る。川沿いは花島橋を渡り、対岸のサイクリング道路を上流へ歩く。都市化が進み毎年環境は悪くなるが、それでも年間60種類程度は観察され、千葉市で有数の鳥の宝庫。鳥は、春にはウグイス、ホオジロ、カイツブリなどが、冬

第五章 ● 自然と動植物

にはシメ、アオジ、アカハラ、シロハラ、コガモなどが楽しめる。

8. 印旛沼

場所：佐倉市、成田市ほか
交通：西沼へは京成本線京成臼井駅から徒歩20分。北沼へは京成本線京成成田駅から千葉交通バス甚兵衛行きで終点下車。

ホオジロ

春から夏にかけてのヨシゴイ、オオヨシキリをはじめ、旅鳥のシギ・チドリ類に加え、冬鳥のマガモ、ヨシガモ、ヒドリガモ、ホオジロガモ、トモエガモなどのカモ類の他チュウヒ、オオタカ、ハヤブサなどの猛禽類も時々観察される。

9. 多古・八日市場湿地

場所：多古町、横芝光町、匝瑳市
交通：JR成田線成田駅からJRバス八日市場行き、または千葉交通バス山倉行きで、高根下車。車の場合は栗山川沿いに南へ、借当川との合流点左岸下流にアシ原の湿地がある。車は堤の肩に止められる。

広い水田地帯にあり、春（4月下旬～5月中旬）はムナグロ、キョウジョシギ、チュウシャクシギなどのシギが周りの水田に飛来する。夏は、オオヨシキリ、セッカ、サギ類、カワセミなど。冬は、カシラダカ、アオジ、小オジロ、オオジュリンなどの小鳥類とタシギ、カルガモ、カイツブリなどが見られる。

10. 夏目の堰

場所：東庄町
交通：JR総武本線旭駅または飯岡駅から、タクシーで15分。

周囲1kmほどの小さな池であるが、冬には数千羽のカモ類が渡ってくる。最も多いのはマガモで、野生の姿を近い距離で観察できる。ほかにコガモ、オナガガモ、オカヨシガモなど10種類ほどが渡来する。

11. 小見川

場所：小見川町（現香取市）、茨城県神栖市
交通：JR成田線小見川駅下車、徒歩15分。

利根川の河川敷に広がるヨシ原では、春から夏にかけてはコジュリン、オオセッカ、コヨシキリ、オオヨシキリ、セッカなどが多数繁殖しており、堤防の上からじっくりと観察できる。

12. 銚子漁港

場所：銚子市
交通：JR成田線と総武本線の銚子駅下車、徒歩15分。

銚子駅からまっすぐ歩くと漁港に着く。冬は防波堤にカモメたちがびっしりと休んでいる。ユリカモメ、ウミネコ、ミツユビカモメ、セグロカモメ、オオセグロカモメ、シロカモメ、ワシカモメなど、年によっては非常に珍しい種が混じっているときもある。堤防にはウミウやヒメウが休む姿も見られる。堤防の向こうの岩場にはシノリガモが上陸している。

13. 泉自然公園

場所：千葉市若葉区野呂町
交通：JR千葉駅バスターミナルから、ちばフラワーバス「成東」または「中野操車場」行きで約35分乗車。「泉公園入口」で下車、徒歩10分。

千葉市の東端に位置し、周囲も含めて緑が多く、公園は自然の多様性が確保され、四季を通じて動植物を楽しむことができる。鳥は冬のアカハラ、シロハラをはじめとしたツグミ類、オシドリ、カラ類が豊富である。

14. 小櫃川河口干潟

場所：木更津市
交通：JR内房線木更津駅西口から金田中島行きの日東交通バスで畔戸高須入口下車。または、JR内房線巌根駅から徒歩20分。

盤洲干潟とよばれる日本一広い砂質干潟で、アシ原や潟池がある。干潟を歩いて観察するので、長靴が必要である。足下の干潟では、アサリ、シオフキ、バカガイ、マデガイがとれ、ウミニナがたくさん生息している。

15. 富津(ふっつ)

場所：富津市
交通：JR内房線青堀駅から日東交通バス富津公園行きで富津公園入口下車。又はタクシー。

　南房総国定公園・県立都市公園にもなっている公園内は良く整備されており、広い駐車場が無料で開放されている。
　潮干狩り場は、シギ・チドリ類、冬はミユビシギがよく見られている。杭の上にはミサゴが見られる。

16. 高宕山(たかごやま)

場所：君津市、富津市
交通：JR内房線木更津駅西口、または、君津駅東口から豊英(とよふさ)行き日東交通バスに乗車。バスの本数が少ないので要注意。植畑上郷か東日笠下車。

　2万5千分の1の地図で「鬼泪山」「坂畑」に相当するハイキングコース。足ごしらえはしっかりと。
　春から夏はヤブサメ、センダイムシクイ、オオルリ、ホトトギスなどの夏鳥たち。冬はアオジ、ツグミの仲間たち。

17. 富山(とみさん)

場所：富山町
交通：JR内房線岩井駅下車。バスもあるが、徒歩がよい。

　休耕田の荒れ地も随所に見られる。秋ならば農家の庭の柿が豊かに実り、モズの高鳴きに耳目を奪われるだろう。溜め池もぜひ覗いてみたい。ヒシが水面に繁茂し、カイツブリやバン、サギ類、カワセミも見られる。
　ビワや夏みかんの植栽のある里山的な場所もあり、初夏は、ウグイス、センダイムシクイ、ホトトギスが賑やか。

モズ

18. 館山野 鳥の森(たてやまやちょう もり)

場所：館山市大神宮
交通：JR内房線館山駅から、神戸(かんべ)回り安房白浜行きJRバス約25分、安房神社前下車徒歩5分。

　照葉樹林の山林が広がり、鳥獣保護区の特別保護地区がある。
　観察するのは里や山の鳥が中心で、春夏にウグイス、シジュウカラ、ヤマガラ、エナガ、メジロ、ホオジロ、サシバ、ハヤブサ、アオバトが見られる。冬は、ツグミ、アカハラ、シロハラ、アオジなど。

メジロ

19. 清澄山・猪ノ川林道(きよすみやま・いのかわりんどう)

場所：君津市折木沢
交通：JR久留里線上総亀山駅下車、徒歩約30分。亀山ダムから小櫃川支流猪ノ川に沿った沢。

　郷台林道に通じる東大演習林。約100年間の保護で動植物が豊富。新緑と紅葉が良く、林道に入るとすぐ黒滝がある。オシドリ、ハチクマ、アオバト、ヤマセミ、キビタキ、オオルリ、サンコウチョウ、クロジ、アトリ、イカルなどのほかに、ニホンザル、ニホンジカも見られ、イノシシの採食跡もある。

20. 内浦山県民の森(うちうらやまけんみん もり)

場所：鴨川市内浦
交通：JR外房線安房小湊駅から約5km、徒歩またはタクシー。県民の森宿泊者には送迎車の便あり。

　山林が中心だが、園内のダム湖や渓流が野鳥の種類を豊富にしている。春夏を中心に、ウグイス、シジュウカラ、ヤマガラ、ホオジロ、フクロウ、カワセミなどの留鳥。オオルリ、ヤブサメ、センダイムシクイ、ホトトギス、ツツドリなどの夏鳥。稀にヨタカの声が聞かれることもある。冬は、アオジ、クロジ、ツグミ類のほか、ダム湖ではオシドリの群れが見られる。

126

21. 大福山（だいふくやま）

場所：市原市（一部君津市）
交通：小湊鉄道養老渓谷駅下車。養老川の支流梅ヶ瀬川に沿って徒歩約4kmのコース。

山頂の白鳥神社の社叢として残されてきたスダジイを主とするシイ・カシ類の天然林は、県の天然記念物に指定されている。また、隣接する梅ヶ瀬渓谷一帯は自然環境保全林に指定され、初夏の新緑と秋の紅葉はみごとである。特に、カジカガエルの鳴き声をバックに、オオルリ、センダイムシクイ、ヤブサメ、サンコウチョウなどのさえずりを聞きながら、新緑に包まれた渓谷での探鳥は格別である。

22. 夷隅川河口（いすみがわかこう）

場所：岬町（現いすみ市）
交通：JR外房線太東駅または長者町駅下車、徒歩30分。

夷隅川の国道128号線江東橋から下流域で、左岸は湿田と草地、小川、入江と干潟、砂浜と続き、右岸は乾田、江場土川、三軒屋川、砂浜と続いている。

右岸保安林には照葉樹が進入し、植性の変化が見られる。カモ類、サギ類、シギ・チドリ類が見られ、特にクロサギ、ミサゴ、クイナ、タゲリ、コアジサシも。

23. 一宮川河口（いちのみやがわかこう）

場所：一宮町、長生村
交通：JR外房線上総一ノ宮駅下車、一宮海岸行き小湊バスで終点まで。バスがないときはタクシー、夏期はポンポン船で海岸まで。

かつての広大な湿地はほとんどが埋め立てられ、河口付近の川岸もコンクリートで固められ、自然環境は悪くなったが、シギ・チドリ類、カモ類、サギ類など多種の鳥が見られる。

24. 笠森（かさもり）

場所：長南町、市原市、長柄町
交通：JR外房線茂原駅または小湊鉄道上総牛久駅から小湊バスで笠森下車。バスの本数が少ないので要注意。

四方懸崖造りの観音堂（重要文化財）を中心に笠森寺自然林があり、国の天然記念物に指定されている。

自然遊歩道が整備され、南方の蔵持ダム方面に続いており、里山の自然を楽しむことができる。冬期は、ウソ、トラツグミなどのほか、クロジが見られることが多い。

（千葉県野鳥の会）

コサギ

千葉県探鳥地案内
（千葉県野鳥の会の観察会地点）

①清水公園
②手賀沼
③北方遊水池／大町自然公園
④新浜
⑤谷津干潟
⑥三番瀬
⑦花見川
⑧印旛沼
⑨多古／八日市場湿地
⑩夏目の堰
⑪小見川
⑫銚子漁港
⑬泉自然公園
⑭小櫃川河口干潟
⑮富津
⑯高宕山
⑰富山
⑱館山野鳥の森
⑲清澄山／猪ノ川林道
⑳内浦山県民の森
㉑大福山
㉒夷隅川河口
㉓一宮川河口
㉔笠森

房総の森と林・花木・山野草(薬草)

房総の森と林

房総の風土

黒潮(暖流)の恵みを受け、温暖な気候は植物の成育に適し、特に湿度に恵まれた清澄山系は房総固有の植物を育み、「植物の宝庫」といわれている。

房総丘陵と北総台地の植相

茂原、笠森寺、鋸山を結ぶラインを境に南は房総丘陵、北は房総台地と呼ばれ植物相が著しく異なっている。太平洋岸から東京湾にかけての海岸線から房総丘陵一帯は照葉樹林帯、内陸の北総台地は落葉樹が多く観られる。

房総丘陵と照葉樹林

房総丘陵は地理学上は低山性山地で標高は300m前後で高山の無い独立した山域である。標高は低いが傾斜がきつく、深い谷が特徴である。

照葉樹林帯はヒマラヤから東アジア、沖縄、九州、四国、和歌山、静岡と続き、房総半島が北端となっている。

照葉樹林はシイやカシ類等の常緑広葉樹から構成され、落葉樹に比べ葉が厚く、表面にクチクラ層と呼ばれる物質で覆われ、テラテラ光を反射することが名称の由来となっている。

代表的な樹種として高木ではタブノキ、スダジイ、アカガシ、ウラジロガシ、シラカシ等、中木ではツバキ、アラカシ等、低木ではカクレミノ、トベラ、アオキ等がある。オガタマノキ、バクチノキ、ヤマモモ、カゴノキ、ホルトノキ、タイミンタチバナ等の分布北限の植物も生育している。

房総丘陵の稜線周辺には温暖な低地では極めて珍しいモミ、ツガ林やヒメコマツ(五葉松)が成育している。恐らく氷河時代から生き延び残ったと考えられる。

照葉樹林の観察できる残された場所として、鋸山、富山、洲崎神社、元清澄山、三石山、大福山、誕生寺、笠森寺、権現の森、高滝神社等々がある。

北総台地と谷津田

比較的平坦な台地が続き、なだらかな傾斜地は斜面林を形成し、谷津(谷戸)と呼ばれる細い谷が入り組んだ特有な地形をしている。

台地の畑地には、落花生、サツマイモ、陸稲、里芋、葉物野菜が作られている。林と森を形成しているのは、ほとんどが植林された、スギ(山武杉)、ヒノキ、サワラ等である。所々にシ

房総丘陵と照葉樹の森(御殿山からの風景)

台地と谷津田の風景(佐倉市の里山)

房総固有の蘭「アワチドリ」
(Orchis guraminifolia var.suzukiana)

イ、カシ、スギの老木が茂る鎮守の森が点在し里山の風景を残している。昔は多かったアカマツ林は病害虫でほとんど姿を消してしまった。温暖な気候と立地を生かし、ウメ、ナシ、少ないがブドウ等の果樹類のほか、花木類の生産も多い。イヌマキ、サザンカ、ケヤキ、ツバキ（ヤブツバキ）の他、ハナミズキ、コブシ、モッコク、ヤマモモ、モチ等が代表的である。

斜面林の樹木はイヌシデ、コナラ、クヌギを中心にムクノキ、エノキ等の落葉樹が主体で、少ないがスダジイ、シラカシ等の常緑広葉樹が混じる混成林で構成されている。

谷津（谷戸）は台地や斜面から浸み出す水は小川となって周辺を潤し、昔から稲作が行われてきた。水辺を好む多くの植物（アシ、ガマ、オギ、ススキ、セリ、ギボウシ、ミゾソバ等々）が生育し、小動物（トンボ、ホタル、カエル等々）も多く生息する豊かな自然環境である。

成田、佐倉、千葉の北部にはカタクリ、フクジュソウ等の分布南限の植物の生育も観られる。また従来は静岡県が北限とされたクサナギオゴケ（ガガイモ科）が四街道市、佐倉市、酒々井町の一部に小群生していることが知られている。

房総の山野草

房総の野辺、里山は花々に満ち豊かである。

（代表的な季節の野草）

春：スミレ、ジュウニヒトエ、イカリソウ、ヒトリシズカ、イチリンソウ、ハマダイコン、

夏：ホタルブクロ、ヤマユリ、キツネノカミソリ、フシグロセンノウ、ハマヒルガオ、

秋：オミナエシ、ヒガンバナ、リンドウ、ホトトギス、キバナアキギリ、イソギク、

冬：フユノハナワラビ、ミスミソウ、フキ（フキノトウ）、ツワブキ、

清澄山系は植物の宝庫で「キヨスミ」の名の付く植物が幾つか発見されている。

キヨスミギク（アキワギク）、キヨスミギボウシ（ハヤザキギボウシ）、キヨスミショウジョウバカマ（シロバナショウジョウバカマ）等がある。

ウチョウラン（羽蝶蘭）の仲間のアワチドリ（安房千鳥）は房総固有の蘭として安房の地名が付けられた小型の蘭で園芸家に人気が高い。

薬草は房総固有のものはないがセンブリ、ゲンノショウコ、ウツボグサ、ドクダミ、オトギリソウ等多く生育している。

(山口允)

清澄の名の付く「キヨスミギボウシ」
(Hosta kiyosumiensis)

(浅野貞夫『日本植物生態図鑑』より引用)

COLUMN 千葉県に伝わる観天望気

　観天望気とは、自然を友として生活してきた人々の積年の経験から紡ぎ出された雲・風・気温など自然界の変化を看取ったうえで、天気の変化を察知する、地域に根付いた生きるための智恵であり、気象予測の一つのことです。いわゆる、「夕焼けの次の日は晴れ」というような天気に関することわざともいえるものです。

　東京湾と太平洋に面した房総では、特に漁業に従事する海の男たちが、長年の自然観察からあみだした地域色豊かな天気予知の言葉が、親から子へ、先輩から後輩へと、数多く語り伝えられています。ここに、房総のいくつかの地区の特徴的な観天望気をあげます。

館山周辺地区
・台風時期に、洲崎から大島にかけて雨足が立つと、天気が崩れる前兆。
・夏期に、三宅島方面で立雲がすると、ウネリがくる。
・大島・三宅島が近く見えると、雨が近い。
・大島晴らすと西風になる。
・春の南風、秋の北風は好天気。

天津・鴨川地区
・沖の方に真っ黒な雲がたれ込めて、稲光すると、イナサ（南東の強風）が吹くか、雨になる。
・ぎらぎら凪と女のけたけた笑いには気を付けろ。その後嵐になる。
・太陽が水平線からはっきり昇る日は雨になる。
・出ごしは雨。入りごしは風（「こし」というのは朝日や夕日の両脇に出る光。朝日に「こし」が出ると雨が近く、夕日に「こし」が出ると翌日は風になる）。
・夜に降ったり止んだりの雨の翌明け方は急に風が吹く。
・夜に突風と大雨を伴うときは、翌朝は凪になる。

勝浦地区
・太陽が海から昇る日は雨が降る。
・朝焼けは雨が降る。
・月のそばに星があると雨が降る。
・かにが家の中にあがってくると雨が降る。
・海の海藻が大きく揺れると雨が降る。
・海の沖が暗いと雨が降る。
・夏から秋に大島が澄んで見えると雨が降る。
・沖合の雲が清澄方向に流れる（清澄参り）と台風が近づく。
・海岸の砂が盛り上がると台風が近づく。
・トンボが多いと台風が近づく。
・太陽の脇に、コシ（虹の小さいもの）が出ると風が強くなる。
・海に雲の土手ができると風が強くなる。
・三日月が立っていると風が強くなる。
・沖合が暗くなるとイナサ（南東の風）が強くなる。
・東の磯が鳴るとイナサが強くなる。
・春に西空が黄ばむとシャニシ（＝サガメ＝北西の風）が強くなる。
・梨の花が多いときは暴風が来る。
・冬に雪が降ると米の当たり年。

浦安地区
・秋口にイナサ（南東）の風が吹くと寒くなる。
・筑波おろしが吹いてくると陽気が暖かくなってくる。

船橋地区
・カサ雲、南風が大きくなるときは、カサ雲が一段・三段と出る。特に富士山の左側に出ると大風になる。

富津市天羽地区
・富士山に雲がかかると西風が吹く。
・大島がきれいに見えると西風が強くなる。
・春、鋸山に濃く冠がかかると何日も南風が吹く。
・冬季、北の空が赤くなると赤とんぼナレ（＝赤ん坊ナレ＝強い北風）になる。
・サニシ（北西風）だと八日吹く。
・コチ（東風）は明日の凪。
・イヌイカンダチ（北西の雷）は照りのもと。
・台風の来る前は大きいうねりが来る。
・向地（三浦半島）が近くに見えると雨。

　以上のように、日常の生活や漁の場から見える風景に注意を払って天気の予測をしていたのです。

　また、江戸時代の享保８年（１７２３）に津軽妥女正が著した『何羨録』という江戸近海の釣魚を解説した秘伝書に、江戸時代の漁民の天候の見方、いわゆる江戸の観天望気が多く採録され、観天望気の重要性が認識されていたことがわかります。

（高橋克）

第六章
観光と市町村

銚子市の歴史と見どころ

　銚子が全国から注目されることになったのは、江戸時代の初期承応3年（1654）でしょうか。

　徳川家康は、天正18年（1590）、関東移封となり、文禄3年（1594）、それまで江戸湾に注いでいた利根川の付け替え普請を始めました。やがて、江戸に幕府を開くには全国から年貢米や諸物資を集めたり、江戸の町を水害から守ろうと考えたからでしょう。

　家康は、慶長8年（1603）、幕府を江戸に開府した6年後の慶長14年（1609）、銚子舟入普請に着手、構想以来60年の歳月をかけて銚子から太平洋に注ぎ出る東流貫通に成功しました。

　以後、東北地方の年貢米や関西地方の諸物資が、銚子を中継港として、利根川水運により江戸へ運ばれることになりました。それはまた、黒潮と親潮とがぶつかり合う房総半島沖を回る東廻海運の危険な航路から免れることにもなったのです。

　その後、銚子に永住する移民も数多く、相模屋、常陸屋、仙台屋、信濃屋、近江屋、西宮、紀国、熊野など、出身地を苗字や家号で名乗っている家が現在も盛業を続けています。また、移民が祀った社寺も、熊野神社（7社）、西宮神社（7社）、金比羅神社（3社）、粟島神社（2社）、宝満寺（1寺）などがあります。

　移民の中でも、和歌山県（紀州）は特に多く、「木国会」という親睦会を組織して103年にわたって紀州との交流を続けています。また、毎年5月5日には、市内妙福寺境内に明治36年5月建立した「紀国人移住碑」の石碑の前で供養祭と園遊会を開いているのです。現在会員は242人もいます。

　木国会関係の記念碑等も市内に多くあります。銚子漁業発祥地外川港（開祖崎山治郎右衛門碑）、ミロツ鼻跡之碑、淡島堂、徳本上人供養塔、船型六地蔵、浜口吉兵衛翁銅像、小野田周斉頌徳碑などです。

　一昨年から黒潮文化の交流事業の一環として千葉県と和歌山県の中学生の交歓会が開かれています。銚子を訪れた広川町立耐久中学校生徒は、自分たちの祖先が開拓した銚子の町に残されたものや、現在も営まれている事業を目の当たりにして感動します。

　その一つは、広村（現在の広川町）の崎山治郎右衛門が、明暦2年（1656）から万治元年（1658）までかけて造成した外川漁港、そして八手網という大規模漁法による鰯漁、さらに「外川千軒大繁盛」と口碑に残る外川の町づくりです。この漁法によって獲られた大漁の鰯が〆粕や干鰯に加工され、紀州のミカンや四国の藍作りの肥料として日本経済発展の基盤を築いたのです。

　そして、もう一つは、同じ広村の浜口儀兵衛が正保2年（1645）、銚子で醤油醸造を始めました。四季を通じ温暖で気温差が少なく、多湿な海洋性気象と、原料の大豆や小麦が肥沃な関東平野から入手しやすく、天然醸造の濃い口醤油は、江戸の爆発的な人口増加に伴い、てんぷら・そばなど食の嗜好の変化に乗じて、利根水運を利して大繁盛しました。浜口儀兵衛の醤油作りより29年前の元和2年（1616）創業の田中玄蕃の醤油醸造とともに関東醤油の代表格として今に至っています。

　高田河岸（現在の高田町）の宮城家「水揚帳」（明治3年・1870）を見ますと、江戸川や利根川の河岸場から送られてくるものに次のような荷物がありました。

・明樽類（醤油明・酒明・魚明・油明）
　醤油や魚油を送った返り荷で醤油屋や水産加工屋へ送られる。
・塩類（赤穂塩・斉田塩）

第六章●観光と市町村

漁師の守り神、川口神社

瀬戸内海で生産される上質の塩で主として醤油の原料となる。
・莚類（神奈川莚・入莚・嶋莚）
干鰯生産地帯に送られ〆粕の乾燥や包装に使用される。
・穀類（糯米・南京米・大麦・小麦・大豆・そら豆）
とくに小麦の数量が多いのは醤油の原料のため。

利根水運の発達は、産業面の興隆ばかりではありません。『利根川図志』（安政5年・1858）巻6に銚子のこと（地名・名所旧跡・歴史・地理・文化・産業・民俗）が幅広く紹介されています。松岸河岸から船をおりた文人墨客は、この冊子を懐にして、銚子半島を見聞したようです。小林一茶、十返舎一九、渡辺崋山、中里介山、徳富蘆花、島崎藤村、巌谷小波、大町桂月、尾崎咢堂、竹久夢二、高村光太郎他、多くの文人が来銚しています。とくに、竹久夢二の名作「宵待草」は銚子で出会った女性との悲恋を詩にしました（海鹿島に碑がある）。

銚子は民謡の宝庫でもあります。天明3年（1783）の飢饉の時、救ってくれた代官庄川仝左衛門に報恩感謝の思いから作られたという「じょうかんよ節」も涙なくしては歌い踊れない民謡ですが、やはり、銚子といえば「正調大漁節」でしょう。元治元年（1864）前年まで鰯の不漁が続いたのに、突然の大漁！ 海神を祀る川口神社の祭神速秋津姫之命に感謝して、急遽作詞されたといいますが、組み立てが実に見事です。1から3番までが漁のこと、4から6番までが加工のこと、7番が輸送のこと、8から9番までが海神へのお礼、そして10番でめでたく締めくくるのです。なお、この歌は、宴会では〆の歌になります。その後、11〜20番のつけたり歌までだれかによって作られたようです。

近代になって、銚子にとって文化の光が灯りました。それは、犬吠埼灯台の建設です。英国人技師のリチャード・ヘンリー・ブラントンの設計・施工監督のもと、明治5年（1872）着工し、明治7年（1874）11月15日に国内で24番目の西洋式灯台として完成点灯しました。当初ブラントンは、灯台の石材は英国製のレンガを輸入しようと考えましたが、高価なので日本人技師の中沢孝政が、国産レンガの使用を主張、利根川沿いを探し歩いて、香取郡高岡村（現在の

犬吠埼灯台

133

川口、千人塚の供養塔

成田市下総）で最適の粘土を発見し、英国製に負けない。国産レンガの製造に成功（19万3000枚）しました。なお、エピソードとして語り伝えられることでは、建設当初地元外川の漁師の間で、灯台の強い光で海を照らされたら魚が驚いて逃げて不漁になる――という噂がたって、設置反対運動がおきましたが、点灯直後、鰹の大漁が続き安堵したそうです。そして、漁師の中には、氏神様よりありがたいと、灯台へお賽銭まであげた人もあったといいます。以来132年間、太平洋航路の安全と観光のシンボルとして光を照らし続けています。

江戸の俳人古帳庵（鈴木金兵衛）の句に「ほととぎす銚子は国のとっぱづれ」とありますが、日本のはしくれに位置する銚子は、上記のように発展し、明治13年（1880）、千葉県内5000人以上の町村人口統計を見ると、銚子の一部である飯沼地区だけで、戸数3125戸、人口1万5847人と県内で首位、関東地方で東京、横浜に次ぐ大都市になりました。

しかし、銚子にとって「弁慶の泣き所」があったのです。それは、利根川口が狭い上に、岩礁が多く、難所だったことです。古諺に「阿波の鳴門か、銚子の川口か、伊良湖渡合が恐ろしや」とか「銚子川口てんでんしのぎ」などあるように、日本の3大海難所の1つでした。川口にある小丘には、慶長19年（1614）の大津波以来多くの海難者を供養した千人塚があり、今でも関係者の香華が絶えません。この川口の海難も国や県の築港工事で、現在は皆無となりました。

水運は、明治になり鉄道、昭和になりトラック、バスに代わって衰退しました。

そのせいもあるのでしょうか、現在は、千葉市、船橋市、佐倉市、木更津市等にも追い抜かれ、昭和43年（1968）の9万3854人をピークに、徐々に減少し、平成17年（2005）には7万2050人となってしまいました。

しかし、銚子に住む人は、言葉使いは少々荒いですが、関東弁、関西弁、東北弁の混じった三層構造の銚子方言を愛用し、他人同士信じ合い、悲しいことはトンチとユーモアというオブラートに包みこんで明朗闊達に生きています。

（永沢謹吾）

COLUMN 銚子電鉄の見どころ

銚子電鉄は、全長6.4kmあり、銚子駅から外川駅までの10駅を約20分で結んでいます。

大正12年（1923）創立し、平成18年（2006）で83年目を迎えました。

自動車交通の発達と近代化設備等のため、経営は危機的な現状ですが、社員の努力と鯛やきやぬれせんべい販売などにより観光客の乗車も徐々に増加しています。

休日や祝祭日には、昭和60年に貨車を改造して作った「澪つくし」号を運転し人気を博しています。また弧廻手形（一日フリー乗車券・620円）も便利です。

沿線の見どころでは、醬油会社（仲ノ町駅）坂東27番札所円福寺と飯沼観音（観音駅）国木田独歩・小川芋銭・竹久夢二・尾崎咢堂文学碑と海水浴場（海鹿島駅）犬吠埼灯台・地球の丸く見える丘展望館・佐藤春夫・尾張穂草・高浜虚子・若山牧水文学碑（犬吠駅）・紀州人崎山治郎右衛の築いた外川港・大漁旗梁元・徳本供養塔・義経伝説の犬岩や千騎ヶ岩・屏風ヶ浦（外川駅）などあります。

（永沢謹吾）

元営団銀座線が走る銚子電鉄

佐原（香取市）の歴史と見どころ

　第２次世界大戦以後、佐原の言い方は「サハラ」であるべきを、進駐軍の命令で鉄道の駅名を「サワラ」とした。

　サハラとは、旧官幣大社の香取神宮の祭典で使われる土器の呼び名である。それが、現在の諏訪神社の鎮座する台地上の集落名となった。その集落の眼下は、香取の海と呼ばれた銚子からの入り海があった。

　香取神宮の御祭神である経津主の人神が東国平定の時、船で銚子から香取の海を上って来て、現在の佐原市津宮の浜の鳥居の所在する所から上陸して、香取神宮の鎮座しているところに陣を張ったと言われている。

　その入海の陸地側に洲ができて、土器を造っていたサハラの住民の次男、三男たちをその洲に住まわせたので、新宿村となった。その新宿村の人々の生活ぶりが豊かなのを見て、本家筋の諏訪神社の台地に住んでいた者たちが、移り住んでつくったのが本宿村である。

　これが、現在の小野川の流れで区分された、新宿と本宿の起源で、新宿の人々が礼拝している諏訪神社は、新宿地区の鎮守である。また、本宿の人々が礼拝している八坂神社は本宿地区の鎮守である。だから、本宿が本家筋なので、その祭礼も、夏がれを防ぐために夏に行い、新宿地区は、秋の収穫のお礼をする秋に行う。

　「八坂７月、諏訪さま９月（現在は10月）はでなお祭り関東一。」とはやされた言葉が残る。

　本宿村、新宿村が一体化して、現在の佐原のまちが生まれた。

　佐原が商業都市となるのは、香取神宮の門前町からの発展である。明治８年に香取神宮神幸軍陣祭が再現されたときは、津宮の浜の鳥居から、参列の人々は船に乗り、水上で鹿島神宮、息栖神社の神使を迎え、水上祭を行った後、また、浜の鳥居から、香取神宮にもどって解散となったが、経費がとてもかかるので12年に１度の祭礼にし、佐原の街中をめぐる２日がかりの行事とした。

　佐原の見どころといえばまず香取神宮。平成18年３月に「香取市」と市名が改められたのもこのような歴史からである。

　香取神宮を訪ねたら、昭和15年建造の総門から入るが、本来は、西側の石段が創建時の入口であった。

　明治までは、参詣人は船で来るのが一般的で、浜が鳥居河岸という港で、銚子から１番目の港であった。そこから歩いて、香取神宮に向かえば、途中に、香取の海時代の祭神、沖宮（おきのみや）がマキの木の垣根で囲まれて鎮座している。その右側には、東の宮、西野宮と呼ばれる、浜の港を守る神さまが、朱塗りもあざやかに鎮座している。この神社から、「津宮」の地名が生まれた。

　そして道をなお進み、踏切りを越えると、朱塗りの橋がある。川は根本川。橋の名は薫橋（ただすばし）で、明治時代までは、香取神宮に参詣の人は、ここで、はき物をぬぎ、持参した新しいものとはきかえたとこから、草履（ぞうり）ぬき橋の名が、なまって、ジョンヌキバシと呼ばれた。ここから、香取神宮の神境となる。

　道を進み三叉路を右に直進すると、右側に松の木が植え込まれた中に石で組み上げられた台が見える。これは、香取神宮の神幸祭の行列が一番最初に休むとき、みこしを置く台である。

　また、道を直進すると右にカーブし谷となった畑地に出る。ここが江戸時代まで所在した香取神宮寺の一つ根本寺跡。その昔、狸がたくさん生息していたところで、ここに住んだ儒学僧の松永呑舟上人が動物をかわいがったところから、狸がしっぽで雨戸をドンとたたいて、しっぽをすばやくひっこめるとシュウと聞えるので、ドンシュウ、ドンシュウと呼んだところと

135

伝えています。

　この根本寺の跡地の北側の山の上に佐原で、最大の古墳が所在する。神土山古墳といい、全長16間の長さ。香取神宮の御祭神・経津主大神がねむっていると伝えている。

　また道を直進すると、左にまわる。その右側は、大きな窪地となっているので地名を大久保という。江戸時代まで、ここに住んだ人々の集団が「久保木堂」といって、香取神宮の守護役であった。さらに道を進むと、新道を横切って進む、すると三叉路となる左に古道があり、昔の神幸祭の道である。

　直進すると坂道で、その左側の山が「みふねぎ山」と呼ばれ、神幸祭の御船木を造る木を切り出す山。

　左に進めば、ケヤキの木が植えられた垣根や、黒い板壁で囲まれた家などが見られる。旧神宮家が続く。坂道の途中左側に御神井がある。その先を左に登る道は、かって別当の館があったところから「別当小路」という。

　直進すれば左側に道祖神が祭られている。さらに直進すると十字路に出る。十字路の中央の松が雨乞いの松。左に進めば香取神宮。直進すれば、奥の宮である。その左側に天真正伝香取神道流の流祖飯篠長威斎の供養塔があり、このあたりが香取神道流の誕生地、梅木山不断所跡なのである。

　ここまで登って来た坂道は、香取八坂の一つ「大坂」。奥宮の左側の坂道は下根井坂。香取神宮の本殿や楼門の重要文化財、旧拝殿の市の指定文化財、そして宝物館で国宝や重要文化財の鋏・宝物を拝観するとよい。

　さて、佐原といえば、江戸時代に日本全国を測量して実測日本地図をつくった伊能忠敬の旧宅が史跡として残っている。しかし、屋根瓦を修理したり、土間にあった米を入れるハメと呼ばれる入れ物を取り払ったりして、半間ずつに建てられた土間の北側の壁の意味がわからなくなってしまっている。伊能忠敬が婿として来た

津宮寄港の水郷汽船さつき丸

とき、主屋はなくなっていて、土蔵を改造した家で生活をしていたが、これは穀屋の店造りである。

　佐原の新宿、本宿の町並みも、蕎麦の小堀屋本店をはじめ、本屋の正文堂書店など歴史を伝える建物がたくさんあるので、ゆっくりと見てあるくとよい。また、小野川の流れと家々をご覧になるのもよい。店の屋敷構えの千葉県内で最も古いお宅は、油屋惣右衛門家である。

　他には、江戸時代の開拓地として出来た十六島地域の様子も一見に値する。水路をエンマと呼び、道路がわりに舟で往き来していた。今でも、水郷の米どころを舟に乗って十二橋めぐりができる。香取神宮の神幸祭にオランダ楽隊として参列する扇島地区には、水楽荘という料亭もあり、食事も楽しくできる。

　また、江戸時代、幕府に納める米倉があった大倉地区には、梨畑も古くからあり水郷梨の産地として知られる。鎮守様の側高神社は、千葉県最大の一間社流れ造りの本殿。その眼下には、童謡作家として知られた、三越左千夫の生家があって、最近三越左千夫資料室がオープン、無料で見学できる。また、童話や民話などが読めるようになっている。

　佐原を訪ねたら、市に寄贈され展覧会用にリニューアルオープンした本宿の三菱銀行の赤レンガ造りや香取神宮の参詣、伊能忠敬旧宅、三越左千夫資料室見学などをおすすめする。

　なお、本宿の八坂神社の境内の山車会館で、山車のいろいろを見学するのもおすすめしたい。

（久保木良）

天保水滸伝と大原幽学

笹川繁蔵と飯岡助五郎

「利根の川風、袂に入れて、月に棹さす高瀬舟〜」の浪曲の名調子や講談、さらには流行歌の「大利根月夜」(田端義夫)・「大利根無情」(三波春夫)で有名な「天保水滸伝」の舞台は、利根川下流の小見川から九十九里東端の飯岡にかけてである。

笹川繁蔵は地元の醤油と酢を醸造する旧家の出身、飯岡助五郎は三浦半島の漁家の出身だが、二人とも力士上がりの博徒として勢力を争う。ただ、助五郎は十手取り縄を預かる二足の草鞋の身分である。この勢力争いは、お上の役をいただく助五郎が勝つ。だが、地元では、二人とも侠客として人気があり、記念・遺品館や墓地は今も大切にされているのである。

なお、この物語は、19世紀の前半に起こった事件を江戸の講釈師宝井琴凌が語って評判を呼んだという。

ところで、幕末の農村の疲弊と博徒の横行に心を痛めた旅の浪士が、この地を訪れたのであった。世界で最初の産業信用(農民)組合「先祖株組合」を結成し、農村改革を実践した大原幽学(1797〜1858)である。彼は、道徳・経済を基盤とする「性学」を農民に説き門人(同友)を増やし、耕地整理や住宅地・住居の合理化などを推進したが、お上(関東取締出役)の嫌疑を受け取り調べられて追放される(安政4年1857)。刑期を終えて戻ると、農村は元の姿に帰ってしまっていた。落胆した幽学は、白刃して命を絶つ。

現在は、ゆかりの地、旭市長部に「大原幽学遺跡史跡公園」が整備され、記念館が建てられ、幽学旧居なども保存されている。

(安藤 操)

諏訪神社境内にある天保水滸伝遺品館

「近世水滸伝 笹川髭蔵」豊国
「近世水滸伝 井岡の拾五郎」豊国

成田山新勝寺と平将門伝説

我孫子・野田市周辺には、平安中期の武将で、自ら新皇を名乗った「天慶の乱」のリーダー平将門の伝説が多く伝えられている。それは、下総地域が将門の活躍の舞台であったからであろう。常に7人の影武者を従えていたが、藤原秀郷に討たれる。首は、京の都に運ばれ、獄門にかけられるが3日後に白い光を放って東方の武蔵国へ飛び去った。落ちたところに塚を築いた。それが、後の神田明神と伝えられる。

我孫子市には、将門の井戸や将門神社・日秀(ひびり)観音などが今もあるが、観音の境内には首を曲げた地蔵「首曲地蔵」が立っている。これは、成田山への道をたずねられると、「知らない」と答えるからだという。成田山は、将門調伏のために朱雀天皇が寛朝を遣わし、公津ケ原で祈祷したことに由来する寺だからである。

千葉市中央区の千葉大学医学部の周辺の七天王塚は、今も住民が守っているが、この塚も将門の影武者が祀られていて、粗末にするとたたりがあるという。

(安藤 操)

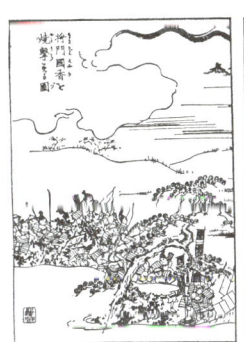

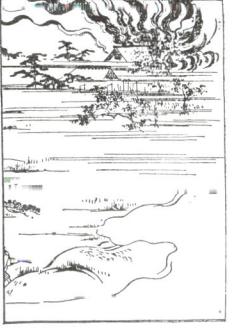

「将門国香を追撃する図」(「成田参詣記」より)

成田市の歴史と見どころ

　成田市は県の北部中央に位置し、北は利根川をもって茨城県と接し、西は栄町、さらに印旛沼を隔てて本埜村と接しています。南は酒々井町と富里市、東は2006年3月から合併した旧大栄町・下総町域をもって多古町・栗源町・佐原市（現香取市）・神崎町とそれぞれ接しています。地形は成田空港（新東京国際空港）が設置されたことをみてもわかるように、標高40mほどの平坦な北総台地が広がり、縁辺部は開析された樹枝状の谷が複雑に入り込んでいます。人口は平成18年3月末現在約12万600人、面積は212.3km²です。成田の地名は、応永6年（1399）に造立された市内寺台の永興寺蔵（安養寺旧蔵）木造聖観音坐像胎内墨書銘に、「成田郷」とあることから、中世には遡ることができます。

　成田の歴史は古く、県内でも最古とされる今から約3万年前旧石器時代の遺跡が、成田空港の敷地から発見されています。縄文時代はとくに最末期にあたる荒海貝塚が有名で、近年モミ跡のついた土器を出土するなど、陸稲栽培が行われたことが指摘されています。弥生時代の中期後半には、水田耕作が行われたようで大きな集落が形成されてきます。古墳時代を迎えると、大和王権の東国進出にともない、市内でも4世紀末から成田ニュータウン内の公津原古墳群などの古墳が作り始められました。また玉造の地名でわかるように、玉作技術者集団がいたことが発掘により判明しています。奈良・平安時代になると多くの村が出現し、中には製鉄遺跡も発見されています。10世紀前半、平将門は新皇を称し、東国国家の樹立を目指しましたが、藤原秀郷・平貞盛によって討たれます。成田山新勝寺は、僧寛朝が京都の神護寺から不動明王を移し、将門調伏を行ったことが初めと伝えられています。中世に入ると、将門と同族の常総平氏である上総氏一族が埴生庄を開発したと

成田山新勝寺三重塔

みられますが、千葉氏、足利氏を経て北条氏の一門金沢氏が支配します。その後は戦国期を通じて、本佐倉に拠点を移した千葉氏の家臣層が支配するところとなりました。江戸時代に入ると、市内は佐倉藩領と淀藩（京都市）領、御三卿の田安家領などに分割支配されました。歌舞伎「東山桜荘士」で義民佐倉宗吾の話は全国的に有名ですが、直訴事件の有無は史実としては確認できません。ただ、公津村の上層農民であった惣五郎がいたことは名寄帳によって確認されます。また、初代市川団十郎は父親が幡谷村（市内幡谷）の出身で、成田山に祈願し二代目団十郎を授かることができたことから、成田山不動明王を演じ「十八番」としました。「成田屋」の屋号ももちろん成田山新勝寺に因むものです。団十郎のおかげで、成田山参詣は江戸後期の庶民にとって、大きな娯楽となりました。

第六章●観光と市町村

明治に入ると、江戸時代の馬牧であった取香牧とその周辺に、牧羊場と種畜場が置かれました。その後、下総御料牧場となり、事務所は三里塚に移されましたが、成田空港開設にともない、御料牧場は栃木県高根沢町に移転しました。明治21年（1888）には、成田町・公津村・八生村・中郷村・久住村・豊住村・遠山村の一町六村が発足、昭和29年（1954）にこれらが合併し、県内11番目の市として現在の成田市が誕生しました。昭和41年（1966）7月、三里塚に新国際空港が建設されることに閣議決定されました。しかし、反対運動もあり、完成後、正式に開港したのは昭和53年5月のことになりました。

房総のむらの旧学習院初等科正堂

（遠山成一）

COLUMN 成田の見どころ

①成田山新勝寺周辺
成田の町は、江戸時代以降新勝寺の門前町として発展してきました。JRと京成がともに成田駅を設け、成田山参詣に利便を図っています。交通安全祈願もご利益の一つで、車での参詣も増加の一方をたどり混雑が激しくなったため、市内の道路整備も進みました。国重文の仁王門、三重塔、額堂、光明堂の他、大本堂には同じく国重文の不動明王と二童子像があります。霊光館は新勝寺や成田の町の資料、考古学、文書などを集め展示しています。さらに国重文の『住吉物語』を所蔵する成田山仏教図書館も近くにあります。

所　成田市成田1
交通　JRおよび京成電鉄の成田駅から徒歩13分
電話　0476-22-2111

②宗吾霊堂周辺
真言宗鳴鐘山東勝寺が正式な寺名ですが、佐倉惣五郎を祀った宗吾霊堂として有名です。惣五郎父子の墓があるほか、霊宝殿には近隣の船形薬師寺の応長元年（1311）銘のある梵鐘や、惣五郎の載る名寄帳が展示されています。ここから甚兵衛渡し行きバスに乗り、台方バス停で下車すると宗吾旧宅に行くことができます。また終点は水神の森となっていて、宗吾のために禁を犯して夜舟を出し、入水したとされる渡し守の甚兵衛を祀る小祠があります。

所　成田市宗吾1-558
交通　京成宗吾参道駅下車徒歩10分
電話　0476-27-3131

③三里塚周辺
下総御料牧場の事務所などを利用した三里塚御料牧場記念館が、国道296号線の三里塚交差点近くにあります。すぐ近くに成田新国際空港の敷地があり、航空機の離発着が頻繁に行われています。

所　成田市三里塚御料1-34
交通　JRバス成田駅発八日市場行き三里塚駅下車徒歩2分
電話　0476-35-0442

④房総のむら周辺
印旛沼の北岸の台地うえ、栄町竜角寺一帯は古墳と古代寺院で知られます。また、県立房総のむらがあり、風土記の丘資料館とともに一見の価値があります。東日本最大級の方墳である岩屋古墳、古墳時代最末期の大型前方後円墳である浅間山古墳をはじめ百基を超える群集墳、さらに竜角廃寺のほか、移築された学習院初等科正堂、旧御子神家住宅（ともに国重文）などの建築物も見られます。道路も整備されており、「白鳳の道」を散歩しながら古代のロマンを味わうことができます。

所　栄町竜角寺1028
交通　安食駅発竜角寺台車庫行きバス房総のむら下車徒歩3分
電話　0476-95-3333

（遠山成一）

成田山新勝寺門前町

佐倉市の歴史と見どころ

　佐倉市は県の北部、印旛沼の南岸に位置し、東は酒々井町、南東は八街市、南は千葉市と四街道市、西は八千代市に接し、印旛沼に注ぐ鹿島川などの河川に沿った低地と下総台地からなっています。平成18年2月末現在の人口は174,909人、面積は103.59㎢、市の木はサクラです。

　印旛沼の周辺には縄文早期の上座貝塚をはじめ、多くの遺跡が分布していますが、縄文後期・晩期には吉見台遺跡（国史跡）・井野長割遺跡などの大規模な遺跡が形成されました。

　弥生時代になると、環濠集落である大崎台遺跡や再葬墓である岩名天神前遺跡が営まれました。古墳も多く、飯郷作遺跡では前期の前方後方墳と方形周溝墓が接して発見され、古墳発生期の墓制を考えるうえで重要な遺跡です。

　市域は、律令時代には印旛郡に属し、印旛郷・長隈郷・余戸郷などの郷が置かれました。長隈郷の故地である長熊からは古代寺院（長熊廃寺）が発掘されています。

　中世を迎えると、鹿島川の上・中流域には白井庄（しらいのしょう）、下流部右岸に印東庄（いんとうのしょう）、左岸には臼井庄（うすいのしょう）といった荘園が成立し、開発領主である白井氏・印東氏・臼井氏が登場しました。これらは千葉氏と同族の桓武平氏の武士団です。

　康正元年（1455）、千葉氏庶家の馬加氏・原氏が千葉宗家を滅ぼし、馬加氏の系統が千葉氏を継承すると、千葉に代わる本拠地として本佐倉城（国史跡）を取り立てました。原氏は臼井氏に代わって臼井城に入り、小田原北条氏と結んで千葉氏を凌ぐ勢力に発展していきます。

　しかし、天正18年（1590）に千葉氏・原氏は北条氏とともに滅亡し、徳川氏の家臣が入りました。臼井城には酒井家次（3万石）、本佐倉城には家康五男の武田信吉（4万石）らが封ぜられています。慶長15年（1610）に小見川から転封された土井利勝は、本佐倉城に代わる近世城郭として、鹿島山の地に新たに佐倉城を築きました。以後の城主は石川・松平（形原）・堀田・松平（大給）・大久保・戸田・稲葉・松平（大給）と続き、延享3年（1746）に堀田正亮が山形から移されると、廃藩置県まで堀田氏が城主でした。いずれも譜代大名で、幕府の老中を務めた者も多く、佐倉は城下町として発展していきます。

　佐倉藩といえば、堀田正信の重税に苦しむ農民を救うため、将軍に直訴し処刑されたと伝えられる義民佐倉惣五郎（宗吾）が有名です。この話は事実かどうかは不明ですが、正信は改易されています。後に佐倉藩主となった正亮は、正信の弟正俊の子孫です。

　寛政4年（1792）、藩主堀田正順は藩校佐倉学問所を創設しました。この藩校は堀田正睦によって藩政改革の一環として拡充され、成徳書院となりました。正睦は老中首座・外国事務取扱として開国を唱え、「日米修好通商条約」の締結交渉を進めた開明的な藩主で、朱子学が中心であった藩校に蘭学などの洋学を取り入れました。成徳書院の医学所では蘭医学が教授され、また江戸の蘭医佐藤泰然は佐倉に招かれて医学塾順天堂を開きました。これが順天堂大学の起源です。こうして佐倉藩では洋学が興隆し、思

旧堀田邸・庭園（県指定名勝）

想家西村茂樹、農学者津田仙（梅子の父）、洋画家浅井忠などの人材が育ちました。

明治になって県庁は千葉に置かれましたが、明治6年（1873）には佐倉城跡に陸軍の連隊が置かれ、明治42年（1909）からは第1師団歩兵57連隊の営所となりました。同連隊は千葉県を徴兵区とする郷土部隊で「佐倉連隊」と呼ばれましたが、太平洋戦争末期にフィリピンのレイテ島などで米軍と戦い、大きな犠牲を出しました。西部の下志津原は砲兵の演習地でした。

戦後の昭和29年（1954）、佐倉町と周辺の町村が合併して佐倉市となりましたが、東京のベッドタウンとしての色彩を強めていきます。明治期に開通した総武本線に加え、昭和に入って京成電鉄も開業していたため、西部を中心に住宅地が造成されたのです。ユーカリが丘では、新交通システムを導入した新たなまち造りが進められ、南部には大規模な工業団地が設けられています。現在の佐倉市は、歴史と自然を大切にした文化都市を目指しています。

佐倉順天堂記念館（県指定史跡）

（外山信司）

COLUMN 佐倉の見どころ

①佐倉城址公園とその周辺
天守や御殿があった佐倉城の本丸は、高い土塁や深い空堀で守られ、東へ二ノ丸・三ノ丸と続いていました。佐倉中学校の正門付近には追手門があり、その近くには藩校成徳書院がありました。北側や西側の台地下には水堀も残っています。
　所在地　佐倉市城内町一帯
　交通　京成佐倉駅から徒歩約20分、JR佐倉駅から徒歩約30分
　電話　043-484-0679（佐倉城址公園管理センター。不在時あり）

②国立歴史民俗博物館
佐倉城の椎木曲輪跡には国立歴史民俗博物館（歴博）があって、研究成果を活かした展示は見応えがあります。二ノ丸にあるくらしの植物苑も歴博の施設で、生活を支えてきた植物を植栽しています。
　所在地　佐倉市城内町117他
　交通　京成佐倉駅から徒歩約15分、JR佐倉駅から徒歩約30分
　電話　043-486-0123

③武家屋敷
鏑木小路には、旧河原家住宅・旧但馬家住宅・旧武居家住宅の3棟の武家屋敷があり、武家屋敷通りの雰囲気を今に残しています。
　所在地　佐倉市宮小路町57
　交通　京成佐倉駅から徒歩約20分、JR佐倉駅から徒歩約30分
　電話　043-486-2947

④旧堀田邸・庭園
最後の藩主であった堀田正倫が明治時代に建てた庭園に囲まれた邸宅です。近代の上級和風建築で、旧大名家（華族）の暮らしを偲ぶことができます。
　所在地　佐倉市鏑木町274
　交通　京成佐倉駅から徒歩約20分、JR佐倉駅から徒歩約20分
　電話　043-483-2390

⑤佐倉順天堂記念館
佐藤泰然が開いた順天堂の旧跡で、安政5年（1858）に建築された建物が残り、医書や医学関係資料が展示され、蘭医学が発展した様子がわかります。
　所在地　佐倉市本町81
　交通　京成佐倉駅からバス「京成酒々井駅」「白銀ニュータウン」行「順天堂病院」下車
　電話　043-485-5017

⑦佐倉高校地域交流施設サクラ・カルチュレール・セントルム
佐倉高校は藩校の後身で、『ハルマ和解』などの蘭和辞書やオランダ語の書籍を含む書籍群（鹿山文庫）や木造孔子坐像などを所蔵しており、地域交流施設に展示されています。記念館は堀田正倫によって明治43年（1910）に建てられた洋風木造校舎です。
　所在地　佐倉市鍋山町18
　交通　京成佐倉駅から徒歩約10分
　電話　043-484-1021

⑧川村記念美術館
レンブラントなどの西欧絵画や尾形光琳ら日本美術のコレクションが有名ですが、企画展も注目を集めています。四季折々美しい広大な庭園があります。
　所在地　佐倉市坂戸631
　交通　京成佐倉駅・JR佐倉駅から送迎バス
　電話　043-498-2131

（外山信司）

明治の学舎「佐倉高校記念館」（国登録有形文化財）

大多喜城と城下町

大多喜城

「家康に過ぎたるもの」として謳われたのが、のち大多喜城主となった本多忠勝です。14歳にして初めて戦いに出て、生涯に大小57度の戦いに臨んで、一度の不覚もとらず、1カ所の手傷も負わなかったといわれます。

慶長5年（1600）9月15日、家康と石田三成が天下の覇権をかけた関ヶ原の戦いには、大多喜城主となっていた本多忠勝は、秀忠から拝領した三国黒の名の駿馬にまたがり、軍監として出陣しました。このとき二男の本多忠朝を従え、大多喜軍勢500が加わった東軍10万4千が、西軍8万5千と対戦、東軍の勝利に帰したのでした。徳川方の福島正則は「忠勝殿の用兵は評判以上だ」と忠勝をほめたたえたといわれます。

この関ヶ原の勝利によって、天下は徳川の掌中に帰し、忠勝は伊勢桑名城主に、長子忠政は父忠勝に従い嫡男忠刻も同道しました。したがって大多喜城は二男の本多忠朝に与えられます。

現在、大多喜城下の良玄寺ほかに忠勝の肖像画が伝えられていますが、これは関ヶ原に軍監として活躍した勇姿です。晩年のある日、忠勝は土佐派の絵師を呼び、自分の肖像を描かせました。黒糸織の鎧に鹿角の冑、眼はらんらんと輝き肩をいからせ、脚をしっかと開いて白毛の采配を片手に握るさまに、関ヶ原の活躍ぶりが忍ばれます。慶長15年（1610）10月忠勝は63歳の波乱の生涯を閉じたのでした。

元和3年（1617）、長子本多忠政は姫路城15万石の城主となり、大多喜城で生まれた嫡男の忠刻は、大坂夏の陣で坂崎出羽守に助けられた千姫に惚れられ、正室に迎えましたが、父忠政よりさきに他界しました。弱冠31歳でしたが、このことは物語や講談で知られています。

大多喜城主本多忠朝のとき、慶長14年（1609）9月、フィリピン諸島臨時長官の任を終えたドン・ロドリゴ一行が、ノビスパニヤ（メキシコ）へ向う途中、上総岩和田沖（御宿町）で暴風のため遭難しました。370余名

本多忠勝像（良玄寺蔵）

の乗員のうち317名が助かりますが、岩和田の海女たちの献身的な救助と、大多喜城主の本多忠朝の温情があったからです。

やがてロドリゴ一行は大多喜城に招かれますが、かれが書いた『日本見聞録』で大多喜城主の規模と御殿の豪華さ、さらに城下の人口1万ないし1万2千から、関東有数の城下町であったこともわかります。

大多喜城（現・県立総南博物館）

家康はロドリゴが銀山の精錬技術者であることを知り待遇します。そして翌年に京や堺の商人ら日本人と太平洋を横断して、無事帰国しました。これが日本人最初の太平洋横断の記録です。

元和元年（1615）5月の大坂夏の陣では、本多忠朝が東軍の先鋒をつとめ、大多喜軍の発砲で戦いが展開され、毛利勝永の敵陣に入って勇猛さを発揮し、忠朝は討死します。

大坂夏の陣屏風絵の右半双中央に、大鹿角の冑に黒糸織の鎧をまとった忠朝が大身槍を振って大坂方を蹴散らしている場面があり、忠朝と大多喜軍の奮戦ぶりがわかります。

あと大多喜城は本多政朝が継ぎ、以後は阿部氏、青山氏、元禄16年（1703）、松平正久が城主となって、松平家9代つづきました。最後の城主は松平正質で、明治元年（1868）の鳥羽・伏見の戦いには、幕府の総督として総指揮に当たりましたが、幕府軍は大敗、4月12日、大多喜城に官軍の副総督柳原前光が攻め入ることで無条件降伏し、明治4年（1871）7月、大多喜城に終止符が打たれました。

これによって松平正質は旧姓大河内氏に復します。城内の建物はすべて破却されましたが、ただひとつ薬医門だけは一般に払い下げられ、近時二の丸に復したことで、大井戸と共に往事がしのばれます。

昭和41年5月、「上総大多喜城本丸跡」として県史跡に指定されました。50年9月には天守閣型式の県立総南博物館がオープンして、多くの入館者に親しまれています。

城下町大多喜

現在の大多喜駅裏付近に大手門があって内濠を形成し、蛇行多く川幅のある夷隅川が外濠の役目を果たしています。背後は標高150から270メートルの夷隅山系に囲まれた要害の地に、大多喜城は築かれました。

同時に城下町も整備され、大多喜城主街道に沿って北から、刀鍛冶や鉄砲鍛冶の職人を中心とした鍛冶町、つぎは紺屋職人の紺屋町、大工職人が多くいた猿稲町が形成されました。

大屋旅館（国指定文化財）

南へと続く久保町は商家が立ち並び、蔵造りをはじめ江戸後期の商家建築を今に残しています。国指定重文の渡辺家は、上げ障子に落戸づくり、土間の右が店で帳場格子に机などを配していて、昔の店構えがわかります。

桜台町から新丁にかけて旅籠が多く、江戸期創業の大屋旅館（登録文化財）のたたずまいに、その繁盛ぶりをしのぶことができます。夷隅川には防衛上、橋が架けられず徒歩渡しのため、一旦豪雨に見舞われると、川止めとなって旅人は難渋する反面で、旅籠はにぎわったのです。直角に曲がった道路も防衛上からで、その一角に営業をつづけている造り酒屋「豊の鶴」も国指定登録文化財です。

明治3年（1870）5月には、小高半左衛門や三上七五郎によって房総最初の上水道が完成します。明治28年9月、千葉県最初の公立幼稚園が大多喜小学校付属で設立され、30年10月には同じく県下最初の公立図書館といえる天賞文庫がオープンします。これは東京銀座名物の一つに数えられ、「天賞堂のイルミネーション」と謳われた天賞堂創始の江沢金五郎の遺志によって開設されたのです。

いま大多喜町では「街並み環境整備事業」のもとに、店舗などの改修、石畳の道路など、城下町の風情再現に努めています。土蔵づくりの建物を改修した「商い資料館」で、城下町として栄えた往時の大多喜城主商人の心意気を感じとれます。年中行事としての、春の「世界れんげまつり」秋の「お城まつり」は多くの観光客に親しまれております。

（市原淳田）

COLUMN いすみ鉄道の見どころ

いすみ鉄道は、昭和5年（1930）4月房総東線（現外房線）大原駅から、大多喜まで開通した国鉄木原線にはじまります。昭和9年8月に上総中野駅までの26.8キロが全通、小湊鉄道に接続して内房線五井駅へと結ばれています。

開通以来、沿線住民の唯一の交通機関として、また米・木材・薪炭など貨物輸送にも大きな役割を果たしました。しかし昭和28年ごろから赤字路線となり、ディーゼルカーとレールバスを導入、以後は駅の無人化や駅舎・貨物庫を撤去し、地元負担で4駅を新たに置きました。朝夕は千葉行の直通列車を運行するなどして旅客数の増加に努めました。

にもかかわらず、旅客数は激減して経営はさらに悪化したことで、56年ついに廃止の対象となりました。沿線住民は廃止反対運動を展開、利用促進を図って木原線の存続を訴えたものの、63年3月23日の「さよなら運転」を最後に、第3セクター方式による「いすみ鉄道」にかわりました。

沿線の国吉駅や上総中川駅周辺は、古来「いすみ米」の生産地として知られ、その味のよさは日本最初の献上米となって、遠く大和朝廷に送られたほどです。

国吉駅の東1.5キロには万木城址があり、土岐氏の居城として有名です。中世城郭の遺構をよく残し、万木城攻防戦には神子上典膳の武勇伝や、斎藤道三に追われた美濃守護土岐頼元の20数年にわたる亡命地と伝えられています。城下の海雄寺には土岐氏3代の位牌がまつられ、その本尊は丈六の銅造釈迦涅槃像で、通称「万木の寝釈迦」と呼ばれ5.16メートルもある日本一の仏像として知られています。

その西北方の能実の地には、夢窓国師が後醍醐天皇の招きで京に上った、正中2年（1325）自ら岩面に刻した「金毛窟」があります。唯一の遺構で県指定史跡です。

国吉駅の南方1.5キロの山田集落にある仏頭は1.35メートルにもある日本一の鉄製のものです。外房線三門駅ちかくの太平洋の砂浜は、砂鉄が多くとれたことで、この砂鉄を採取して山田周辺の松材や炭の火力で溶かし、大きさはもちろん、鋳上がり特に美しく鋳物師の高度の技術がわかります。

上総中川駅南方1キロの地に、「狩野正信生誕地」の碑が建てられ、狩野派始祖の正信がここ大野城で生まれ、京に上って足利幕府の御用絵師となり、元信・松栄・承徳と続いて「天下画工の長」と呼ばれるようになります。国吉駅北西600メートルの地に狩野派の絵画を中心とした「田園の美術館」があります。その3キロ先に、「波の伊八」の代表作とされる波図彫刻の行元寺があります。

大多喜駅北方宝聚院にも伊八の傑出作を残し、大多喜城下は房総往還路の主要地として賑わいました。十返舎一九の『金草履』や正岡子規の『かくれみの紀行』からも、その繁栄ぶりが偲ばれます。

終点上総中野駅を降り養老渓谷へ向う途中に「八人塚」があります。延宝8年（1680）境界争いで、8人が処刑されたことで冥福を祈って建てられました。養老渓谷地先の小沢又の水月寺にも刑場の露と消えた8人の慰霊碑があり、この寺のイワツツジやヒカゲツツジの群落は花期はみごとです。

養老渓谷には多くのホテルや旅館等があって、関東でもっとも遅い紅葉が楽しめます。粟又の滝に続く遊歩道は、滝めぐりコースに約2キロほど続いています。秋に開催される菊まつりは、華麗な大輪を競っていて、愛好者たちで評判です。

（市原淳田）

COLUMN 久留里線の見どころ

37万1千円の総工費で久留里線が開通したのは、JR内房線木更津駅が開設された4カ月後の大正元年12月28日。木更津－久留里間22.6キロ、6駅で県営の軽便鉄道だった。黒字路線だったが大正12年、外房の大原まで延伸することを条件に無償で国に譲渡。終点上総亀山駅まで延長されたのは昭和11年。しかし太平洋戦争末期、鉄材の不足から久留里－上総亀山間9.6キロのレールが撤去された。再び鉄路が戻ったのは昭和24年である。32.2キロにわたる沿線12町村の人々の交流と物資輸送の動脈の役割を果たしてきた。各町村は合併を繰り返し、現在は木更津、袖ヶ浦、君津の3市を走る。時代の変遷で利用者の減少が続き始発から終点までの11駅はほとんどが無人駅だ。

県内有数の河川・小櫃川が流れる久留里線沿線は肥沃な農耕地帯・古代から拓け「馬来田」には国造が置かれ、万葉集にも登場する。縄文以来の遺跡も多い。沿線の中心は明治まで黒田氏3万石の城下町久留里。駅から1.5キロ、峻険な山城があり久留里城が復元されている。眼下に里見・北条両軍の激戦地跡が広がり眺望がよい。久留里は名水の里としても知られ造酒屋もある。終点亀山にはおよそ600年前に創建されたという三石山観音寺がある。三石山は植物の豊庫。近くには温泉が点在し、四季折々の自然が楽しめる県内最大の人造湖亀山ダムと片倉ダムがある。特に小櫃川支流の七里川の秋は美しい。

三石山観音寺

（伊藤大仁）

養老渓谷を歩く その歴史と温泉

　清澄山系の麻綿原高原を源流とする養老川の上流は、四季を通じて自然を満喫できる房総でもっとも魅力的なところである。

　小湊鉄道の養老渓谷駅から大福山に向かって林道を行くと、幕末〜明治の漢学者、日高誠実の旧居跡に出会う。明治19年、元高鍋藩の武士の誠実は、この地に隠棲して若者たちを指導した。その名声を聞きつけた多くの若者が、夜間道なき道をちょうちん片手に数キロの道のりをものともせず熱心に通った。ついには、寄宿舎も建てられたほどの賑わいであったそうだ。また、周辺の山林を耕して梅の木などの花木を数千本も植えたので、早春には花の香りが漂う桃源郷になり、「梅が瀬」と呼ばれるようになった。

　大福山は標高285メートルの美しい自然林で、新緑と紅葉はことに見事だ。房総の山々の眺望もまた素晴らしい。日本武尊を祀る白鳥神社が東側の嶺に建てられている。上総地方には、鹿野山を初め日本武尊と白鳥伝説が古くから伝えられているが、それは大和朝廷の東征伝説との関連からである。

　養老渓谷の温泉郷は、房総を代表する湯治場である。古くは、市原市の「岩風呂」・「鶴の家」と夷隅郡の「養老館」が、郡境の川沿いにひっそりと建っていた。醤油のような色をした含ヨウ素重曹食塩泉で、神経痛・リューマチ・切り傷などに効くという。沸かし湯で「ラジウム鉱泉」と、昔はいわれていた。

　この旅館街を抜けて、峠を越えると（今は峠の下にトンネルが掘られている）老川の十字路に出る。ここにも数軒の旅館があり、しし鍋や山菜料理がおいしい。

　左は上総中野・大多喜、右は筒森・亀山、直進すると粟又の滝へ向かう。清澄三つ葉つつじの見事な水月寺の裏手から川に降りると、夏で

粟又の滝（養老川）

も涼しい川沿いの遊歩道に出る。清流にはハヤが群遊し、時折カワセミが水中に突っ込む。紅葉の時期には、水面に映える紅色がじつに美しい。

　遊歩道をしばらく上流へ向かうと、滝音が聞こえて来る。千葉県で最長の「粟又の滝」（高滝）である。段差約30メートル、長さ100メートル。対岸の崖の上には、賀茂神社があり、下流のダムのほとりの高滝神社は、ここから御幣が流れて着いたところに建てられたという。

　滝を見下ろす高台に「秘湯の宿・滝見苑」があり、新緑と紅葉のシーズンには観光客で大賑わいである。温泉成分は、炭酸水素ナトリウム・メタケイ酸で、リウマチ・腰痛などに効くそうだ。裏山は自然公園になっていて、山野草や花木が四季折々に趣のある花を咲かせる。ま

た、ここからの眺望もなかなかよい。

さらに500メートルほど上流には、広い自然を生かした「ごりやくの湯」という憩いの施設があり、2階の露天風呂は、くつろぎと癒しの場として都会の人に喜ばれている。

粟又集落を抜けると勝浦市に接する会所集落がある。ここからは、縄文晩期の土器などが出土しており、かなり古くには人が住んでいたようだが、現在の住民は戦後の開拓民だそうだ。過疎化が進み老川小学校の分校も廃校となってしまったが、蕎麦打ち体験の建物として蘇っている。

会所トンネルの手前で右折して、山中の道を行くと数キロのところに熱心な法華経の僧侶、故箕輪日受師が、家族と共に命がけで拓いた天拝園がある。師は生前「こここそ日蓮聖人の修行の地であり、お題目を初めて唱えたところである」と力説されていた。ご一家が手塩にかけて育てるアジサイ園は、名所としても名高いが、鹿が新芽を食べてしまうのが悩みだそうだ。今では、篤志家の提供により立派な本堂や書道記念館などが建てられている。

ここから老川の十字路には、切り立つ断崖の上の道路を行く（尾根伝いに清澄山へも行けるが、車は通れない）。

ついでに市原・君津・夷隅30数カ村の惣名主で、私財を投じて小湊鉄道の敷設に尽力された筒森集落の永島勘左衛門家の茅葺の家に立ち寄り、さらに十市姫と弘文天皇の祀られる筒森神社に詣でるのもよい。壬申の乱の伝説は、小櫃川の沿岸からこのあたりまでに広く伝えられているのである。

（安藤 操）

COLUMN 小湊鉄道の見どころ

小湊鉄道を語るに養老川を外しては語れない。

清澄山系から峰続きの麻綿原高原に咲く紫陽花は、澄みきった空の青を写して紺青の雫をこぼす。こぼした雫が集まって小さな流れになる。やがて、谷深い梅が瀬渓谷の紅葉を浮かべる梅が瀬川と合流して、養老川となり、蛇行をくりかえしながら五井の街で東京湾に注ぐ。養老川はあたかも市原市の中央を貫く背骨であるかのようだ。

この養老川に寄り添い、付かず離れず奥へ奥へと遡って走るのが小湊鉄道である。大正6年（1917）会社創立当時は、五井から誕生寺のある安房小湊まで、房総半島横断鉄道を敷設する計画で「小湊鉄道」と名付けたのであるが、折からの不況と立ちはだかる清澄山系の固い地層にはばまれて、遂に昭和11年（1936）、上総中野駅より先の敷設を断念せざるを得なくなった。当初の目的地、小湊にその名を残すのみである。

五井から終点の上総中野まで、延長39.1Km、駅の数は現在18駅である。この中で、新設した4駅を除く14駅は、すべて創業以来80余年、当時のままの駅舎を残している。多少の手入れはしているものの、今時珍しい古色蒼然たる建築だ。しかし、コンクリートで固めた近代的な駅舎と比べると、故郷へ戻ったような暖かい雰囲気を漂わせて乗客に安らぎを与えるレトロな駅ばかりだ。中でも江戸時代末期、鶴舞藩の藩庁が置かれていた鶴舞町の駅は、古く鄙びているが品格のある駅舎である。そのゆえに、この駅は平成10年（1998）に「関東の駅百選」に選ばれている。現在は無人駅であるが、付近の心ある人々によって駅舎はいつも奇麗に清掃され、季節の花が植えられている。

小湊鉄道が養老川に添って走っているということが、鉄道の機能を深く豊かにしているのはいなめない。養老川は、縄文、弥生、更にまだ遡る古代からの歴史、文化を育ててきた水流であった。小湊鉄道はそれを辿ることの出来る鉄路として大きな存在価値がある。

鉄道のひとつひとつの駅を起点として、その地域に残る自然、文化、歴史を訪ねると限りない探究心を満たしてくれる貴重なルートになっている。それを挙げるのには枚挙にいとまがないが、例をあげれば、終点に近い養老渓谷駅からの山歩きは千葉県に残された自然の宝庫である。鶴舞駅を起点にするルートは戦国時代を中心とする歴史、明治維新のころの史跡が多い。五井駅周辺には明治維新の房総における戊辰戦争の足跡を辿るルートがあり、また、上総国府のあった惣社には国分寺と国分尼寺がある。大がかりな発掘により、国分尼寺は中門と回廊、金堂の須弥壇跡を復元した。日本最初の復元であるという。

要はまず乗車すること。親しむこと。そこからの出発である。

（遠山あき）

第六章●観光と市町村

於萬の方生誕の地 勝浦市を歩く

　歴史と観光と漁業の町、勝浦市には海の香りが漂っている。

　市街を一望できる素晴らしい景観の遠見岬神社には、館山市の安房神社と同じ房総開拓の祖神天富命が祀られている。おそらくこの地もまた阿波の斎部氏の一族が開いたのであろう。

　高照寺には樹齢千年あまりという大銀杏が巨大な乳根を垂らしていて驚かされるが、これを削って飲めば乳の出がよくなると伝えられている。

　この寺の前の通りには、輪島・高山と並び称される日本三大朝市の一つが立つ。正木頼忠を追討し、勝浦城の領主となった植村泰忠が天正19年（1591）に農漁業の奨励のために開かせた古い歴史を持つ。新鮮な野菜や魚介類が所狭しと並び、外房の趣を満喫できる（平日は11時ごろまで、水曜日は休みだが、土・日曜日は午後までも開いている）。

　この朝市に次いで、最近ではすっかり定着して有名になったイベントが、遠見岬神社の60段の階段や地区会場・街角などに雛人形が飾られる「かつうらビッグひな祭り」である（出店も多く、稚児行列やパレード・ひな壇のライトアップなどがある。2月下旬〜3月上旬）。例年20数万人の観光客がやって来るほどだ。

　ところで、この地の出身と伝えられる女性に徳川家康の側室として、紀伊と水戸徳川家の殿様の母「於萬（満）之方」がいる。天正5年（1577）、勝浦城主正木頼忠の子として生まれ、幼名を「養珠」と言った。北条方の正木氏は、徳川軍に攻められ落城（天正18年）。於萬（養珠）は母と八幡岬の断崖から浜に降りて伊豆へと落ち延びる。

　この夜は中秋の満月であったという。母が腹にまいた布を崖に垂らしてそれを伝わって降りたので「お萬布さらし」と言う言葉が生まれた。

　また、土地の者は、それからは親子の哀れをしのんで、お月見の供え物をこっそりとするようになったそうだ。

勝浦市の朝市

　於萬は、器量良しであったので、伊豆でも評判になり「おまん髪の毛　七ひろ八ひろ　三つ　つなげば江戸までとどく　牛につけても十駄にあまる」などと歌われたそうだ。また、後に大奥でも権勢及ぶ者もない実力者になり、「一つとせぇ、人も知ったる於萬様　生まれは上総の勝浦で城主正木の息女なり」と言う数え歌にまでなった。隣の小湊出身の日蓮に帰依し、多くの法華経の寺院の支援者としても後世に名を残している。

　三方を海に囲まれた景勝の地、八幡岬には、かつて勝浦城があった。今は「八幡岬公園」として保存されており、於萬之方の銅像が建てられている。

　覚翁寺は植村氏の菩提寺、妙覚寺には仙台藩役所が置かれていた。戊辰戦争の折、熊本藩船が難破し130数人が死亡。その死者を供養埋葬した地に「官軍塚」が建っている。

　「海中公園」には、展望塔があって魚の生態が見られるし、「県立海の博物館」では、房総の海の最新情報を知ることもできる。

　探訪に疲れたら時価1億2千万円の「黄金風呂」に入り、活きのよい磯料理に舌鼓を打つのもまた良いであろう（風呂は「勝浦ホテル三日月」に設置されている）。

（安藤 操）

千葉県各地の読みにくい地名

① 土地の名
我孫子（あびこ）・関宿（せきやど）・酒々井（しすい）・八街（やちまた）・四街道（よつかいどう）・神崎（こうざき）・本埜（もとの）・土気（とけ）・御宿（おんじゅく）

② 駅の名
検見川（けみがわ）・物井（ものい）・久住（くずみ）・求名（ぐみょう）・木下（きおろし）・安食（あじき）・布佐（ふさ）・下総松崎（しもうさまんざき）・小見川（おみがわ）・東浪見（とらみ）・八積（やつみ）・南三原（みなみはら）・太海（ふとみ）・大多喜（おおたき）・久留里（くるり）・八幡宿（やわたじゅく）・海士有木（あまありき）・馬立（うまたて）・上総牛久（かずさうしく）・飯給（いたぶ）・外川（とがわ、とかわ）・海鹿島（あしかじま）・国府台（こうのだい）・六実（むつみ）・豊四季（とよしき）

③ 山の名
鹿野山（かのうざん）・鋸山（のこぎりやま）・三石山（みついしさん）・石射太郎山（いしいたろうやま）・高宕山（たかごやま）・富山（とみさん）・音信山（おとずれやま）

④ 湖沼河川の名
小櫃川（おびつがわ）・平久里川（へぐりがわ）・夷隅川（いすみがわ）・南白亀川（なばきがわ）・雄蛇が池（おじゃがいけ）

（安藤 操）

秋広平六

波浮の港を開き、君津のふるさとに馬鈴薯栽培をすすめる

宝暦7年（1757）君津市植畑に生まれ、10歳で秋広家の養子となる。22歳のとき、江戸の材木・薪炭商の店に入り、伊豆の島々を回る。大島の波浮の港口をあけて良港とすることを思いつき、開削を幕府に願い出る。総工費980両、伸べ12,000人の大工事で寛政12年（1800）に完成し、大島の繁栄の元を築いた。昭和41年、町は名誉町民の称号を贈る。港を見下ろして銅像がたっている。

また、凶作や飢饉に強い馬鈴薯（ジャガイモ）を郷里に持ち込んで栽培をすすめたので「平六いも」と土地では呼んだ。すべて、貧しい人たちへの温かい思いからの事業であった。

清和市場の本田寺に秋広家の位牌が安置されている。

（安藤 操）

旭市の市名由来
朝日将軍木曾義仲とのかかわり

明治22年（1889）に網戸・成田・十日市場・太田村の4カ村が統合して、「旭町」となる。

源平合戦で名高い木曾義仲の末裔木曾の領主の義昌（1540～1595年）が、天正18年（1590）に松本城から下総国網戸（あじど）1万石へ移封され、わずか5年間の在任で死亡。椿海へ水葬されたという。現在は「木曾義昌公史跡公園」の1角に銅像があり、居城跡と伝えられる地の隣の東漸寺には供養塔がある。なお、その子義利の時に家は廃絶された。

この地を嘉永5年（1852）に訪れた野々口隆正は、
　信濃より　いずる旭をしたひ来て
　　東のくにに跡とどめけむ
と詠って、戦国の武将の名門木曾家の栄枯盛衰をしのんだ。この歌の「旭」にちなんで町名はつけられた。

（安藤 操）

南房に浮世絵と彫刻を訪ねる

安房の三名工と菱川師宣

「見返り美人」で知られる浮世絵の始祖、菱川師宣（～1694年）は鋸南町の出身。JR保田駅の近くの道沿いに墓地があり、町営の記念館には浮世絵の作品や資料が展示されている。生家は紺屋と縫い箔を業としており、師宣は家業を手伝い、16歳ごろに江戸に出て狩野派や土佐派の画風を学び、ついに独自の画風を築いた。

また、この安房の地からは、3人の名工が出ている。長狭（ながさ・鴨川市）の武志伊八郎信由（1751～1824）、平群（へぐり・旧三芳村）の武田石翁（1779～1858）、朝夷（あさい・旧千倉町）の後藤利兵衛橘義光（1815～1902）である。江戸に出て修行、名声を博し、後に郷里の房総に戻り、多くのの社寺に彫刻を残している。

伊八の木彫作品は、行元寺（現いすみ市）の欄間の波・称念寺（長南町）の竜三態・石堂寺（旧丸山町）の多宝塔16面の図など多くの名作がある。

石翁の石彫作品は、厳島神社（旧白浜町）の七福神・存林寺（鋸南町）の雲嶺禅師像・福楽寺（館山市）の宝篋（ほうきょう）印塔などがある。

義光の作品は、京都に多いが、房総では、鶴谷八幡宮（館山市）・小網寺（館山市）・妙本寺（鋸南町）・日枝神社（旧千倉町）・西養寺（旧千倉町）に竜の彫刻などがある。

（旧三芳村、千倉町、丸山町は現南房総市）　　　　（安藤 操）

第六章●観光と市町村

南房総の観光

　白浜音頭に「真冬、菜種の花ざかりよ」と歌われている通り、南房総は気候温暖で風光明媚な地である。新鮮な魚介類や、農作物も豊富であるから千葉県観光の中心地である。

　もともとは、上総の国の一部であったが、奈良時代の中期に鋸山・高宕山・清澄山の南を安房の国としたのである。この山間には「長狭街道」が東西に延びており、東京湾口の保田から嶺岡山の北側を通り太平洋岸の鴨川に至る。早春の山合いの陽だまりには野水仙が咲き誇り、通る人々の心を和ませてくれる。

　古くは、黒潮に乗って四国の阿波から斎（忌）部氏が、沃野を求め、一族を引き連れて上陸した房総半島の南端。

　ここを起点とすれば、西方には「南総里見八犬伝」（滝沢馬琴）で名高い里見氏の居城、館山城が復元されている。伏姫と忠犬八房が籠った伝説の岩屋は、富山（標高349.5m）にある。この姫が八房に感応して懐妊した自身の潔白を自害してはらす。このとき首の数珠が天空に飛散し、仁・義・礼・智・忠・信・孝・悌の玉を持つ八犬士の誕生を各地にもたらして、里見家のために活躍するのである。

　また、東方には、野島崎灯台が荒浪の打ち寄せる岩礁に乗り出して立っている。ホテルも多く南国の旅情が漂う。白浜音頭の全国大会や海女が松明をかざして泳ぐ「白浜海女まつり」などもあり、町おこしに熱心である。

　さらにフラワーラインを進めば、お花畑が広がり、まさに寒さ知らずの南国のイメージを満喫できる。早春の道沿いには、切花の売店や花摘みのビニールハウスが立ち並び、一足早い春の訪れを満喫できる。また、今も和田漁港では鯨の解体作業が見られれるし、売店では鯨の肉やタレ（干し肉）も求められる。

　このあたりの歴史と伝説を訪ねると、必ず名前の出る人物は、日蓮聖人と源頼朝である。

　日蓮は、誕生寺のある小湊の漁村出身と伝えられ、この地に多くの足跡と伝説を残している。

　頼朝は、伊豆の石橋山に源氏再興の兵を挙げたが、平家にあえなく敗れ、真鶴岬より漁船で房総に落ち延びる。この地の土豪は、敵味方に分かれたが、ついには房総半島を北上し、鎌倉の地に幕府を開く。鴨川市の太海浜の小島「仁右衛門島」には頼朝の伝説があり、（38代半野仁石衛門氏所有、隠れていた頼朝の世話をしたので島を拝領したという伝説がある）隠れていた岩屋がある。手漕ぎの小船で渡り、島内を周遊すると、鴨川市出身の鈴木真砂女の「ある時は船より高き卯浪かな」などの句碑もあり、とても趣の深い島である。

　この島に渡るすぐそばに「江沢館」と言う旅館があり、画家の宿として有名である。先代の女将さんが、若い画学生や文人などを親身にお世話したので、お礼に色紙などをおいて行った。

城郭での戦い『南総里見八犬伝』

149

それを大広間や玄関に展示してあり、一見の価値がある。また、安井曽太郎が代表作「外房風景」（大原美術館所蔵）を描いた3階の部屋がそのまま保存されており、小窓から外を眺めると、今でも当時の風景が望まれる。こういう昔ながらの旅館に巡り合えるのも南房総のよさである。

鴨川には、海の生物にたっぷりと親しめる「シーワールド」がある。おそらくこのようなスケールの大きい水族館プラス触れ合いとショーの見られる施設は国内にはないであろう。

海のギャングのシャチが、人を乗せて泳いだり、愛嬌のあるイルカがユーモラスに演技したりする様子には、思わず引き込まれて拍手を送る。ペリカンやベルーガ、さらには海亀・タカアシガニ・マンボーなどの珍しい魚の生態も興味深い。

親子で海の生物の魅力をたっぷりと堪能できる素晴らしい施設である。

小湊の誕生寺門前の土産物屋では、タイにちな

鯛の浦と小湊

む物がたくさん売られている。「鯛せんべい・鯛のしおがま・鯛みそ・鯛の干物」などなど。日蓮聖人が父祖の供養に「南無妙法蓮華経」の題目を書くと浪の上にその文字があらわれた。すると鯛の群れが寄ってきて、その文字を食べてしまった。そこで、鯛を聖人の生き姿として崇め、殺生禁断の聖地としたという。「鯛（妙）の浦」には、無数の鯛が群棲しており、遊覧船でまぢかに観賞できる。国の特別天然記念物の指定を受けている。

（安藤 操）

COLUMN 千葉の温泉

「温泉には、体があたたまり健康に良い成分が含まれている。温泉の出る所には火山や火山帯がある」と普通には考えられているが、国の「温泉法」では、こうなっている。
○ 源泉湧出口の泉温が25℃以上。または、一定の成分を含んでいるもの。
※この法が施行される平成17年5月24日までは、25℃未満は「鉱泉」となっていたが、現在はそれも温泉として認められている。なお、但し書きがあって、①水を加えた場合、②加温した場合、③水を循環・濾過した場合、④入浴剤を加えたり消毒した場合には、その理由などを掲示することとなっている。

温度による分類は25℃未満「冷鉱泉」、25℃～34℃未満「低温泉」、34℃～42℃未満「温泉」、42℃以上「高温泉」。

なお、泉質の一般的な分類は次のようになっている。（　）内は旧泉質名である。
①ナトリウム―塩化物泉（食塩泉）②ナトリウム―炭酸水素泉（重曹泉）③鉄泉（鉄泉）④アルミニウム―硫酸塩泉（明礬泉）⑤単純温泉（単純温泉）⑥単純二酸化炭素泉（単純炭酸泉）⑦カルシュウム・マグネシウム―炭酸水素塩泉（重炭酸土類泉）⑧硫酸塩泉（硫酸塩泉）⑨硫黄泉（硫黄泉）⑩酸性泉（酸性泉）⑪放射能泉（放射能泉）

以上を前提にして千葉県内の温泉の概略を紹介する。

元々千葉県には、温泉は湧いていなかったが、改定温泉法では鉱泉がすべて温泉になったので、かなりの数の温泉地があげられる。しかもボーリング工法で掘り下げれば、ほとんどの地域で温かい湯が出るので、従来のいわゆる温泉のイメージとは異なる。

房総半島の沿岸や山間部には、古くからヨウ素・食塩・炭酸・硫黄泉が湧いていて、鄙びた湯治宿が多く存在した。富津市の青堀や市原市養老渓谷・君津市の清澄山麓・鴨川市の各地・旭市の飯岡をはじめとしてかなりの数になる。

千葉県薬務課によると県内の源泉数は145、利用許可施設は213ヵ所だが、泉温は約8割が25℃未満でナトリウム強塩泉だそうだ（2005年3月末）。

現在、温泉地を大きくアピールしているのは、鴨川市・館山市・養老渓谷・銚子市の観光協会とホテル・旅館である。中でも鴨川温泉組合は22館で構成されており「温泉宣言」を発表し集客に努めている。銚子市は犬吠埼地域の6館が源泉を分けて利用していて好評である。

市川市の歴史と見どころ

　市川市は県の北西部に位置し、西は江戸川を隔て東京都に接し、北は松戸市、東は船橋市・鎌ケ谷市、南は浦安市及び東京湾にそれぞれ接しています。地形は南北に長く、北部から南部に向かってやや傾斜していますが、概して平坦です。里見公園内には市川市最高標高地点（標高30・1m）を示す標識が立っています。人口は平成17年（2005）4月1日現在464,582人、面積は56.39㎢です。市の木はクロマツ。市川という地名の由来については、諸説あります。現存する最も古い記録として、

　　治承4年9月11日武蔵と下野の境なる松戸庄
　　市河と云ふところに著き給ふ。
　　　　　　　　　（「義経記」の「頼朝謀反の事」）

があります。この市川の歴史をひもといてみますと、市川市の台地には約2万年前から人々が住み始めるようになったといわれています。そして縄文時代に入ると、中期から後期にかけて、姥山・曽谷・堀之内などに大規模な貝塚が形成されました。やがて、大化の改新となり、国府台にも下総国の国府（律令制下の諸国の役所）が置かれ、さらに国分寺や国分尼寺が建立されるに至り、市川は下総国における政治と文化の中心になりました。戦国時代には、国府台が安房里見氏と小田原北条氏との合戦場となり、江戸時代に入ってからは、幕府直轄地あるいは寺社領などになりました。この時代、行徳では海浜でつくられていた塩を江戸へ運ぶために水路が掘られ、その水路は行徳川と呼ばれ、やがて荷船や成田山新勝寺への参詣人、常陸方面より江戸へ上る旅人で大いに賑わいました。行徳の地名の由来については、一人の僧の名から来ている伝説もあるようですが、地名として『香取文書』の中、応安5年（1372）11月9日の藤氏長者宣写に「行徳等関務」とあり、既に室町時代には定着していたようです。明治時代になると、明治18年（1885）国府台に陸軍教導団が移設され、国府台一帯は第二次世界大戦が終了するまで軍隊の町になっていました。そして、国家行政上の要請に基づく明治22年（1889）の市町村制により、国分村、市川町、八幡町、大柏村、中山村（後、大正13年町制施行）、行徳町、南行徳村（昭和12年町制施行）が発足し、このうち、昭和9年（1934）に市川町、八幡町、中山町、国分村の3町1村が合併して、新しく市川市が誕生しました。この時、市の名称を決めるにあたり難航しましたが、上下左右どちらからも同じに読める市川市になりました。この後、昭和24年（1949）大柏村を、昭和30年（1955）行徳町を、昭和31年（1956）南行徳町をそれぞれ市川市が編入し、現在に至っています。中央部の市川・菅野・八幡などは、古くからの関東ローム層からなっていて住宅地になっています。その北部は梨栽培などの農業が盛んです。南部は江戸川により、東西に分断されてい

真間の継橋

ますが、埋め立てによってできたところが多く、高層住宅地の多いのが特徴です。行徳の沿岸では、現在、自然発生のアサリ漁、海苔の養殖、刺し網・底引き漁が行われています。市川が伝説の地・下総国の行政の地・交通要衝の地・首都東京の近郊の地であるところからこの地に万葉の昔から多くの文人墨客が来遊したり住んだりしています。例えば、山部赤人や高橋虫麻呂、江戸時代になると、松尾芭蕉、小林一茶、十返舎一九、谷文晁、渡辺崋山など、明治時代になると、正岡子規、高浜虚子、県内出身者である伊藤左千夫など、大正時代には北原白秋など、昭和時代の初期には亡命詩人の郭沫若（かくまつじゃく）、第二次世界大戦後には幸田露伴・文父子、永井荷風、現代になると、井上ひさしや画家の東山魁夷があげられます。

行徳船着場跡の常夜燈

（尾崎洋右）

COLUMN 市川の見どころ

①里見公園とその周辺
江戸川に面した海抜20m余りの台地上にあり、戦国時代の古戦場です。洋式庭園を始め、四季折々の植物が楽しめます。園内には古墳時代の二基の明戸（あけど）古墳、弘法大師伝説にまつわる羅漢（らかん）の井、戦国時代の里見弘次の娘にまつわる夜泣き石、北原白秋の旧居である紫烟（しえん）草舎などが見られます。公園に隣接して、室町時代近江国に創建され、この地に移された曹洞宗の関東僧録三カ寺の筆頭寺院として知られる総寧寺（そうねいじ）があります。
　所　市川市国府台3-9
　交通　JR総武線市川駅または京成国府台駅から「松戸車庫」行き、「国立病院」下車　徒歩約3分
　電話　047-372-0062

②真間周辺
万葉歌人に詠まれた継橋（つぎはし）、伝説の美女手児奈（てこな）を祀った手児奈霊堂、奈良時代僧行基が手児奈を供養して建立した弘法寺（ぐほうじ）、江戸時代に日立上人によって建立された亀井院（寺院内に手児奈がきて水をくんだといわれる「真間の井」がある）などがあります。また、真間5丁目には、須和田にあった郭沫若の旧宅を復元した「市川市郭沫若記念館」があります。
　所　手児奈霊堂　市川市真間4-5-21
　交通　JR市川駅より徒歩10分。京成国府台駅より徒歩10分。
　電話　047-371-2953

③東山魁夷（ひがしやまかいい）記念館
市川市に終戦直後から居住し、平成11年に他界するまで、50年余りを過ごし、市川の水で創作活動を続けた東山魁夷の記念館です。記念館は、画伯がたびたび訪れたドイツの民家をモチーフにつくられています。1階部分は、画伯の業績を年代別に紹介したパネル、ゆかりの品々や身の回り品が、2階部分は市の所蔵する絵画などが展示されています。
　所　市川市中山1-16-2
　交通　JR西船橋駅北口またはJR下総中山駅入口から市営霊園行き「北方」下車。市川市コミュニティバスで「北方」下車。
　電話　047-334-1108

④行徳周辺
本行徳4丁目から江戸川へ出ると、江戸時代のものとして川沿いに4m余りの常夜燈（じょうやとう）があります。その近くの行徳街道沿いには当時行徳名物であった「笹屋うどん」跡があります。この行徳街道の東側に平行して細い道が残っています。この道を「権現道（ごんげんみち）」といい、その付近一帯には多くの寺があります。本行徳5丁目に徳川家康や剣客宮本武蔵ゆかりの徳願寺（とくがんじ）があります。
　所　「笹屋うどん」跡　市川市本行徳36-17
　交通　東京メトロ東西線行徳駅下車徒歩10分
　所　徳願寺　市川市本行徳5-22

（尾崎洋右）

第六章●観光と市町村

浦安市の歴史と見どころ

浦安の歴史概要

浦安市と聞くと何といっても大型遊園地（東京ディズニーランド・東京ディズニーシー）、あるいはリゾートホテル群などを思い浮かべる方が多いでしょう。埋立地の町並みは日々変化し、マンションやホテル、娯楽施設などが次々に建てられる様子は、この地で暮らしている者にとっても、ただ驚くばかりの出来事となっています。

もともと浦安は東京湾奥部、江戸川（利根川）河口域のデルタ地帯に位置する、漁業を主な生業とするまちでした。海にむかって広大な干潟・浅海域が広がり、海苔・アサリ・ハマグリなどの主産地として、または東京へ魚貝類を運ぶ流通基地として発展してきました。しかし、このような豊饒の海を背後に持った浦安も、高度経済成長期の波にのまれ、昭和30年代以降、急激に変貌していきました。この頃から工場排水や生活排水などによって海の汚染が広がり、次第に漁業の不振に悩まされるようになりました。とくに昭和33年（1958）の本州製紙江戸川工場をめぐる一連の事件は、浦安の漁業に大きな打撃を与えました。その後、昭和37年（1962）には漁業権の一部放棄を行い、昭和40年（1965）から第1期埋め立て工事が開始されました。また昭和46年（1971）には漁業権が全面放棄され、翌47年（1972）から第2期埋立工事が行われ、市域は4倍となり、現在は東京周辺のベットタウンへと移り変わっています。

「浦安」という地名が誕生したのは、明治22年（1889）に市制・町村制が施行されたときのことです。それまでは堀江村、猫実村、当代島村の三カ村から成り立っていました。江戸時代にはこの三カ村は行徳領として、幕府の直轄地となっていました。

このような浦安ですが、発祥については度重なる水害などにより古文書類がほとんど残されていないため、詳しいことはわかっていません。大正7年（1918）に編さんされた『浦安町誌』によると、市内猫実地区にある豊受神社が創建されたのが保元2年（1157）で、その頃には、すでに集落が成立していたと記されています。しかし、今のところそれを実証する資料はみつかっていません。

また、隣市の市川市中山にある法宣院には浦安の歴史を示す貴重な文書が残されています。応永24年（1417）、院主の日英が当時の「末寺・講演職」などを弟子に譲った際の文書で、この中に法宣院の講が営まれる地の一つとして「八幡猫真講」という文字が書かれています。室町時代半ばに、猫実地区で日蓮宗を信仰する集まりが開かれたことがうかがうことができます。

平成4年（1992）には、市内堀江地区の正福寺（日蓮宗）境内から板碑の一部と思われる石片が発見されました。緑泥変岩を原料とした武蔵型板碑と考えられ、銘文を読み取ることはできませんが、中世には浦安で生活が営まれていた可能性を示す資料として注目されます。この板碑は、浦安市郷土博物館でみることができます。

市内に点在する文化財

中世には町並みが形成されたとされる浦安市の旧市街地（市内堀江、猫実、当代島地区）には、文化財が点在しており、見どころもたくさんです。

堀江地区には建久7年（1196）に創建されたといわれる清滝神社をはじめ、隣接した宝城院（真言宗豊山派）には千葉県指定有形文化財の庚申塔があります。元文元年（1736）の建立で、

153

彫刻の破損が少ない庚申塔は全国的にみてもたいへん貴重なものです。このほか、同じく千葉県指定有形文化財の旧大塚家住宅と浦安市指定有形文化財の旧宇田川家住宅があり、これらの文化財住宅は一般公開され、多くの来館者で賑わっています。

猫実地区には前述の豊受神社のほか、新義真言宗の花蔵院があります。この寺院の創建は明らかではありませんが、永仁元年（1293）の大津波で建物・記録などが流出し、その後、天正5年（1577）に再興されたとされます。花蔵院には天明8年（1788）建立といわれる公訴貝猟願成の塔があります。この塔に関して船橋村との漁場争いに関する伝説が伝わっています。

この堀江地区と猫実地区の間には、浦安の母なる川ともいえる江戸川支流の境川が流れています。江戸時代から漁業を生業としていた人々は、この川に漁船を係留し、陸と海をつなぐ通路としたほか、川の水は飲料水や炊事、洗濯の水などに利用されるなど日常生活に欠かすことのできない役割を果たしてきました。昭和30年代前半には川の両岸に千数百艘もの漁船が係留されたといわれ、おびただしい漁船の出船、入船の様子や、活気ある荷揚げ風景などは漁師町ならではのものでした。

当代島地区で必見は、稲荷神社境内にある「大鯨の碑」（浦安市指定有形文化財）です。これは明治8年（1875）、当代島村の漁師、高梨源八と西脇清吉が生け捕りにしたクジラを供養したものです。当時の金額で200円を手にした2人の漁師は一挙に話題の人となり、仕事に手がつかないほどの騒ぎようであったと伝わっています。錦絵新聞の「郵便報知新聞第832号」に、「深川の見世物」としてクジラの見世物の様子が描かれており、この絵のクジラが、この石碑にある大鯨のようです。

こうした文化財探訪の基点・終点には、浦安市役所に隣接した浦安市郷土博物館が便利です。この施設は「みんなが生き生きする博物館」を基本理念に、平成13年（2001）に開館しました。様々な昔の生活体験ができる市民参加をモットーとした体験型博物館です。浦安に関するありとあらゆる歴史・文化を学ぶことができ、市内文化財マップなども配布しています。

浦安・博物館の風景

館内には正福寺出土の板碑片のほか、江戸時代末期に建築されたといわれる三軒長屋（千葉県指定有形文化財）、千葉県指定有形民俗文化財の船大工道具などが展示されています。また市内にあった文化財住宅3件が移築され、各家には自由に入ることができ、昭和20年代の浦安の町の雰囲気を楽しむことができます。

博物館は無形文化財の活動の場でもあります。毎月第一・第二・第四土曜日には、千葉県指定無形民俗文化財の「お洒落踊り」を見学することができます。これは空也上人が教え広めた念仏踊りが起源といわれています。

毎月第2・第4日曜日には葛西囃子の系統を継ぐ、浦安囃子（浦安市指定無形民俗文化財）も見学できます。さらに毎月第1・第3日曜日には東京湾の伝統漁法である細川流投網（浦安市指定無形文化財）の実演や、時期によっては元舟大工による木造船新造作業（浦安市無形文化財）を見学することも可能です。

（尾上一明）

第六章●観光と市町村

千葉の駅弁あれこれ

　駅弁をもとめられるのは、ＪＲ千葉駅・五井駅・木更津駅・館山駅・鴨川駅・成田駅・佐倉駅であるが、シーズンだけのものや店の都合で販売を中止するなどということもあるので注意したい。
　東京湾沿岸の千葉・稲毛・船橋・木更津などは、かつては魚介類の宝庫で、シーズンには潮干狩り客も多かった。路傍でアサリやハマグリの剥き身を実演しながら売る浜の女性も見かけたものである。今も千葉市の銀座通りには、焼きはま（蛤）の老舗があるが、埋め立てが進み、千葉の海ではほとんど獲れなくなってしまった。
　だが、駅弁では昔懐かしい「やきはま丼・やきはま弁当・はまぐり丼・漁り弁当・あさりめし・潮干狩り弁当」などが売られている。
　また、千葉駅の「花鯛　鯛のもぐり御飯・いせ海老で鯛弁当・鯛乃押寿司」や館山駅の「くじら弁当」・鴨川駅の「あわびちらし・うにとさざえめし」などは、海の香りが漂う命名で興味深い。
　「南房総　花摘み弁当・菜の花弁当」も、房総半島の明るいイメージがあって美しい。
（安藤　操）

野球王国千葉

　千葉からは、長島茂雄（巨人監督・佐倉一高）を初め多くの名選手が出ているが、その土壌は高校野球にある。
　とくに昭和40年に銚子商業が木樽正明投手（ロッテ）を擁して、甲子園で準優勝、42年習志野高が石井好博投手で全国制覇、49年銚子商が土屋正勝投手（中日）・篠塚利夫内野手（巨人）で優勝、翌50年習志野高が小川淳司投手（ヤクルト）で２度目の優勝。その後は、印旛・拓大紅陵・銚子商・東海大浦安高などが、惜しくも準優勝。しかし、千葉を勝ち抜くのは甲子園で勝つよりも難しいと言われるほどの激戦地である。
　プロ野球で活躍した選手には、投手では鈴木孝政（成東高　中日）・小宮山悟（芝浦工付柏・ロッテ）・城之内邦雄（佐原高・巨人）・与田剛（木更津中央高・中日）・長富浩志（千葉日大一高・広島）、野手では飯島滋弥（千葉中・東映）・谷沢健一（習志野高・中日）・掛布雅之（習志野高・阪神）・石毛宏典（市銚子高・西武）・中村勝広（成東高・阪神）・和田豊（我孫子高・阪神）・宇野勝（銚子商・中日）などなど、現役では飯田哲也（拓大紅陵高・楽天）・石井一久（東京学館高・ドジャース）・大塚晶則（横芝敬愛高・レンジャーズ）・小笠原道大（暁星高・日本ハム）・福浦和也（習志野高・ロッテ）・高橋由伸（桐蔭高・巨人）・阿部慎之助（安田高・巨人）・五十嵐亮太（敬愛高・ヤクルト）・林昌範（市船橋高・巨人）ほか。※チーム名は活躍時

千葉育ちの芸能人

　房総半島の自然風土からは多くの芸能人が輩出している。その中の主な人物を紹介する。なお、出生は他県だが育ちが千葉県も含める。

　早川雪洲　千倉町出身　明治41年（1908）渡米、世界初のアイドル系映画スターと言われるほどの人気を博した。ルドルフ・ヴァレンチノやハンフリー・ボガードは、彼に憧れて映画界入りしたという。アカデミー賞の「戦場に架ける橋」が代表作。
　東山千恵子　千葉市出身　初代日本新劇協会会長。外交官夫人から転進、64歳で初演。昭和41年（1966）文化功労賞を受ける。上品な老婦人役を演じて定評があった。
　宇津井健　（千葉市）俳優座養成所から新東宝に入り、映画スターとなり、現在も活躍している。
　勝新太郎　（千葉市）座頭市の演技で一世を風靡した。「勝プロ」を結成し、兄の若山富三郎主演「子連れ狼」などを手がけたが、病死した。
　市原悦子　（千葉市）俳優座出身、演技派として人気がある。1998年読売演劇大賞を受ける。
　宇野重吉門下には、**日色とも江**（匝瑳市）と**緒形拳**（千葉市）がいて、それぞれ個性的な演技で活躍している。
　千葉真一　（君津市）空手・拳法やスポーツ万能のアクションスターとして自ら若手養成のプロダクションを設立、日米で活躍している。
　地井武男　（匝瑳市）テレビドラマ「太陽にほえろ」や映画で、個性的な人間味のある役をこなしている。
　中尾彬　（木更津市）映画・テレビに数多く出演し、美術やグルメにも通じている。
　高橋英樹　（木更津市）日活からデビューし、「鞍馬天狗・桃太郎侍・遠山の金さん」などで時代劇スターの頂点に立つ。
　滝田栄　（印西市）文学座養成所を経て劇団四季へ。1983年のＮＨＫ大河ドラマ「徳川家康」で主役を演じた。

　なお、個性派ですばらしい演技で定評のある**山崎努**（松戸市）、話題作で賞を受けている**永島敏行**（千葉市）や歌・映画など幅広く活躍して人気のある**木村拓哉**（千葉市）も房総の出身である。

重要無形民俗文化財リスト

No.	名　　称	伝　承　地	推定年月日
1	佐原の山車行事	佐原市	平16. 2. 6
2	鬼来迎	光町虫生（広済寺）	昭51. 5. 4
3	茂名の里芋祭	館山市茂名区	平17. 2.21
4	白間津のオオマチ（大祭）行事	千倉町白間津	平 4. 3.11

県指定無形民俗文化財リスト

No.	名　　称	伝　承　地	推定年月日
1	浅間神社の神楽	千葉市稲毛区稲毛（浅間神社）	昭37. 5. 1
2	鶴峯八幡の神楽	市原市中高根（鶴峯八幡宮）	昭39. 4.28
3	市原の柳楯神事	市原市五所・八幡（飯香岡八幡宮）	昭41.12. 2
4	大塚ばやし	市原市海保	昭45. 1.30
5	上高根の三山信仰	市原市上高根	平13. 3.30
6	小室の獅子舞	船橋市小室町	昭39. 4.28
7	下総三山の七年祭り	船橋市三山（二宮神社）・古和釜町（八王子神社），千葉市花見川区畑町（子安神社）・幕張町（子安神社）・武石町（三代王神社），八千代市萱田・大和田（時平神社）・高津（高津比咩神社），習志野市津田沼（菊田神社），実籾町（大原大宮神社）	平16. 3.30
8	浦安のお洒落踊り	浦安市猫実・当代島・堀江	昭49. 3.19
9	松戸の万作踊り	松戸市千駄堀・日暮・上本郷	昭45. 4.17
10	篠籠田の獅子舞	柏市篠籠田（西光院）	昭50.12.12
11	野田のばっぱか獅子舞	野田市清水（八幡神社）	昭41.12. 2
12	三ツ堀のどろ祭	野田市三ツ堀（香取神社）	昭61. 2.28
13	野田のつく舞	野田市野田	平 5. 2.26
14	坂戸の念仏	佐倉市坂戸（西福寺）	昭55. 2.22
15	成田のおどり花見	成田市成田	昭39. 4.28
16	取香の三番叟	成田市取香（側高神社）	昭62. 2.27
17	墨獅子舞	酒々井町墨（六所神社）	昭42. 3. 7
18	鳥見神社の神楽	本埜村中根（鳥見神社）	昭36. 6. 9
19	武西の六座念仏の称念仏踊り	印西市武西	昭39. 4.28
20	浦部の神楽	印西市浦部（鳥見神社）	昭42.12.22
21	鳥見神社の獅子舞	印西市平岡（鳥見神社）	昭30.12.15
22	富塚の神楽	白井市富塚（鳥見神社）	昭40. 4.27
23	おらんだ楽隊	佐原市扇島	昭38. 5. 4
24	熊野神社の神楽	干潟町清和乙（熊野神社）	昭55. 2.22
25	山倉の鮭祭り	山田町山倉	平17. 3.29
26	笹川の神楽	東庄町笹川（諏訪神社）	昭40. 4.27
27	多古のしいかご舞	多古町多古（八坂神社）	昭50.12.12
28	水神社永代大御神楽	海上町後草（水神社）	昭29. 3.31
29	倉橋の弥勒三番叟	海上町倉橋	昭42. 3. 7
30	飯岡の芋念仏	飯岡町飯岡、海上町、銚子市	昭40. 4.27
31	鎌数の神楽	旭市鎌数（鎌数伊勢大神宮）	昭40. 4.27
32	八日市場の盆踊り	八日市場市米倉・砂原	昭49. 3.19
33	仁組獅子舞	野栄町栢田	昭59. 2.24
34	東金ばやし	東金市岩崎・押堀（日吉神社）	昭38. 5. 4
35	北之幸谷の獅子舞	東金市北之幸谷（稲荷神社）	昭39. 4.28
36	九十九里大漁節	九十九里町片貝	昭38. 5. 4
37	西ノ下の獅子舞	九十九里町西ノ下（八坂神社）	昭45. 1.30
38	白桝粉屋おどり	芝山町大里	昭43. 4. 9
39	玉前神社神楽	一宮町宮台（玉前神社）	昭33. 4.23
40	東浪見甚句	一宮町東浪見	昭40. 4.27
41	上総十二社祭り	一宮町ほか	平15. 3.28

No.	名　称	伝　承　地	推定年月日
42	岩沼の獅子舞	長生村岩沼（皇産霊神社）	昭36.6.9
43	大寺の三番叟	大原町下布施	昭62.2.27
44	洲崎踊り	館山市洲崎（洲崎神社）	昭36.6.9
45	安房やわたんまち	館山市八幡（鶴ヶ谷八幡宮）・大神宮（安房神社）・洲宮（洲宮神社）・大井（手力雄神社）・東長田（山宮神社）・山荻（山荻神社）・山本（木幡神社）・高井（高皇産霊神社）・湊（子安神社），白浜町滝口（下立松原神社），丸山町杳見（莫越山神社），館山市北条（神明神社）・新宿（神明神社）	平16.3.30
46	北風原の羯鼓舞	鴨川市北風原（春日神社）	昭29.3.31
47	吉保八幡のやぶさめ	鴨川市仲（吉保八幡神社）	昭40.4.27
48	増間の御神的神事	三芳村増間（日枝神社）	昭38.5.4
49	千倉の三番叟	千倉町忽戸・平磯（荒磯魚見根神社・諏訪神社）	昭45.1.30
50	加茂の三番叟	丸山町加茂（賀茂神社）	昭37.5.1
51	加茂の花踊り	丸山町加茂（賀茂神社）	昭38.5.4
52	木更津ばやし	木更津市中央（八剣神社）	昭38.5.4
53	大戸見の神楽	君津市大戸見（稲荷神社）	昭36.6.9
54	三島の棒術と羯鼓舞	君津市宿原・奥米・豊英・旅名（三島神社）	昭37.5.1
55	鹿野山のはしご獅子舞	君津市鹿野山（白鳥神社）	昭38.5.4
56	鹿野山のさんちょこ節	君津市鹿野山	昭38.5.4
57	飽富神社の筒粥	袖ケ浦市飯富（飽富神社）	昭63.3.30

＊伝承地名は平成合併前のものです。

洲崎神社と洲崎踊り

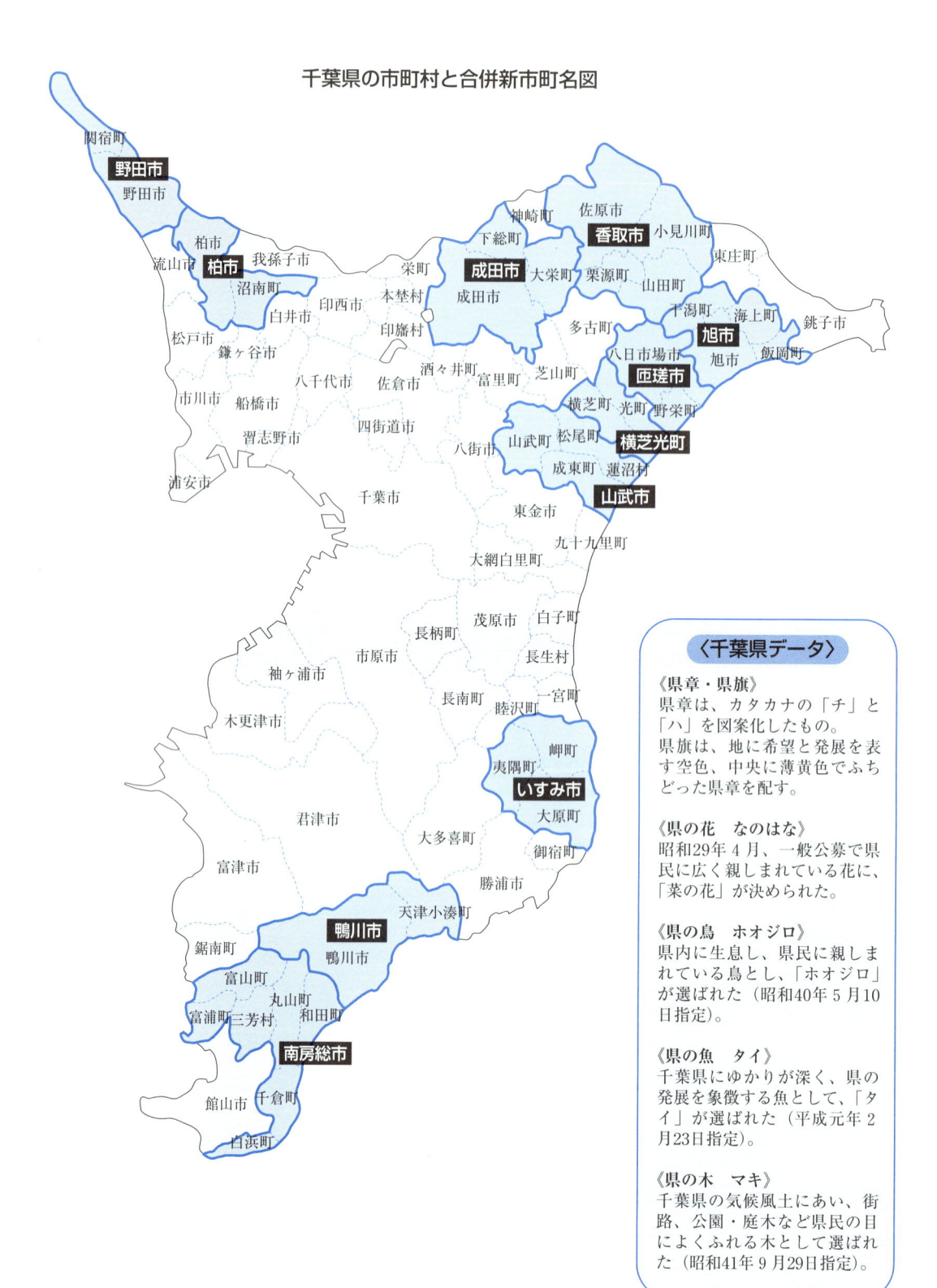

千葉県の市町村と合併新市町名図

〈千葉県データ〉

《県章・県旗》
県章は、カタカナの「チ」と「ハ」を図案化したもの。
県旗は、地に希望と発展を表す空色、中央に薄黄色でふちどった県章を配す。

《県の花 なのはな》
昭和29年4月、一般公募で県民に広く親しまれている花に、「菜の花」が決められた。

《県の鳥 ホオジロ》
県内に生息し、県民に親しまれている鳥とし、「ホオジロ」が選ばれた（昭和40年5月10日指定）。

《県の魚 タイ》
千葉県にゆかりが深く、県の発展を象徴する魚として、「タイ」が選ばれた（平成元年2月23日指定）。

《県の木 マキ》
千葉県の気候風土にあい、街路、公園・庭木など県民の目によくふれる木として選ばれた（昭和41年9月29日指定）。

NPO法人ふるさと文化研究会 こんなことをやっています。

1　祖先から受け継いできた地域に根ざす伝承文化が、消え去ろうとしています。調査・研究・記録・復元を目指しています。その成果は、機関紙「ふるさと文化」や、出版図書で紹介しています。
2　伝承文化の再認識と普及を目指して、生涯学習講座「千葉ふるさと文化大学」を開設しています。その一環として「房総（千葉）学検定」を実施します。
3　秘境探訪と国際交流を通して、外側から内部を見直し、異なる文化を知ろうと努めています。
4　山紫水明の言葉に象徴される緑の国土の破壊が進んでいます。都市と地方の交流の中で、自然の再生を図るモデルとして、米づくりや竹炭つくり（竹山の整備）に取り組んでいます。
5　孤立しがちなシニア世代のコミュニティを組織する多様なクラブ活動を推進しています。
＊なお、現在は千葉県を拠点に活動していますが、日本各地の同志のネットワークづくりも展望しています。

「房総（千葉）学検定」執筆者・協力者

特別寄稿：堂本暁子、川村皓章
本文執筆：秋葉四郎、安藤操、市原淳田、伊藤大仁、尾崎洋右、
　　　　　　尾上一明、木内達彦、清田綾子、久保木良、佐野十寿忠、
　　　　　　鹿野茂、島利栄子、島津幸生、鈴木森森斎、高橋清行、
　　　　　　高橋覚、高橋克、滝川恒昭、遠山あき、遠山成一、
　　　　　　外山信司、中谷順子、永沢謹吾、西川明、平本紀久雄、
　　　　　　廻谷義治、山口允、山中葛子、湯浅みつ子、米田耕司、
　　　　　　龍﨑英子
協　　力：千葉県、千葉県教育庁文化財課、千葉県立美術館、千葉県立中央博物館、千葉県観光協会、市原市埋蔵文化財センター、市川市教育委員会、
　　　　　　伊藤左千夫記念館、白樺文学館、千葉県野鳥の会

「房総（千葉）学検定」のご案内

房総（千葉）もの知り博士養成・ローカルガイド検定試験

　房総半島は、古代より西と北との交流の接点として、また豊穣の海と大地の恵みを受けて繁栄の歩みを続けて来た。それらは、多くの遺跡や社寺、文化財などに見ることが出来る。また、現代では成田空港・ディズニーランド・アクアライン・上総アカデミア・幕張メッセ・千葉港などと日本有数の施設を持ち、世界に開かれた拠点でもある。しかも、農漁業から製鉄・ガス・電力まで、わが国の基幹産業の上位にほとんどが位置づいている。

　この千葉県の多様な魅力を歴史・文化・産業・観光・風土などと幅広く認識してもらうと共に、地域の再生と活性化に貢献する人材を育成するために「房総（千葉）学検定」を実施する。

- ●**後援**　千葉県・千葉市・千葉県教育委員会・千葉市教育委員会・千葉県観光公社・千葉県観光協会・千葉県物産協会・県商工会議所連合会・朝日・読売・毎日・日経・産経・千葉日報・時事通信社・ＮＨＫ（各千葉支局）・県ケーブルＴＶ連絡協議会　他
- ●**協賛**　ＪＲ東日本・近畿日本ツーリスト（各千葉支社）他
- ●**事務局**　〒２６０－００４２千葉市中央区椿森３－６－３「房総（千葉）学検定」係　TEL/FAX ０４３－２５２－０４２０　E-mail:chiba.hurusatobunka@cnc.jp
http://www.furusatobunka.jp/
- ●**検定**　一般の部　年１回夏期検定実施（所要時間60分）
*実施要項は「房総（千葉）学検定」事務局へ Fax もしくは E-mail でお問い合わせ下さい。
- ●**認定**　２００６年度、３級（６０〜６９点）検定　２００７年度、３級・２級（７０〜８５点）検定
２００８年度、３級・２級・１級（８６点〜）検定　※次年度に上級挑戦可
- ●**合格通知**　認定証送付による。関係機関にボランティアガイド有資格者として推薦する。

※合格発表は関係機関・マスコミ各社などにも依頼。
※会場テストとは別にインターネットによるテストの実施をする。
（http://www.chiba-kentei.jp にて案内）

「房総学」確立の第1歩として

○ 可能性豊かな千葉県の未来を歴史・文化と風土などを踏まえて展望してもらうことが、この書の編集の方針です。そのために多様な分野を取り上げたので、章によってはかなり専門的ですが、熟読していただければ、房総（千葉）の魅力と可能性を明確に知ることが出来ると思います。

○ 「房総（千葉）学検定」のテキストとして編集しましたが、執筆者の文体をなるべく生かし統一はしておりません。また、生涯学習講座の資料としても活用出来る内容にしましたので、単なる検定受検のための書としては、やや詳細にわたる面もあります。

○ 検定問題は、どなたでも容易にわかる内容ですので、あまり細部にわたる学習は必要ないでしょう。多くの方々の受検を期待します。ことに全国各地でも広くインターネットで受検出来ますので、気軽に応募いただければ幸いです。

○ 私たちは、官民一体となっての活動を民間の側から推進しようと考えていますので、堂本千葉県知事からのメッセージや関係諸団体の後援と協賛を頂けましたことは、今後の活動に大いなる励みとなります。また、千葉県教育委員会文化財課などの全面的なご協力を頂いたことをありがたく思います。

この書によって、ふるさと房総（千葉）の魅力を多くの方々にお伝えすることが出来れば幸いです。また、検定に参加する方々にとって大いに役立ってほしいものと願っております。

（ふるさと文化研究会　安藤　操）

房総（千葉）学検定　公式テキストブック　　　ISBN4-336-04760-X

平成18年4月10日　初版印刷
平成18年4月20日　初版第1刷発行
平成18年6月23日　初版第2刷発行

監　修　川村　皓章
編　者　ふるさと文化研究会
　　　　（安藤　操）
発行者　佐藤今朝夫

発行所　株式会社　国書刊行会

〒174-0059　東京都板橋区志村1-13-15
TEL 03(5970)7421　FAX 03(5970)7427
http://www.kokusho.co.jp

印刷：株式会社ショーエイグラフィックス　製本：(合)村上製本所

千葉県の歴史一〇〇話

川名 登＝編著

❖A5判・カバー・三四〇頁 ❖定価二九四〇円

千葉県の歴史を読み解く

古代・中世を通じ朝廷中央からの文化が流れ入り、房総の地。鎌倉、江戸・東京と政治の中心が移ろい、交通要衝の地であった影響を受けた。この下総・上総・安房の三国を包む千葉県に、生活を続けてきた人びとの歴史を振り返り、一〇〇史話を収録。それぞれの分野の専門研究者が、研究成果を取り入れて分かりやすくまとめた、恰好の郷土歴史入門書。

《本書の主な内容》

原始・古代
貝塚を作った人々
ハニワ（埴輪）
国分寺が造られた頃の人々
荘園と武士（在地領主）
怨霊伝説を残した将門の乱

中世
頼朝上陸と房総の諸豪族
千葉氏の繁栄―千葉六党
安房の生んだ傑僧・日蓮
小弓公方義明と上総武田氏
里見対北条の大激戦
小田原落城と房総

近世
徳川家康と房総
東廻り海運と銚子湊
関東河川水運網の形成
元禄の大地震

近・現代
房総の戊辰戦争
県が変わる 宮谷→木更津→千葉
小金・佐倉牧の開墾
房総の鉄道普及と利根運河
関東大震災と房総
野田醬油の大争議
自由教育と大多喜中学校事件
落花生から甘藷の県へ
大利根用水と両総用水
国策にゆれる印旛沼
京葉工業化政策とその矛盾
成田空港の開港をめぐって

新田開発ブームの発端
銚子・野田の醬油醸造
海苔をつくる近江屋甚兵衛
水戸街道の赤字対策・助郷
宮負定雄と大原幽学
醍醐新兵衛と勝山藩

〈執筆者〉五十音順
飯野 俊
池田宏樹
内田龍哉
岡田清一
川名 禎
川名 登
菊池真太郎
小宮一公
鈴木広一
滝川恒昭
遠山成一
中村 勝
掘江俊次

利根川・荒川事典

利根川文化研究会編

自然・歴史・民俗・文化

菊判・上製 六〇九〇円

利根川流域の大百科

利根川本支流、荒川水系と湖沼を含む流域の「自然・歴史・民俗・文化」を全網羅する。近世河岸図、水害史年表、船鑑など図版・写真多数収録。

写真集 利根川新紀行

及川修次 利根川の上流から下流と湖沼を含む全域の四季と民俗行事を撮影・編集した画期的写真紀行集。
五二五〇円

すべてわかる戦国大名里見氏の歴史

川名 登編 戦国の関東域を上杉、武田、北条氏らと駆けめぐった里見一族の城跡、伝承などを全網羅。
二六二五円

房総人名辞書

千葉毎日新聞社編 明治時代に千葉県で活躍した政治家、教育者、実業家、医者など約八五〇〇人を収録。
一四一七五円

足利尊氏文書の総合的研究 全二巻

上島 有 南北朝期に台頭した足利尊氏の関係文書と共に紹介・分析した中世文書集。
一四七〇〇円

新田氏根本史料

千々和実編 中世の代に勇躍した新田氏一族の盛衰を、全国に散在する関係資料から編年順に記述。
二一〇〇〇円

＊価格は全て税込み価格です。

国書刊行会 〒174-0056 東京都板橋区志村1-13-15 TEL.03-5970-7421 FAX.03-5970-7427 http://www.kokusho.co.jp